高职高专艺术设计类专业
"十三五"规划教材

Guide to Advertising

Art Design

广告学概论

2 EDITION
第二版

王丽萍　主　编
柴鹏举　梅晓春　副主编

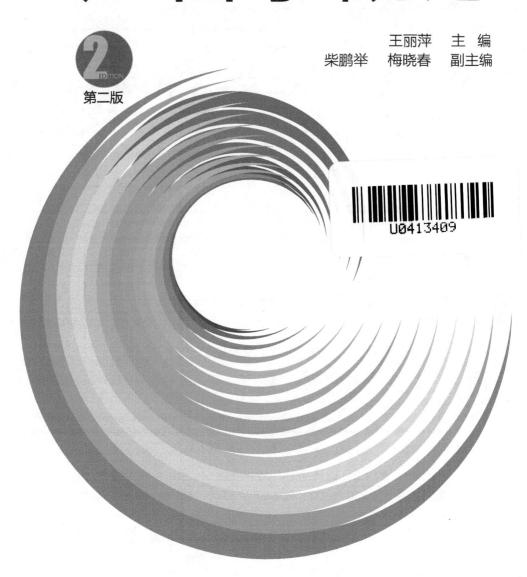

化学工业出版社
·北京·

全书共分为五部分内容，第一章为认识广告本质——广告的概念、分类、功能与演进；第二章为了解广告主体——广告主、广告公司与广告媒体；第三章为参与广告活动——广告策划；第四章为实现广告创意——广告创作；第五章规范广告运作——广告管理。

本书可以作为高职院校广告学、广告设计与制作、市场营销等专业的师生使用，也可供广告从业人员及对广告学有兴趣的人士参考学习。

图书在版编目（CIP）数据

广告学概论/王丽萍主编. —2版. —北京：化学工业出版社，2017.3（2021.8重印）
高职高专艺术设计类专业"十三五"规划教材
ISBN 978-7-122-28980-3

Ⅰ.①广… Ⅱ.①王… Ⅲ.①广告学-高等职业教育-教材 Ⅳ.①F713.80

中国版本图书馆CIP数据核字（2017）第019472号

责任编辑：李彦玲		文字编辑：李 曦	
责任校对：边 涛		装帧设计：王晓宇	

出版发行：化学工业出版社（北京市东城区青年湖南街13号　邮政编码100011）
印　　装：北京建宏印刷有限公司
787mm×1092mm　1/16　印张12¹⁄₂　字数340千字　2021年8月北京第2版第2次印刷

购书咨询：010-64518888　　　　　　　　　　售后服务：010-64518899
网　　址：http://www.cip.com.cn
凡购买本书，如有缺损质量问题，本社销售中心负责调换。

定　价：29.80元　　　　　　　　　　　　　　　　　　　　　版权所有　违者必究

第二版前言

本书第一版面世已七年有余，七年来，广告业在飞速发展的同时呈现出一些新变化和新趋势，广告行业的市场格局也在悄然发生改变。2014年，我国互联网广告市场规模达到1540亿，超越称霸19年的电视，成为第一广告媒体。作为《广告学概论》的编者，我们注意到这些趋势与变化。同时，我们也收到很多来自教学一线的反馈意见。在此基础上，我们编写了第二版《广告学概论》。

第二版基本保留了第一版的结构，但在内容上进行了调整：一是将有些内容进行合并，如广告史部分的内容合并到第一章。二是删去一些不适合高职教学需要的内容，使教材内容更集中、更精练。在教学案例方面，第二版也进行了更新，补充了一些近年来在中国市场上具有影响力的广告活动案例，尤其是新媒体广告活动方面的案例。此外，第二版新增了每章的练习题，以便帮助学生巩固学习效果。

本书由河南职业技术学院王丽萍担任主编，河南职业技术学院柴鹏举和郑州航空工业管理学院梅晓春担任副主编，焦作大学刘玉明、郑州工商学院王震参加编写。其中第一章由王丽萍编写，第二章由刘玉明编写，第三章由梅晓春编写，第四章由柴鹏举编写，第五章由王震编写。全书由王丽萍设计体例并最终审订。

本书在编写过程中得到相关人员的大力支持，同时也参考了大量相关文献资料，在此一并表示感谢。

由于编者水平有限，难免有疏漏之处，敬请同行专家和广大读者批评指正，以便修订完善。

编　者
2016年10月

目录
CONTENTS

第一章 认识广告本质
——广告的概念、分类、功能与演进 /001

第一节 广告的概念 /002
一、不同角度的广告观 /002
二、广义广告和狭义广告 /003
三、广告活动的构成要素 /004

第二节 广告的分类 /005
一、根据发布媒体分类 /005
二、根据广告内容分类 /006
三、根据发布区域分类 /007
四、根据广告对象分类 /008
五、根据广告诉求方式分类 /008

第三节 广告的功能 /009
一、从企业角度看广告的功能 /009
二、从消费者角度看广告的功能 /013
三、从媒体角度看广告的功能 /014
四、从社会角度看广告的功能 /016

第四节 广告的演进 /017
一、中国广告发展简史 /017
二、外国广告发展简史 /025

第五节 广告学学科的基本理论 /030
一、广告学的产生与发展 /030
二、广告学的学科体系 /031
三、广告学与其他学科的关系 /031

本章小结 /033
本章练习题 /033
参考答案 /036

第二章 了解广告主体
——广告主、广告公司与广告媒体 /037

第一节 广告主 /038
一、广告主的概念 /038
二、广告主的类型 /038
三、广告主的广告观念与行为 /040
四、广告主的广告部门管理模式 /041

第二节 广告公司 /044
一、广告公司的类型 /044
二、广告公司的组织结构 /047
三、广告公司的业务运作流程 /051

第三节 广告媒体 /052
一、广告媒体概述 /053
二、广告媒体特征分析 /053
三、广告媒体的考评指标 /066

第四节 广告代理制 /069
一、广告代理制度的产生与发展 /070
二、广告代理制的内容 /071
三、实施广告代理制的条件及意义 /071

本章小结 /072

本章练习题 /072
参考答案 /074

第三章 参与广告活动
——广告策划 /075

第一节 广告调查 /076
一、广告调查的内容 /076
二、广告调查的方法 /079
三、广告调查的实施程序 /082

第二节 广告策划 /085
一、广告策划的含义及特征 /085
二、广告策划的一般程序 /089
三、广告策划的主要内容 /091

第三节 广告投放 /094
一、广告媒体的选择 /094
二、广告媒体的组合策略 /098

第四节 广告效果评估 /101
一、广告效果概述 /101
二、广告效果的测定方法 /103

本章小结 /109
本章练习题 /109
参考答案 /113

第四章 实现广告创意
——广告创作 /115

第一节 广告创意 /116
一、广告创意策略 /116
二、广告创意表现 /119

第二节 广告设计 /122
一、广告作品的设计规范 /122
二、平面广告作品的设计艺术 /125
三、音频广告作品的设计艺术 /130
四、视频广告作品的设计艺术 /131

第三节 广告文案 /133
一、广告文案的概念和结构 /133
二、平面广告文案 /139
三、广播广告文案 /143
四、电视广告文案 /149
五、新媒体广告文案 /155

本章小结 /158
本章练习题 /158
参考答案 /160

第五章 规范广告运作
——广告管理 /161

第一节 广告监督管理 /163
一、我国广告法律法规的结构 /163
二、一般广告活动的法规管理 /167
三、特殊行业的法规管理 /169

第二节 广告行业自律 /170
一、广告行业自律的特点 /170
二、中国广告行业的自律管理 /171
三、国外广告行业的自律管理 /174

第三节 广告社会监督 /176
一、消费者组织的监督 /176
二、新闻舆论的监督 /176
三、消费者的监督 /177

本章小结 /178
本章练习题 /179
参考答案 /181

附录 《中华人民共和国广告法》 /183

参考文献 /193

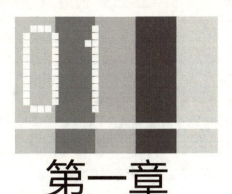

第一章
认识广告本质
——广告的概念、分类、功能与演进

知识目标

1. 掌握广告的概论、分类和功能；
2. 熟悉广告发展历程，了解广告未来的发展前景及趋势；
3. 了解广告学的相关学科。

能力目标

1. 具备分辨商业广告和非商业广告的能力；
2. 能够识别现代商业中运用的古代广告形式。

引导案例

斯达舒——广告助阵成就名牌

在强手如林的胃药市场，斯达舒只是一个毫无根基的后来者。斯达舒名字拗口，难以记忆，在问世之初，广告首要目的是让消费者记住品牌名称。于是有了第一则广告"四大叔"篇：紧张的鼓点节奏下，一位女性焦急地翻找着抽屉，原来丈夫胃病又犯了，找不到胃药。这位女性要求儿子去找斯达舒，结果儿子却找来了一个呆头呆脑的男人，原来是所谓的四大叔。妈妈无奈之下，拿出真正的斯达舒胶囊纠正儿子的错误："不是你'四大叔'，是胃药斯达舒胶囊。"该广告在中央电视台大量播出，一时间"四大叔"家喻户晓，甚至成为人们茶余饭后的"幽默"话题，斯达舒的品牌知名度得到了大幅度提升。

初步实现扩大品牌知名度的广告目标后，斯达舒的广告开始转而诉求产品功效。广告

"小绿人篇"将胃病一网打尽地总结为"胃酸、胃胀、胃痛"三大症状,用夸张的电视画面呈现胃病带来的痛苦,告诉人们胃酸、胃胀、胃痛要用斯达舒,广告诉求简单、直接、实用。虽然该广告引起很多人心理不适,甚至被评为该年度"十大恶俗烦心电视广告"的第二名。但从销售效果来看,"小绿人篇"广告获得了空前成功,使斯达舒得以与西安杨森的吗丁啉、江中制药的健胃消食片一起位居胃药市场的前三名。

(案例来源:根据相关资料整理)

第一节 广告的概念

据考证,广告一词是外来语,源于拉丁文adverture,意思是吸引人们的注意。中古英语时代(公元1300~1475年),该词演变为advertise,其含义衍化为"使某人注意到某件事"或"通知别人某件事,以引起他人的注意"。17世纪末,英国开始进行大规模的商业活动,广告一词也被广泛使用并流行起来。此时的"广告",已不单指一则广告,而指一系列的广告活动,转化为"advertising"。

在不同的历史时期,广告大师和学者们都对广告的概念进行了探讨。印刷媒介盛行的时期,广告曾被视为一种"印在纸上的推销术"(约翰·肯尼迪)。在创意至上的时期,广告被认为是一种有毒气体,"它能使人流泪,使人神经错乱,使人神魂颠倒"。随着时代的发展,广告媒体形式越来越丰富,人们对广告的认识也在不断深化。

一、不同角度的广告观

1.说服型广告观

这种观点认为,广告是一种说服的艺术。其中一个具有代表性的说法是:"凡是以说服的方式(不论口头方式或文字图画方式),有助于商品和服务的公开销售,都可以称为广告。"也有人说得更加简洁明确:"广告是一种传播信息的说服艺术"。这种观点强调了广告的根本意图,即说服消费者,促使其按照广告主的意图进行消费,或认同广告主所倡导的观点,指出广告目的是影响最广泛的消费者。该观点过于强调广告主的支配地位,忽略了消费者的主观能动性,在消费者地位不断提升的背景下,这种观点容易让广告走进误区。

2.传播型广告观

这种观点认为,广告是一种信息分享活动。广告就是广告主把产品和服务信息分享给消费者的一个过程。美国广告协会对广告的定义是传播型广告观的典型代表:"广告是付费的大众传播,其最终目的为传递情报,改变人们对广告商品之态度,诱发其行动而使广告主得到利益。"从信息占有权扩散的角度看,传播型广告观有重要价值。这种广告观假设消费者能够理解广告并发生共鸣,但实际上由于文化、心理、个体等方面的差异,事实上消费者有时是无法理解广告的,甚至会产生误解,因而也无法实现信息的分享。

3.促销型广告观

这种观点认为广告是一种促销手段。如美国营销协会认为，广告是由特定的广告主，以付费的方式，对其商品、服务或观念等信息进行的非人员介绍及推广。一方面，该观点指出了广告的功利性特点；另一方面，忽略了广告所承担的社会和文化功能，容易导致广告主急功近利。比如一家整形美容医院发布的杂志广告，该广告在标题中公然宣称"成绩偷懒，靠脸吃饭"。借助高考话题提升品牌关注度，公然倡导"靠脸吃饭"的错误价值观，对青少年起到负面影响。

从以上人们对广告的种种论述可以看出，广告一词虽然人尽皆知，但要进行一个准确的、被广泛认可的界定却并非易事。

二、广义广告和狭义广告

广告的概念有广义和狭义之分。广义的广告是指所有的广告活动，涵盖一切为了沟通信息、促进认知而进行的广告传播活动，包括商业广告和非商业广告。

（一）非商业广告

非商业广告是指不以营利为直接目的，而是为实现某种宣传目标所发布的广告。包括公益广告、政治广告、社会广告等。

1.公益广告

公益广告是为公众利益服务的非商业性广告，旨在传播某种公益观念、促进社会公共利益的实现和社会精神文明建设。图1-1是国外一则公益广告，提醒人们不要在驾车时使用手机，一心二用容易引发事故。

2.政治广告

政治广告是为政治活动而发布的广告。在国外，有相当一部分政治广告是竞选类广告，图1-2是美国前总统奥巴马在2008年竞选总统时发布的户外广告。

图1-1　国外呼吁安全驾驶的公益广告

图1-2　美国总统奥巴马的竞选广告

3. 社会广告

社会广告是为消费者提供小型便利服务的广告，包括招生、招聘、征婚、寻人、遗失声明等。

（二）商业广告

狭义的广告指以营利为目的的商业广告。《中华人民共和国广告法》对广告做了如下界定："广告是商品经营者或者服务提供者通过一定媒介和形式直接或者间接地介绍自己所推销的商品或者服务的商业广告活动。"这个定义包括以下几层含义。

① 广告是一种有计划、有目的的活动；
② 广告活动的主体是广告主，而广告活动的对象是广大消费者；
③ 广告活动是通过大众传播媒介来进行的，而不是面对面的传播，如推销员的推销；
④ 广告活动的内容是经过有计划地选择的商品或劳务信息；
⑤ 广告活动的目的，是为了促进商品或劳务的销售，并使广告主从中获取利益。

三、广告活动的构成要素

广告活动的构成要素包括广告主、广告代理商、广告媒体、广告受众和广告信息。

1. 广告主

广告主是广告的出资人，是那些对自身或产品进行宣传的企业，如康师傅、海尔或当地一家超市。广告主的规模大小不一，从宝洁这样的巨型跨国公司直到一家当地的小吃店，都有可能成为广告主。广告主的种类也多种多样，既有银行、保险这样的服务提供者，也包括各种产品提供者，从化肥到汽车应有尽有。

2. 广告代理商

广告代理商也称为广告经营者，它接受广告主的委托，代理广告主的各类广告业务。既有奥美这样综合型的广告代理商，也有专业型的广告代理商。

> **延伸阅读**
>
> **奥美集团**
>
> 奥美集团由大卫·奥格威于1948年创立，目前已发展成为全球最大的传播集团之一，为众多世界知名品牌提供全方位传播服务。业务涉及广告、媒体投资管理、一对一传播、顾客关系管理、数码传播、公共关系与公共事务、品牌形象与标识、医药营销与专业传播等。奥美集团旗下已有涉及不同领域专业的众多子公司：如奥美广告、奥美互动、奥美公关、奥美世纪、奥美红坊、奥美时尚。
>
> （资料来源：百度百科）

3. 广告媒体

广告媒体是联系广告主与广告受众的桥梁和纽带。随着技术的日新月异，广告媒体的形式也日益丰富，iPad、数字电视、手机等新媒体为广告主提供了更多的选择。

4. 广告受众

广告受众包括两层含义：一是通过媒体广告接触的人群，即广告的媒体受众；二是广告的目标受众,即广告诉求对象。广告主通常根据广告目标的要求来确定某项广告活动特定的诉求对象。如霸王洗发水将广告诉求对象确定为有防治脱发需求的男性消费者。

5.广告信息

广告信息包括广告主题和广告诉求方式。它通常强调产品提供的主要利益或给消费者带来的某种感觉。比如舒肤佳香皂的广告强调它能够"除菌",优乐美奶茶的广告则刻意营造一种年轻人喜爱的浪漫感觉,见图1-3所示。

图1-3　舒肤佳香皂的标志

第二节　广告的分类

广告分类既是广告策划的基础,也是整个广告创作过程的依据。广告分类标准繁多,通常依据发布媒体、广告内容、发布范围、广告对象、广告主、广告诉求方式等来划分。

一、根据发布媒体分类

随着科技的发展,广告媒体的种类日益丰富。根据发布媒体分类是一种常见的广告分类方法。整体看来,根据发布媒体的不同,可分为大众媒体广告和小众媒体广告。

(一)大众媒体广告

受众在各类大众媒体上接触到的广告被称为大众媒体广告。大众媒体是指拥有大量受众、大批量复制信息的规模庞大的传播机构,是现代广告中最为普遍的传播媒体,能够同时影响成千上万的受众。它告知产品信息,改变受众态度,引发购买行为。大众媒体广告主要包括报纸广告、杂志广告、广播广告、电视广告和网络广告。

> **延伸阅读**
>
> **2014年网络广告收入首次超过电视**
>
> 随着互联网等新兴媒体的快速崛起,传媒产业呈现整体繁荣、局部下滑的局面。相较我国其他国民经济支柱产业,传媒产业规模还比较小,对GDP的贡献率仅为1.5%,但近年来一直保持两位数以上的增长率。传媒产业整体发展的良好态势主要依赖基于互联网的新兴媒体。2014年,互联网与移动增值市场的份额不但一举超过传统媒体市场份额总和,领先优势达到10.3%,并且差距还有继续扩大的趋势。尽管传媒产业是中国乃至全球范围内的朝阳产业,然而以报纸为代表的部分传统媒介产品已经处于其市场生命周期的衰退期。

> 传统媒体的颓势还直接体现在传媒细分行业2014年的数据中，广播广告经营额、电影广告收入、图书销售收入和移动内容及增值收入呈现较好增长趋势。电视广告市场的增长趋于平缓，连续两年增长率低于两位数。下降幅度最大的是报纸发行收入，报纸广告收入则是连续4年下降，2014年的下降幅度更是达到15%。电视和报纸都面临着前所未有的巨大危机。与此同时，网络广告收入和网络游戏收入的增长速度尽管有所放缓，但仍保持了较高的增长，特别是网络广告收入首次超过电视广告，收入规模超过1500亿元。
>
> （资料来源：第一传媒网）

（二）小众媒体广告

大众媒体的广告投放费用较为昂贵，出于节约成本的需要，广告主对小众媒体也非常青睐，常作为大众媒体的补充配合使用。小众媒体广告是指除大众媒体广告外的其他广告形式，其特点是传播范围小，受众人数少。主要包括户外媒体广告、直邮广告和销售现场广告等。

1. 户外广告

户外广告是指在街道、车站、码头、建筑物等公共场合按有关规定允许设置、张贴的招牌、海报、旗帜、气球、路牌等宣传广告。相对于大众媒体广告，小众媒体广告成本低、持久性强、接触频率高，但影响范围小。

2. 直邮广告

直邮广告即DM（direct mail）广告。美国DM广告联合会认为："所谓DM或DM Advertising，是针对广告主所选择的对象，以直接邮寄的方式，通过印刷及其他途径制成的广告作品，作为传达广告信息的手段。"邮寄的印刷品通常是商品目录、传单、订购单、产品信息介绍等。DM广告的优点是成本低，灵活性强；缺点是广告的关注率低，容易被人们忽视。

3. 销售现场广告

销售现场广告又称POP（point of purchase advertsing）广告或售点广告，是指以产品陈列、布置、装饰为主要形式的广告，例如，商品柜台陈列、橱窗陈列、门面广告、标语条幅广告等。商业零售企业经常使用这种广告，其优点是形象、直观、持久、突出、费用低、见效快；其缺点是影响面小，新鲜感容易消失等。

近年来，随着新兴媒体的不断增加，广告形式日益丰富，依据发布媒体划分出的广告种类也越来越多。

图1-4　霸王洗发水广告

二、根据广告内容分类

广告内容五花八门，但从其宣传对象来看，可以分为产品广告、品牌广告和企业广告。

1. 产品广告

产品广告主要介绍产品的功能、价格、产地、制作工艺，以及给消费者带来的某种利益。霸王洗发水在广告中重点强调产品具有"防脱"功能（见图1-4），就属于典型的产品广告。产品广告的目的是使产品给消费者留下深刻的印象，进而吸引消费者购买产品。

2. 品牌广告

品牌广告不直接介绍产品，而以突出品牌的个性、塑造良好的品牌形象为目的。图1-5是雅迪电动车的广告，广告并未提及该电动车的任何特点，只是告知消费者，雅迪是"更高端的电动车"，同时，用代言人的形象强化这一认知。

图1-5　雅迪电动车广告

3. 企业广告

企业广告又称企业形象广告，是以树立企业形象、宣传企业理念、提高企业知名度为内容的广告。有些产品在投放广告时受到法律法规的严格限制，就用企业广告的形式进行宣传。烟草行业经常投放企业广告："利群，让心灵去旅行"。这句广告语和唯美的电视广告画面给人留下深刻印象，利群集团也随之声名鹊起。企业广告具有战略意义，能形成一种间接但长远的广告效果。

三、根据发布区域分类

以广告传播范围为标准，广告分为国际性广告、全国性广告、地方性广告、区域性广告。

1. 国际性广告

国际性广告是广告主为实现全球营销战略，针对国际目标市场，在多个国家同时或先后推进的广告活动。国际性广告帮助产品迅速进入国际市场，建立国际声誉，是争取国外消费者和开拓国际市场必不可少的手段。广告的产品通常具有较高的知名度，并拥有一定的品牌影响力。苹果公司在2014年发布其新产品iPhone 6和iPhone 6plus的广告时，就采用全球统一的广告战略，使用统一的广告语"Bigger than bigger"（中文译为"岂止于大"）。

> **延伸阅读**
>
> **麦当劳的国际性广告活动**
>
> 2003年9月，麦当劳在全球范围内全面更新品牌形象，其品牌LOGO、口号、电视广告及主题歌曲、员工制服等全部改头换面。由原来延续了近50年的"常常欢笑，尝尝麦当劳"的温馨感觉，全面更新为"I'm Lovin' It"（中文译为"我就喜欢"），以时尚现代的价值观来重新阐释麦当劳的品牌理念。这是麦当劳全球同步的广告更新活动，自2003年9月2日于德国慕尼黑首发，短短十余天全球120多个国家的麦当劳陆续加入了更新行列。
>
> （资料来源：根据相关资料整理）

2. 全国性广告

全国性广告即面向全国受众发布的广告。这类广告适合销售范围遍及全国的企业，常常在全国性媒体上发布。中央电视台作为我国唯一的国家电视台，曾是发布全国性广告的首选电视媒体。后来，各省级电视的卫星频道纷纷上马，给予广告主更多选择。随着受众由电视转向网络，广告主也随之增加了网络广告方面的开支。

3. 地区性广告

地区性广告即限定在某一地区传播的广告，可分为区域性广告和地方性广告。区域性广告是限制在国内一定区域或某个省份开展的广告活动。这类广告的产品具有较强的区域选择性，并非全国通用的产品，如加湿器、防冻剂、羽绒服等。地方性广告的发布范围更窄，常常是某一个市或某一个县，广告主以零售业、房地产业、医院为主，因为这些行业的主要目标顾客是本地人。媒体选择以当地报纸、户外广告为主。

四、根据广告对象分类

以广告传播对象为标准，广告分为消费者广告、经销商广告和工业用户广告。

1. 消费者广告

消费者广告直接向产品或服务的最终消费者进行宣传。从数量上看，这类广告占据绝大多数。广告主通常是生产或销售日常生活用品的企业或经销商。

2. 经销商广告

经销商广告以批发商和零售商为传播对象，目的是赢得经销商的销售信心，推动产品向中间渠道流动。

3. 工业用户广告

工业用户广告的对象是组织，如企业、社会团体、政府机关等，这些用户构成一个产业或组织市场。广告产品以生产资料和办公产品居多，从数量上看，远远少于消费者广告。

五、根据广告诉求方式分类

按照广告诉求方式分类，广告分为理性诉求广告和感性诉求广告。

1. 理性诉求广告

这类广告采用"晓之以理"的方式，摆事实、讲道理，说明购买产品给受众带来的好处，使受众在理性思考、权衡利弊后被说服而最终采取购买行为。这类广告适合差异化比较明显或价值较高的产品，如房地产广告、保险广告和汽车广告等。OPPO手机强调自己"充电5分钟，通话2小时"，用数字证实给消费者带来的好处，具体可信，属于典型的理性诉求广告。

2. 感性诉求广告

这类广告以人们喜怒哀惧的情感为基础，对受众"动之以情"，通过营造美好的意境打动受众的感情，激发受众的共鸣，进而对广告宣传的产品或服务产生好感。在产品同质化程度较高时，常使用这类广告。优乐美奶茶早期的电视广告很受年轻人喜爱，广告画面充满浪漫气息，其中一段文案更是深深打动了受众的心。

> **延伸阅读**
>
> **优乐美电视广告文案（部分）**
>
> 女：我是你的什么？
> 男：你是我的优乐美。

> 女（委屈状）：原来我是奶茶啊！
> 男（深情地）：这样我就可以把你捧在手心里了。
>
> （资料来源：根据优乐美电视广告整理）

第三节 广告的功能

广告的功能是指广告的基本效能，也就是指广告以其所传播的内容对传播的对象和社会环境所产生的作用和影响。研究广告的功能实际上就是研究广告能达到什么目的。下面从四个不同的角度来分别探讨广告的功能。

一、从企业角度看广告的功能

广告活动是伴随着商品经济的繁荣而兴起的，产品越丰富，竞争越激烈，企业对广告的需求也就越迫切。在产品供不应求的20世纪初，亨利·福特曾骄傲地宣称"不管顾客需要什么颜色的汽车，我只卖黑色。"那时广告尚未被企业重视。随着产品日益丰富，多数产品开始供过于求，卖方市场向买方市场转变，消费者地位日益提高，广告也受到企业的高度重视。从企业的角度看，广告有两大重要功能。

（一）促进产品销售

中国广告界早年经常宣称"广告一响，黄金万两。"西方广告界也有句格言："推销产品不做广告，犹如黑夜之中暗送秋波。"这两句话从一正一反两个方面强调了广告的促销功能。

> **延伸阅读**
>
> **CCTV的标王**
>
> 1994年，中央电视台开始每年举行一次央视黄金时段招标会，其中出价最高的企业被媒体称为"标王"。"标王"一度是中国企业界的神话：孔府宴酒以3079万元的身价夺得第一任标王。在问鼎"标王"之前，孔府宴酒只是山东鱼台的一个小型国有企业，用其员工的话来说，企业产值"多年来都没有超过千万"。而在夺标后的365个日子里，"喝孔府宴酒，做天下文章"的豪情广告在中央电视台数以千次的轰炸，硬是给孔府宴酒"炸"开了一片蓝天：1995年，孔府宴酒实现销售收入9.18亿元，利税3.8亿元，主要经济指标跨入全国白酒行业三甲，成为家喻户晓的全国品牌。
>
> （资料来源：杨海军《中外广告史》第245页）

广告是企业和消费者之间的一个桥梁和纽带，促进双方沟通，实现信息共享。海英兹·姆·戈得曼（Heinz M Goldmann）曾提出一个著名的AIDA法则，认为广告的促销作用首先从引起消费者的注意开始，进而让消费者对产品产生兴趣，再激发其购买欲望，最终促使其产生购买行为。

在产品生命周期（PLC）的不同阶段，企业应采用不同类型的广告来促进产品销售，如表1-1所示。

表1-1　广告在PCL不同阶段的促销功能表现

PLC阶段	广告类型	广告功能
导入期	告知型广告	争取产品早期使用者，建立知名度
成长期	说服型广告	强化产品认知，提高市场占有率
成熟期	对抗型广告	突出产品差异，强调竞争优势
衰退期	提醒式广告	维持老顾客的忠诚度

在导入期阶段，应采用告知型广告。这一阶段产品本身知名度较低，产品销量非常有限。广告应主要突出品牌名称，展示产品功能，吸引消费者试用该产品，帮助产品顺利进入销售渠道。广告主应加大广告投放力度，增加消费者接触广告的机会，加深消费者对产品的印象。

在成长期阶段，应采用说服型广告。这一阶段，产品已具有一定的知名度，销量开始快速增长。广告应致力于增强消费者对产品的好感和信任感，建立市场地位，说服更多的消费者购买本产品，提高产品市场占有率。

在成熟期阶段，应采用对抗型广告。这一阶段竞争对手数量最多，广告必须强调产品的区别与利益，明确产品的相对优势，提醒消费者持续购买，维持品牌忠诚度，使指名购买率上升。

在衰退期阶段，应采用提醒式广告。这一阶段产品销量迅速下滑，广告目的在于延缓下滑的速度，提醒消费者继续购买，唤起人们对产品的怀旧意识。

（二）塑造品牌形象

品牌形象是消费者对品牌的认知与评价，或者说一提到某个品牌，消费者所产生的联想。不同的品牌让人产生不同的联想。同样都是汽车，消费者认为宝马带给人驾驶的乐趣，奥迪是商务车代表，奔驰能令人尊贵（见图1-6），沃尔沃则象征了安全（见图1-7）。这种形象正是企业多年来持之以恒努力的成果。人们常说"好的企业富可敌国，好的品牌价值连城"。品牌形象是企业的无形资产，在企业经营中的地位十分重要。

图1-6　奔驰汽车广告

图1-7　沃尔沃汽车广告

广告在品牌形象塑造中有三大基础功能。

1. 提高品牌认知度

品牌认知度指品牌被消费者认识和再现的程度，某种意义上是指品牌特征、功能等被消费者了解的程度。通过广告可以让消费者了解品牌故事，熟悉品牌文化，加深品牌印象。越熟悉的事物越令人信赖，当消费者熟悉品牌，就容易产生安全感。兰丽公司就曾将品牌故事制作成精美的广告画册，赠送给目标消费者，为品牌增添了一份神秘美丽的色彩。

> **延伸阅读**
>
> **兰丽绵羊油的品牌故事**
>
> 很久以前，一双手展开了一个美丽的传奇故事
>
> 很久很久以前，在一个很遥远的地方，有一位很讲究美食的国王。在皇家的御厨房中，有一位烹饪技艺高超的厨师，他所做的大餐小点都极受国王的喜爱。
>
> 有一天，国王忽然发现餐点差了，将厨师叫来一问，才知道原来厨师那双巧手不知为什么突然变得又红又肿，当然就做不出好的餐点来了。国王立即命御医给厨师医治，可惜无效，逼得厨师不得不离去。
>
> 厨师流浪到森林中的一个小村落，帮助一位老人牧羊。他常常用手去抚摸羊身上的毛，渐渐地发觉手不痛了。后来，他又帮老人剪羊毛，手上的红肿亦渐渐消失了，他欣喜自己的手痊愈了。
>
> 他离开了牧羊老人再返回京城，正遇上皇家贴出告示征招厨师。于是，他蓄须前往应征。他所做的大餐小点，极受国王的欣赏，他知道自己的手已恢复了过去的灵巧。他被录用了，当他剃了胡须，大家才知道他就是过去的那个大厨师。
>
> 国王召见了他，问他的手是如何治好的，他想了想说，大概是用手不断整理羊毛，获得无意中的治疗。
>
> 根据这一线索，国王让科学家们详细研究，结果发现，羊毛中含有一种自然的油脂，提炼出来，有治疗皮肤病的功能，并由国王命名为"兰丽"。
>
> （资料来源：http : //www.ycwb.com/gb/content/2005-11/11/content_1017431.htm 金羊网）

2. 建立品牌美誉度

品牌美誉度是指某品牌获得公众信任、支持和赞许的程度。相对于品牌认知度这个量的指标而言，品牌美誉度是一个质的指标，只有建立在美誉度基础上的品牌知名度才能真正形成品牌资产。广告经常用数字来证实品牌受人欢迎，或用名人形象来明示或暗示品牌值得信赖。前者如香飘飘奶茶的广告反复宣称"一年卖出×亿杯，杯子连起来可绕地球×个圈"，后者如图1-8神州行的广告，该广告利用了葛优的名人效应，将消费者对葛优的喜爱转移到神州行上，产生"爱屋及乌"的效应。

事实上，广告在提高品牌认知度方面十分有效，但在建立品牌美誉度方面则要困难得多。消费者的信息来源有四种：商业来源、公共来源、个人来源、经验来源。广告属于商业来源，消费者比较信任的则是个人来源（亲友推荐）和经验来源（品牌使用经验）。更多时候，品牌美誉度是通过"口碑效应"来传播的，即通过人们的口头称赞，一传十，十传百，从而被越来越多的人认可

图1-8 葛优代言的神州行广告

和称赞。所以，广告常鼓励人们对品牌进行二次传播，麦氏咖啡刚进入中国台湾地区时，就提示消费者"好东西要和好朋友分享"。

3. 强化品牌忠诚度

品牌忠诚度是消费者在一段时间甚至很长时间内重复选择某一品牌，并形成重复购买的倾向。品牌忠诚度是品牌资产的重心，拥有一群忠诚的消费者，就像为自己的品牌打造了一道难以跨越的门槛，能抵御或者缓解来自其他品牌的冲击力和影响力，它是一个品牌所要追求的最终目标。

国外有研究表明，在广告引发的销量中，只有30%来自于新顾客，70%的销售量来自于现有顾客。对于品牌来说，大部分广告的目的是使现有顾客更加忠诚，而非吸引新顾客。有证据表明，品牌忠诚度每提高一点点，都会导致该品牌利润的大幅度增长。吸引一个新顾客的费用是维护一个老顾客费用的4～6倍。耐克广告的着眼点正是与消费者建立忠诚而持久的关系，并非单纯的交易。广告体现全球的青少年都渴望拥有一双耐克鞋，都以穿耐克鞋而感到荣耀。耐克"离经叛道"的广告为其塑造的"体育先锋"的形象，深深根植于青少年消费者的心中，使耐克成为他们的最爱。樱花牌抽油烟机在广告中宣称只要购买该品牌的烟机（见图1-9），就永久免费为顾客送油网，目的也是为了强化顾客的品牌忠诚度。

> **延伸阅读**
>
> #### 樱花牌抽油烟机——永久免费送网的创导者
>
> 提起樱花这个品牌，除了高品质之外，"服务好"一直是它的代名词。自1978年樱花卫厨第一台抽油烟机在台湾地区诞生以来，"永久免费送油网"就成为了樱花最为消费者熟知的口号，至今已有37年之久。而从樱花品牌1994年进入大陆至今，永久免费送油网的服务不知不觉已经实行了21年。在这长长的岁月中，在消费者的视野里出现过无数的厨电品牌，它们或许惊艳一时，又悄无声息地淡出了人们的视线。而樱花，也许不是价格最低的，也许不是产品最漂亮的，却始终默默地严守着自己最初对消费者的承诺，忠实地将"永久免费送油网"的服务贯彻始终。
>
> （资料来源：http：//www.sakura.com.cn/news/detail/117）

图1-9　樱花牌抽油烟机广告

二、从消费者角度看广告的功能

作为一种公开的信息传播活动，现代广告已经深入到社会生活的方方面面，成为消费者生活中不可或缺的一部分，并对其产生着潜移默化的影响。

1. 改变生活方式

美国广告评论家帕克德（Vance Pankard）在《隐藏的说服者》一书中写道："我们中有许多人在日常生活的方式上，正不知不觉地受广告的影响，并受它巧妙的操纵与控制。"广告向消费者提供十分丰富的信息，介绍各种各样的新产品，指导消费者如何使用产品，在不知不觉中改变着人们的生活方式。宝洁、联合利华等洗化巨头在20世纪80年代初进入中国市场以后，投放了大量的电视广告，培养起人们使用各种洗化用品的习惯。香皂在中国曾被视为只在重要场合才会特意使用的化妆品，白丽香皂早年的著名广告语"今年二十，明年十八"，就反映了当时人们的消费习惯。但随着宝洁、联合利华等企业不遗余力的宣传教育（见图1-10），人们逐渐将之视为日常用品。使用频率越来越高，直接为宝洁等洗化企业带来丰厚的利润。

2. 转变消费观念

从某种角度看，消费观念的形成其实是学习的结果。广告具有诱导和示范作用，通过反复的产品功能演示或利益展示，对消费者进行诱导，从而促使消费者产生需求，改变观念。图1-11是捷信消费金融有限公司发布的广告，意在劝说消费者使用分期付款的方式购买手机。中国的消费者长期以来非常认可"量入为出"的消费观念，但在广告的

图1-10　高露洁牙膏的广告

反复倡导下，人们逐渐接受了分期购置住房、汽车等昂贵的产品，以至于现在连家电、手机等商品，也开始采用分期购买的方式了。在大学生群体中，分期付款购置手机早已司空见惯。

图1-11　捷信公司广告

3. 扩大选择范围

在供过于求的市场上，激烈的市场竞争迫使企业不断提高产品质量和丰富产品种类，并用广告将这些商品信息分享给消费者。新产品的问世，新品牌的出现，新服务的提供，消费者往往都是通过广告得知的。广告已经成为消费者生活的必需品，为消费者提供了更大的选择范围，他们的需求也能够更好地被满足。

4. 提供购物便利

广告经常告知消费者目前企业正在开展哪些促销活动，并介绍产品的功能、价格、使用方法、销售时间、销售地点、销售方式等，帮助消费者提高对产品的认知程度，成为消费者进行消费决策的重要依据，为顾客提供了极大的购物便利，节省了寻找产品的时间和精力，提高了购买效率。早在网络购物方式普及之前，很多婴幼儿用品企业都为目标顾客提供销售目录。年轻妈妈们忙于照顾婴儿无暇外出购物，只需在空闲时翻阅图文并茂的销售目录，看到合适的商品，打一个电话，企业就可以送货上门。这种早期的销售目录为顾客提供了很大方便。

5. 减小购买风险

我国《广告法》要求在广告中必须明示广告主，如果产品出现问题，广告主必须承担相应的责任。一些特殊行业，如药品、医疗、医疗器械、保健品的广告在发布前都经过了相关部门的严格审核，这为消费者减小了购买风险，使消费者买到假冒伪劣商品的机率大为降低。

三、从媒体角度看广告的功能

正是由于大众媒体的参与，广告才具备了"广而告之"的特征，并最终发展成一个庞大的产业。广告收入为媒体带来可观的商业利润，媒体可以购买昂贵的设备，吸引优秀的人才，制作精良的节目。广告收入使媒体受众以较低的成本享受媒体提供的信息服务，最终使媒体的传播范围和影响力得以扩大。

1979年改革开放以来，中国广告市场的媒体格局一直在发生变化。

1. 报纸称雄

20世纪80年代初期，消费者收入不高，电视价格又非常昂贵，电视在中国市场尚远未普及。

一些外国企业进入中国市场时，只能选择报纸投放广告，因此，80年代报纸广告在媒体业中的地位得到很大提升。

2. 电视崛起

20世纪90年代是中国电视广告发展的黄金时期。随着消费者收入的增加，电视很快"飞入寻常百姓家"。1995年电视广告在广告市场份额中开始处于领先地位，取代报纸成为中国第一广告媒体。

> **延伸阅读**
>
> ### "标王"的诞生
>
> 20世纪90年代，中央电视台广告部主任每天可能收到很多要求广告时段的条子。为了处理各种关系，中央电视台在1994年11月8日这一天举行了央视黄金时段的招标会。在第一届招标会上，参与竞标的企业有77家，招标金额总计3.6亿元。从此，每年的这一天，竞标会都成了全国企业界、广告界的一次盛会。
>
> 招标使中央电视台批条子、走后门的现象得到了有效的控制，同时也为中央电视台获得了巨大的广告收入，广告收入有了成倍增长：1994年招标额为3.6亿元，2003年招标总额已达到44亿元。央视黄金时段的招标充分显示了中央电视台在中国媒介中的霸主地位。表1-2是历年标王夺标时的出资金额。
>
> 表1-2 央视黄金时段历年标王夺标时的出资金额
>
> | 时间 | 出资金额 | 品牌 | 时间 | 出资金额 | 品牌 |
> |---|---|---|---|---|---|
> | 1995年 | 0.31亿 | 孔府宴酒 | 2002年 | 0.20亿 | 娃哈哈 |
> | 1996年 | 0.67亿 | 秦池酒 | 2003年 | 1.09亿 | 熊猫手机 |
> | 1997年 | 3.20亿 | 秦池酒 | 2004年 | 3.10亿 | 蒙牛 |
> | 1998年 | 2.10亿 | 爱多VCD | 2005年 | 3.85亿 | 宝洁 |
> | 1999年 | 1.59亿 | 步步高 | 2006年 | 3.49亿 | 宝洁 |
> | 2000年 | 1.26亿 | 步步高 | 2007年 | 4.20亿 | 宝洁 |
> | 2001年 | 0.22亿 | 娃哈哈 | | | |
>
> （资料来源：杨海军《中外广告史》）

3. 网络时代来临

1994年开始，中国进入了网络时代。受众从电视屏幕转向了电脑、手机、Ipad等各种新媒体。广告主的广告投放方式也随之转变。传统媒体的广告收入年年下滑，呈负增长态势，互联网广告市场则风光无限。据艾瑞咨询提供的数据，2014年，中国互联网广告市场规模达到1540亿，一举超越称霸19年的电视，成为第一广告媒体。

> **延伸阅读**
>
> ### BAT广告收入占据前三，奇虎360与爱奇艺PPS增长突出
>
> 通过广告行业分析报告了解到，2014年百度、淘宝与腾讯位居中国网络广告市场企业营收前三。其中：（1）百度广告营收预计为120.3亿元，同比增长59.2%。百度在移动端商业化不断推进，整体继续保持良好的发展。（2）淘宝本季度广告营收预计为94.6亿元，同比增长

43.5%。6月中旬的年中大促成为本季度营销亮点。(3)腾讯广告营收预计为17.5亿元，同比增长34.9%。世界杯期间，腾讯依托新闻客户端、视频客户端、微信、手机QQ、微视等移动终端与PC端媒体资源为多家品牌广告主进行世界杯营销服务。

爱奇艺PPS及奇虎360营收同比增速超100%。其中：(1)爱奇艺PPS广告营收实现快速增长。一方面由于来自移动端的广告收入大幅提升；另一方面，PPS自与爱奇艺合并以来，品牌影响力提高，内容资源更加丰富，促使其广告营收增长迅速。(2)奇虎360依靠浏览器等渠道为其搜索引流，同时致力于提升品牌认知度，在搜索上不断扩大流量份额。同时，不断发展广告主与渠道商资源，商业化进程持续推进。搜索业务的增长成为奇虎360的广告业务核心推动力。

从上面的数据中可以看出，BAT的网络广告份额依然具有统治地位，而其他后起之秀也在快速成长之中。

（资料来源：艾瑞咨询）

四、从社会角度看广告的功能

美国文学评论家D.M.波特说："广告对社会有着强烈的影响，在这点上可以与具有历史传统的学校和教会制度的影响相提并论。"作为一种公开的信息传播活动，广告与受众之间频繁接触，或多或少都会产生一些经济之外的影响。

1. 丰富文化生活

广告是一种复杂的视听艺术，制作精良、创意巧妙的广告往往给人带来美的享受。动听的广告歌曲、唯美的广告画面、精彩的广告创意，能够感染人们、打动人们，丰富人们的文化生活和精神世界。很多广告语被广泛引用，成为日常生活中的流行语，甚至被编成笑话、小品、相声等。一些广告歌曲最终演变成流行歌曲，成为文化的一部分。康美药业的企业广告MTV主题曲——《康美之恋》，常常出现在城市的大街小巷，是近年来最受欢迎的广场舞舞曲之一。

2. 美化社会环境

早年有人这样形容上海，"白天的上海是黑白的，夜晚的上海是彩色的"。流光溢彩的户外广告成为城市一道亮丽的风景线，使城市变得更加美丽多姿。图1-12是TOM户外传媒集团的广告，强调户外广告让城市变得更加美丽。

图1-12　TOM户外传媒集团的广告

3. 传播先进观念

优秀的广告作品能够超越产品本身，和受众进行深层次的沟通，传播一些先进的、高尚的或传统的观念。耐克公司的广告"just do it"鼓励年轻人敢想敢干，劲酒的广告劝说饮酒者爱惜身体——"劲酒虽好，可不要贪杯"，钻石的广告歌颂坚贞的爱情"钻石恒久远，一颗永流传"。哈药六厂拍摄的公益广告《妈妈，洗脚》篇感动中国，甚至一些中小学给学生布置作业，要求回家为父母洗一次脚。这些广告对于推进社会主义精神文明建设，倡导社会主义核心价值观大有裨益。

第四节　广告的演进

广告本质上是一种传播形态，在社会交换的基础上产生。人类广告发展演变的历史，其实就是人类自身发展和信息传播的历史。回顾广告漫长的发展历程，有助于我们把握广告发展的规律，向更高的起点迈进。

一、中国广告发展简史

广告在中国源远流长，中国古代文化中到处都可以捕捉到广告的影子。根据《楚辞·天问》的记载，姜子牙在发迹之前曾经做过屠夫，"师望在肆，鼓刀扬声"，即在市场上高声叫卖并利用菜刀互相撞击的声音来吸引人们注意。《水浒传》里也提到一个非常有名的酒的广告——"三碗不过岗"。整体来看，中国广告史可以分为三个历史时期。

（一）古代广告

古代广告即从原始社会末期至1840鸦片战争前这一时期的广告。中国古代的广告形式十分丰富，主要有以下几种。

1. 叫卖广告

（1）口头叫卖　口头叫卖是最早出现的广告形式，是适应物物交换的需要而产生的。南宋吴自牧的《梦粱录》中记载了叫卖的场景："卖花者以马头竹篮盛之，歌叫于市，买者纷然"。早期的口头叫卖比较简单，"卖什么吆喝什么"，后来被一些聪明的商人加以改进，配上乐器歌词，吟唱叫卖，大大提高了叫卖效果。

> **延伸阅读**
>
> **天津估衣街上的叫卖广告**
>
> 旧时，天津估衣街上有不少卖估衣的摊子，估衣商每天早晨在门前铺张大苇席，上摆大撂估衣，南腔北调地吆喝起来："这件羊皮袄啊——不缺也不残。穿在您身上——保您热得乎啊……要问卖多钱呀，您给5块钱吧。"一会儿又拿起一件娓娓道来："这件短马褂呀——绸子里、缎子面、没发霉、没虫咬哎——里外全都新——您就捎走吧。"卖者把估衣翻过来掉过去，随机性很强的鲜亮活词将货品介绍得淋漓尽致，一唱一和，引人发笑，讨价还价声吵吵嚷嚷不绝于耳。
>
> （资料来源：北方网 http://tianjin.enorth.com.cn/system/2003/10/28/000657780.shtml）

（2）音响叫卖　口头叫卖需要扯着嗓子吆喝，费时费力，传播距离又十分有限。一些聪明的商贩开始击打器物代替口头叫卖，如卖油翁敲"油梆子"，货郎摇"拨浪鼓"，卖糖的小贩吹箫等。这样就发展出各具特色、花样繁多的音响叫卖的形式。音响广告有很强的地域性和约定俗成性。

> **延伸阅读**
>
> ### 清朝各行各业的音响工具
>
> 清代的各行各业基本都有自己的音响广告，主要借助各种能发出音响的器具再伴以具有独特韵律的叫喊和吟唱增强广告宣传的效果。由于音响广告种类繁多，所使用器物也各具特色，文人雅士还把每种音响工具都冠以一个通俗易懂又不失文雅的名字。清代文献《韵鹤轩杂著》对此做了较为详细的记载："百工杂技，荷担上街。每持器作声，各为记号。修脚者所摇折叠凳，曰'对君坐'；剃头匠所持响鼓，曰'唤头'；医家所摇钢铁圈，曰'虎撑'；星家所敲小铜锣，曰'报君知'；磨镜者所持铁片，曰'惊闺'；锡匠所持铁器，曰'闹街'；卖油者所鸣小锣，曰'厨房晓'；卖食者所敲小木梆，曰'击馋'；卖闺房杂货者所摇，曰'唤娇娘'；卖耍货者所持，曰'引孩'。"
>
> （资料来源：杨海军《中外广告史》第85页）

2.幌子广告

幌子，又称"望子""招幌"，是生产作坊和店铺表明所卖商品的标志，作用是招揽顾客。古代社会文盲占绝大多数，但是目不识丁的人却认识幌子，通过幌子可以识别店铺的经营性质。《清稗类钞·农商类·市招》中记载了这种情形："更有不用字，不绘形，直揭其物于门外，或以象形之物代之，以其人多不识字也。如卖酒者悬酒一壶，卖炭者悬炭一支，而面店则悬纸条，鱼店则悬木鱼，俗所谓幌子者是也。"我国幌子式样繁多，大致可分为四种。

（1）实物幌　卖什么挂什么，直接用实物来表示经营品种叫实物幌。如卖灯笼的挂一个灯笼，卖梳子的挂一串梳子（见图1-13），卖筛子的挂一个大筛子，卖席子的在门前立一卷席筒等。实物幌有些类似现在的橱窗广告，只是缺乏现代橱窗广告的灯光效果。

（2）形象幌　由于各种原因，一些实物不能直接悬挂在店铺前，有的实物太贵重，如金银玉器；有的实物容易腐烂，如鱼虾；还有的会褪色损坏，如服装。店铺就根据实物制成模型或摆或挂，放在店铺前，引人注目，这就是形象幌。图1-14和图1-15就是用木头制作的手套和袜子形状的形象幌。

（3）象征幌　象征幌，用某种东西代表或寓意着本行业，人们只要看到这些象征物，就知道它所代表的行业。如颜料店前挂几根木制彩色木棍，药店门口悬挂葫芦等。

图1-13　梳笙庄幌

图1-14　手套庄幌

图1-15　袜庄幌

（4）文字幌　文字幌大多用木板制成，上面书写或镌刻文字。文字少而精，一目了然。如当铺写"当"，酱菜铺写"酱"，茶庄写"茶""茶庄"或茶的品种（见图1-16），裁缝铺写"成衣"，理发店写"整容"（见图1-17）等。

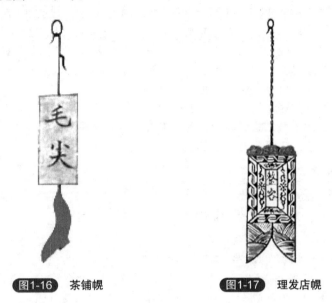

图1-16　茶铺幌　　　　　　图1-17　理发店幌

幌子不仅是一个历史的存在，也具有现实的意义。现代商店大量使用的橱窗广告和霓虹灯广告，实际上也是幌子风俗在新的历史条件下的继承和发展。

3.旗帜广告

旗帜最早用于军事和政治上，用于商业的典型代表是酒旗。酒旗通常采用平行旗杆悬挂，上下都有旗杆用来展平旗面，立杆则起到控制高度和悬挂的作用。平展的旗面使旗帜不会随风飘舞，保证人们可以一目了然，提升了广告传播效果。

> **延伸阅读**
>
> **酒旗变帅旗**
>
> 　　西汉末年，朝政腐败，民怨沸腾。西汉宗室后裔刘秀在宛城东古镇的"刘记"酒馆聚众商议倒莽扶汉的大计，得到拥戴，遂决定以刘姓旗帜为军队帅旗。正愁没有旗帜，忽见空中"刘记"酒旗迎风飘舞，遂卸下酒旗为帅旗，自此兴兵南阳，大战昆阳。公元36年，刘秀完成了对全国的统一。刘秀称帝后，念"刘记"酒馆赊旗有功，亲封"刘记"酒店为"赊酒店"，封其酒为"赊店老酒"。自此，"天下店，数赊店"，名扬古今。
>
> （资料来源：孙顺华《中国广告史》17页）

4.招牌广告

招牌是店铺的标记，在木板上题写店铺的名称或字号，再加以适当的装饰，就成了招牌。唐代把招牌作为管理市场的一种手段，官府规定必须挂牌营业，从此，招牌就成为商家一直沿用的宣传形式之一。宋代以后，招牌非常普及，城里几乎家家都有招牌。招牌的种类也开始增加，有悬挂在店门上方的横招，竖在店门两侧的竖招，挂在墙上的墙招，放置在店门前方的坐招等。从宋朝张择端的《清明上河图》上就能看到各式各样的招牌，画面上的一个十字路口附近，就有三十多块招牌。招牌发展到明清时，内容上开始变得复杂起来，不再单纯以姓氏或经营品种为内容。一些商家开始为其注入某种经营理念，赋予其特定内涵。主要表现在以下三个方面。

（1）强调商家信誉和职业道德　一些招牌借用儒家或佛家的思想来强调商家的信誉，如"同仁堂"的"仁"表达的是童叟无欺的商业信条。另一个医药老字号"佛慈"表达的是"我佛慈悲，药物可普救众生"的佛家思想。同仁堂的竖招"炮制虽繁必不敢省人工，品味虽贵必不敢减物力"至今挂在"同仁堂"的大门两边，强调了其恪守的职业道德。

（2）注重表达人们的美好愿望　中国传统社会特别注重"吉利"，一些商家迎合这种心理，其招牌用字极其讲究，表达了人们盼望健康长寿、吉祥如意的美好愿望。"内联升"是清朝著名的鞋店，顾客以达官贵人为主，其招牌寓意为吉星高照，官运亨通。

> **延伸阅读**
>
> **潘高寿，盼高寿**
>
> 医药老字号"潘高寿"的名称表达了人们盼望健康长寿的愿望。在纪念"宋庆龄基金会"成立10周年的大会上，时任潘高寿药厂企业文化艺术团荣誉团长兼艺术顾问的著名歌唱家、表演艺术家郭兰英向基金会主席、朱德同志的夫人康克清介绍广州潘高寿药厂及其系列产品。康克清风趣地说："'潘高寿'，这名字起得好呀！'潘高寿'就是'盼'高寿。谁不盼高寿啊？哎！我们都来'攀'高寿吧！"
>
> （资料来源：根据相关资料整理）

（3）渲染动人故事讲述招牌由来　很多老店铺都有自己世代流传的动人故事，这些故事或是对其字号和神秘配方来历的说明，或者是对创业者的人格魅力的赞扬，或是渲染某位名人使用产品后产生了神奇疗效。这些故事给店铺平添了一种神秘色彩和文化底蕴。

> **延伸阅读**
>
> **陈李济的品牌故事**
>
> 相传在1600年（明朝万历年间），广东省南海县人李升佐，在广州大南门已末牌坊脚经营着一间中草药店。一天，李升佐乘船经商归来，船靠岸后发现一包银两。李升佐虽是个商人，但并不因财昧义，就在码头久久等候。果然，片刻过后，看见有一个人十分焦急地四处寻找，这人正是失主陈体全。陈当天从外地收得货银搭船回广州，因为急于上岸，把货款遗留在船上。李当即奉还银两，陈感李情高谊厚，于是结为深交。陈恳切要求把遗银的半数投资于李的中草药店，两人立约："本钱各出，利益均沾，同心济世，长发其祥。"并给草药店取字号"陈李济"，寓"陈李合作，同心济世"之意。从此，"陈李济"这个字号就在广州创立起来。这种"拾金不昧""好人有好报"的故事符合中国人的传统道德，为人们所称道，同时也使人们对"陈李济"产生好感。
>
> （资料来源：陈李济官网）

招牌是商人的传家之宝和精神财富的象征，除了在内容上精心设计外，在形式上也非常考究。商人喜欢选用上等的楠木制作招牌，用精湛的髹漆工艺装饰上黑底，四周镶上花边纹饰，正中字体使用金色或朱红色，古朴大方，精妙的书法艺术为招牌锦上添花，体现出中华民族独特的广告风格。

5. 印刷品广告

我国是印刷术的发明地，印刷术在发明后，也被商家用来做广告宣传。在中国历史博物馆，保存着北宋时期的"白兔"细针的印刷铜版，表明那时我国已经有了印刷广告。这个铜版印制出来的成品（见图1-18），即可作为广告传单，也能充当包装纸，一举两得。因为白兔捣的是长生不老药，这个图案被视为吉祥图案，受到人们喜爱。"白兔"细针在北宋影响广泛，高墙大院中的大家闺秀、缝纫妇女都以买到"白兔"细针为荣。

6. 对联、诗词广告

图1-18 济南刘家功夫针铺广告

对联和诗词都是非常富有民族特色的文字形式，虽然对联广告常以竖招的形式出现，但为了方便起见，还是将对联和诗词视作一种特殊形式的文字广告，放在一起介绍。

明代中后期，对联广告开始流行，由于店铺往往提供不菲的报酬，文人雅士也乐意为商家题写对联。对联广告的内容五花八门，有的表明经营性质，有的表达某种情趣，有的夸耀产品效果，也有的表达生意兴隆的愿望。下面是比较有特色的几副对联。

未晚先投宿，鸡鸣早看天（客栈）
只愿世间人无病，不怕架上药蒙尘（药店）
金鸡未唱汤先热，旭日东升客满堂（澡堂）
玩物岂能真丧志，居奇原只为陶情（古玩店）
虽云雕虫末技，却是顶上功夫（理发店）
酿成春夏秋冬酒，醉倒东南西北人（酒店）

和对联一样，诗词也常被用于广告宣传，为产品增添了品味和魅力。清朝状元孙家鼐曾为王致和臭豆腐写过一首藏头诗。王致和的后人将这首诗永远印在产品包装上，成为王致和悠久历史的象征。

致君美味传千里
和我天机养寸心
酱配龙蟠调芍药
园开鸡跖钟芙蓉

（二）近代广告（1840～1949年）

近代广告是指从鸦片战争爆发到中华人民共和国成立以前的广告。这一时期，中国沦为半殖民地半封建社会，西方列强在对中国输出商品和资本的同时，也带来一些新的广告形式。国内的民族资本家受到启发，也开始模仿使用新的广告形式。除了从西方输入的报纸、广播、橱窗、路牌等广告形式外，还出现了富有中国特色的广告形式，中国广告业的发展由此进入一个新的历史时期。

1. 报纸广告一马当先

报纸广告的出现是近代广告发展的显著标志。早在唐代，我国就诞生了官方主办的报纸——《邸报》，这是现代报纸的雏形。1815年，英国传教士马礼逊在马六甲创办了《察世俗每月统计传》，成为我国历史上第一份中文报纸。1853年，英国传教士在香港创办的《遐迩贯珍》，首先开始刊登广告，后来还开设了广告专栏。1872年，英国商人在上海创办了《申报》，《申报》的广告经营非常富有特色：第一，广告类型很多，有"论前广告""中缝广告""特别广告"等；第二，广告数量很大，广告版面常常超过新闻版面；第三，广告刊登位置显要，常常刊登在头版的重要新闻前面，提高了广告效果。图1-19是《申报》刊登的"马占山将军香烟"广告，占据了头版的显要位置，标题醒目，图文并茂，利用反战情绪诱发消费行为。

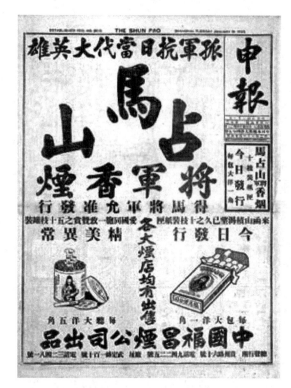

图1-19　《申报》刊登的香烟广告

报纸由于传递信息快、刊登费用低，成为近代广告史上最重要的广告媒体。外商广告和民族资本家都非常重视广告宣传，纷纷利用报刊广告推销商品，报纸广告得到空前发展。

2. 广播广告异军突起

1922年，美国商人奥斯邦在上海创办中国第一座广播电台，接着美商新孚洋行和开洛公司也相继创办了广播电台。这些电台主要靠广告收入维持，催生了各种形式的广告节目。1926年，我国无线电专家刘瀚在哈尔滨建成了第一座国人自办的官办广播电台——哈尔滨广播无线电台。1927年，北洋交通政府又在天津、北京相继开设了广播电台。这些电台一开播就主动承揽广告业务。广播广告的出现是中国广告史上一个重大事件，标志着广告传播的范围更广，传播的速度更快，影响力也更大。

> **延伸阅读**
>
> ### 早期的广播广告
>
> 1927年春，天津广播无线电台播音员的娇美声音通过电波传了出来："全国各织染厂、各家庭注意：如用最鲜艳、最坚固、不褪色颜料，就请你用天津万义颜料厂出品的'虎鹿'商标各种颜料。因该厂已有十余年之成绩，信用素著，不但颜料鲜而价值又特别克己。今年为酬谢主顾起见，又将颜料成色特别提高，如蒙赐顾，无任欢迎之至。"
>
> （资料来源：杨海军《中外广告史》第159页）

3. 月份牌广告美丽多姿

月份牌广告出现在19世纪末，盛行于20世纪20～30年代，当时的烟草行业非常喜爱使用这种广告形式（见图1-20）。月份牌通常有一个精心设计的边框，中间画一位古装或时装美女，两边印上年月历表，上方或下方印上企业名称或商品图案，兼具广告、实用、审美三大功能，经常被企业作为赠品赠送给消费者。后来，年月历表逐渐淡出月份牌（见图1-21），但这个名称却保留了下来。月份牌源于中国传统的年画，同时又吸收了西方的绘画技巧，是中西合璧的产物。当时还诞生了一批广告设计家，专门替企业绘制月份牌，代表人物有周慕桥、郑曼陀、杭稚英等。

图1-20　香烟月份牌

图1-21　雪花膏月份牌

延伸阅读

月份牌擦笔画技法的发明者——郑曼陀（1885～1959年）

郑曼陀原名达，字菊如，笔名曼陀，出生在杭州。从小眼睛有疾的郑曼陀偏偏爱上了绘画，而且才气十足，几年过后，画艺已在老师之上。他把传统人物技法与水彩技法结合起来，发明了擦笔水彩技法。这种画法是先在美女的面部擦上一层炭精粉，轻轻揉擦阴影部位，使之稍具淡淡素描的轮廓，然后再涂上水彩晕染。这样，脸部就会在白皙中呈现一抹淡红，显出立体感，同时又能保持工笔画仕女造型的神韵。

一次，他在上海的"张园"挂起四幅用擦笔水彩画画成的时装美女图，正巧上海著名大商人黄楚九从此路过，黄以商人特有的敏感发现这些美女形象可以用于商业广告，他将曼陀的四幅美女画全部买下，用来为他的中法大药房做广告。1915年，应黄楚九邀请，郑曼陀画了《贵妃出浴图》，成为月份牌裸体画之开端。

4. 其他广告争奇斗艳

除以上三种广告形式外，其他广告宣传方式也纷纷出现。

（1）霓虹灯广告 1926年，上海南京路的伊文斯图书公司在橱窗内设置了"皇家牌打字机"的英文霓虹灯广告，这是中国最早的霓虹灯广告。1927年，露天的霓虹灯广告在上海出现。上海冠生园在吴淞口岸上做的巨型霓虹灯广告，高达30米，"冠生园陈皮梅"每个字的高度都在10米以上，十分壮观。冠生园还在自己新建的厂房楼顶上做了一个高达6米、每字3米见方的"冠生园"霓虹灯广告，人称"红透半边天"。

（2）路牌广告 辛亥革命前，我国就出现了路牌广告，到20世纪20年代已很盛行。早期的路牌广告，多数是烟草广告、药品广告和电影预告，一般树立在街道两边、屋顶、铁路沿线和风景区（见图1-22）。一些广告公司以制作路牌广告为主要业务，规模越来越大。如当时的荣昌祥广告社几乎包下了上海所有马路的路牌广告业务，甚至连沪宁、沪杭两条铁路沿线的广告路牌广告也包了下来。

图1-22　旧上海的路牌广告

（3）橱窗广告 1917年，先施百货公司开业时，布置了橱窗广告，这是我国最早的橱窗广告。到了20世纪30年代，上海的先施、永安、新新、大新等几大百货商店，都把橱窗提供给厂家陈列商品，然后向厂家收取租金。

（三）现代广告（1949年至今）

1949年新中国成立后，逐步对旧广告业进行了改造，组建起一批国营广告公司。但当时以计划经济为主，所有产品采用计划供应和统购包销的政策，广告逐渐失去了生存的意义。在"文化大革命"中，广告又被视为资本主义的产物而遭到批判。"文化大革命"结束前，商业广告基本消失，中国广告处于空白和断档时期。党的十一届三中全会以后，我国广告业才进入新的发展时期。

现代广告业的恢复始于1979年。1979年1月4日，《天津日报》刊登了天津牙膏厂的牙膏广告（见图1-23），是改革开放后我国报纸最早刊登的商品广告。1979年1月14日，《文汇报》发表了丁允朋的署名文章《为广告正名》，文章呼吁"我们的报纸、刊物、广播、电视等，都应该为我们的新产品、新技术、新工艺、新的服务部门做好广告"，这篇文章为大众媒体刊播商业广告制造了舆论。1979年1月28日，上海电视台播放了中国大陆地区第一条电视商业广告——"参桂补酒"广告。1979年3月5日，上海人民广播电台在全国广播电台中，第一个恢复广播广告业务，播出的广告是"春蕾药性发乳"。从此，我国广告业进入了正常发展阶段。

图1-23　天津牙膏厂广告

> **延伸阅读**
>
> ### 20世纪80年代流行的广告语
>
> 丰田汽车：车到山前必有路，有路必有丰田车（1982年）
> 燕舞录音机：燕舞，燕舞，一片歌来一片情（1983年）
> 威力洗衣机：威力洗衣机，献给母亲的爱（1984年）
> 大宝护肤品：大宝，天天见（1985年）
> 万家乐电器：万家乐，乐万家（1986年）
> 太阳神口服液：当太阳升起的时候，我们的爱天长地久（1987年）
> 白丽美容香皂：今年二十，明年十八（1989年）
>
> （资料来源：杨海军《中国广告史》）

二、外国广告发展简史

不同的国家和民族间，广告的发展状况迥异。但人类广告发展的历史，又有着共同的规律：受制于社会经济文化水平，又反作用于经济文化。同我国广告发展一样，外国广告的发展与各地生产力、商品经济、科学技术等息息相关，休戚与共。纵观历史，无论东方西方，人类早在奴隶社会时期就开始了广告活动。在东方，3000多年前的尼罗河流域、两河流域（底格里斯河、幼发拉底河）的古埃及、古巴比伦社会时期，就产生了广告活动。在西方，在比古中国、古埃及、古巴比伦稍晚的地中海沿岸的古希腊、古罗马等国，当时以经商和航海著称，也出现了广告活动。近代广告则是在18世纪第一次工业革命时期的英国逐步发展起来的。以后，广告中心移向美国，美国最终成为世界广告大国。这期间，每一次传播手段的发明和普及，都对广告行业产生巨大的推动作用。根据广告的技术发展水平，将外国广告史分为四个时期。

（一）古代广告（1450年以前）

从广告产生到公元1450年德国人谷登堡发明金属活字印刷术前，被称为古代广告时期。这一时期的主要广告形式是口头叫卖，同时，文字广告及标记广告也开始出现。

1. 文字广告的出现

文字的发明，是广告史上具有里程碑意义的重大事件，人们在信息传播上得以摆脱了时空限制。公元前3000年左右，古埃及人民发明了"象形文字"，古巴比伦人也继承了苏美尔人创造的"楔形文字"（产生于公元前3000～2000年）。文字发明后，很快就被广告所使用。4000多年前的古埃及方尖石碑、石柱上的象形文字，就有原始户外广告的意味。

迄今为止发现的世界最早的文字广告，是公元前1000多年前出现在古埃及首都的一张广告传单，内容如下。

"一个叫谢姆的奴隶，从善良的织布匠哈甫家逃走了，首都特贝一切善良的市民们，如能把他领回来的话，有赏。谢姆身高5英尺2寸，红脸，茶色眼珠。谁能提供他的下落，就赏给半个金币，如果谁能把谢姆送回到技艺高超的织布匠哈甫的店铺来，就赏给他一个金币。"

2. 叫卖广告的盛行

公元前8世纪到6世纪，古希腊的农业和手工业都有所发展，形成了以城市为中心，包括周围乡镇在内的"城邦"，商业非常繁荣。在当时200多个希腊城邦中，雅典和斯巴达最为著名。雅典的商业非常发达，人们常常吃喝着有节奏的声音，贩卖奴隶、牲畜及手工艺品、日用品，形成最古老的叫卖广告。如四行诗形式的化妆品广告。

"为了两眸晶莹，为了两腮绯红；

为了人老珠不黄，也为了合理的价钱，

每一个聪明的女人，

都会购买埃斯可里普陀（Aesclyptoe）的化妆品"

此外，当时雅典政治体制为奴隶主民主制，每当举行公民大会进行选举时，便有声音洪亮的传令官到各条街道、市场大声喊叫，广而告之。这也是西方国家最早的政治宣传广告。

3. 户外广告的滥觞

继古希腊之后称霸地中海沿岸的是古罗马帝国。约在公元前510年，古罗马形成奴隶制共和国。当时的古罗马城不少店铺门口都挂着招牌，城里房屋的墙壁上也都涂上了各种粗糙的文字广告和图画。后政府下令一律改用墙壁广告，这也是广告管理的萌芽。这一时期象征性的标志也大量出现，如奶制品作坊以山羊为标记，面包房以骡子拉磨盘磨面的图形表示。

公元前79年，维苏威火山爆发，火山附近的庞贝城顷刻化为乌有，25000多名无辜居民埋埋地下1600多年无人知晓。直到1738年，才被筑路工人发掘出了这个沉默的古城。古城面积约1平方公里，住着两万多人，四周绕有石砌城墙，设有七个城门。在纵横交错的街道建筑物的墙上、柱子上，图画广告、招牌广告等随处可见。广告内容五花八门，有格斗表演、房屋出租、图书发布、浴池广告和政治竞选广告等。下面这则竞选广告就是采用反面攻击的手法来诋毁竞争对手的声望。

"所有的小偷都强烈要求你们选举瓦提亚为市政官，所有的懒虫都强烈要求你们选举瓦提亚为市政官，所有的酒吧女郎都支持瓦提亚。"

除了以上几种广告形式外，音响、布告、纹章也是当时常见的广告形式。

> **延伸阅读**
>
> #### 敲钟卖鱼
>
> 希腊人喜欢吃鱼，但是顿顿吃鱼则是一种奢侈的象征，是有钱人家的特权，也是可以炫耀的一件事。每当鱼店的新鲜鱼到货，店主就敲钟通知人们。据说，当时对卖鱼的时间有一

定限制，在规定时间之外卖鱼是被禁止的。有文献记载了关于"敲钟卖鱼"的趣事：

"在市场附近的一间房子里，朋友们欢聚一堂，音乐家弹起了竖琴。突然鱼店的钟声响起来了，人们纷纷跑出去买鱼了，只有一个老人还留在屋子里。音乐家走到老人前面，对他说：'谢谢，当鱼店的钟声响起时，您是唯一懂得礼貌没有离开的人。'老人说：'鱼店的钟声响了吗？谢谢。'然后他也急急忙忙向市场跑去。可见鱼店的钟声对人们的诱惑力有多大。"

（二）近代广告（1450～1850年）

从1450～1850年，为近代广告时期。这一时期印刷广告的产生开创了广告发展的新纪元，但其应用范围极其有限。此外，这一时期也出现了最早的广告代理业。

1. 印刷广告出现

15世纪，木版印刷技术传入欧洲，德国是当时的印刷中心。公元1450年，谷登堡发明金属活字印刷术，1452年，他开始着手印制《圣经》，到1456年完成，这是最早的活字印刷书。活字印刷术的发明，促进了印刷传单、招贴标语和商业名片等一些初级形式广告的发展，并且促使第一种大众传播媒介——报纸产生和发展起来。

15世纪70年代，英国人威廉·凯斯顿创办了一所印刷所，印出了第一本英文书和推销该书的广告。他将广告张贴在伦敦各教堂的入口处，向人们兜售这本复活节用的宗教书籍，这则书籍广告标志着西方印刷品广告的开端。广告长17.5厘米，宽12.5厘米，内容如下：

倘任何人，不论教内或教外人士，愿意取得适用于桑斯伯莱大教堂的仪式书籍，而其所用字体又与本广告使用者相同，请移驾至西敏斯特附近购买，价格低廉，出售处有盾形标记，自上至下有一条红线纵贯，以为辨识。

2. 报刊广告产生

从15世纪下半叶至17世纪初，欧洲社会由中世纪进入自由资本主义时代。由于15世纪末到16世纪初的"地理大发现"及新航路开辟的刺激，以及15世纪下半叶到17世纪"文艺复兴"运动洗礼的推动，欧洲科学技术突飞猛进，生产力大大发展。德国、英国、法国、美国等资本主义发达国家陆续出现定期出版的印刷报刊，这一新兴媒体很快被精明商人利用，成为广告媒体。

1625年，英国《信使报》刊载一则图书出版广告；1650年，英国《新闻周报》登载一则寻马悬赏启事；1666年，《伦敦报》开辟广告专栏，各报争相效仿。

从18世纪中期开始，到19世纪中期，英国完成了举世闻名的"工业革命"。工业革命导致生产力的极大发展，也使工厂的产品剧增，帮助推销产品的广告业随之也快速发展。当时的英国成为世界广告业的中心。为加强广告管理，1712年，英国开始对报馆征收印花税。除了每份报纸课税4便士外，还开征广告特税，无论广告大小，见报便收3先令6便士。

这一时期的报刊发行量较小，阅读人数非常有限，广告的影响力也很受局限。

3. 广告代理商诞生

1841年，伏尔尼·帕尔默在美国费城开办了世界上第一家广告公司。起初，他为其父亲创办的一份报纸拉广告。不久，帕尔默又代替一般广告主向其他报纸订购报纸版面，广告文案及广告设计工作仍由报刊承担，他抽取25%的佣金。此举被认为现代广告代理业之始。

（三）近代向现代过渡时期广告（1850～1920年）

1850年以后，英国、德国、法国、美国等主要资本主义国家经过了工业革命的洗礼后，生产力迅速发展，社会经济空前繁荣。从19世纪中叶一直到20世纪初期，报纸一直是广告最重要的载体。二者交互影响，互为因果。在此过程中，广告代理商应运而生。

这一时期，世界广告业的发展主要反映在以下三个方面。

1. 廉价报纸的兴起促进了广告业的繁荣

大众化廉价报纸最早出现在英国。19世纪初期及中期，英国陆续出现了一些价格低廉的周报和早期日报。它们都以普通百姓为对象，从不同侧面满足这些读者的需要，适应他们的口味。价格低廉，通常是一便士一份，因此，又叫"便士报""一分钱报"，它们是日后大量出现的廉价报纸的滥觞。

19世纪中后期，美国、法国、日本等国的廉价报纸也开始勃兴，其中较为典型的有美国的的《太阳报》、日本的《读卖新闻》等。从这一时期开始，报纸大众化的趋势持续发展，报纸种类大量增加，报纸的发行量也越来越大，报纸经营也走上商业化的道路。报纸从此不仅成为广告媒体之一，而且成为依赖广告生存的商品。报纸通过大量刊登广告，补贴低价发行，扩大发行量，进而获得更多广告。报纸与广告的彼此依赖，让二者达到双赢。

2. 广告公司及广告代理制的诞生

1865年，乔治·路威尔在美国波士顿正式设立广告代理公司，专门从事报纸版面批发业务。他先与新英格兰地区的100家报纸签订合同，买下他们的部分广告版面。然后四处拉广告，将批发买来的广告版面分销给广告主。1870年，他编印出版了报刊索引要览——《路威尔美国报纸指南》，对美国、加拿大5000多家报纸、刊物的名称和发行量作了简要介绍，在当时影响很大。

如果说帕尔默主要建立了一个报纸广告代理机构的话，路威尔则发展成为专门出售广告版面的机构。这种广告经纪人的出现，再一次改变了广告的经营方式。

1869年，美国"艾尔父子广告有限公司"在费城成立。该公司具有了现代广告公司的基本特征，不仅为报社推销版面，还为客户提供广告策划、文案撰写、设计制作、效果测定等各项服务。广告公司的重点从推销版面转向提供专业服务，极大地促进了广告事业的发展。

3. 广告新技术、新形式的应用

19世纪20年代，法国人发明了照相技术。1853年，美国纽约《每日论坛报》首次采用照片为一家帽子店做广告。从此，摄影图片成了广告的重要表现手段。

1850年，美国一家百货店在用马拉的车子外挂了一幅广告，这被认为是美国最早出现的交通广告。

1891年，可口可乐公司投产5年后，开始用挂历做广告，这是世界上最早的挂历广告。

19世纪末，由于印刷技术的进步，套色的杂志广告、海报等相继诞生，报纸上也有套色的广告出现。

户外广告方面，由于电气技术的进步，灯光广告和华丽的霓虹灯广告开始出现。1882年，英国出现了最早的灯光广告。1910年，法国出现了最早的霓虹灯广告。此后，霓虹灯广告风靡全球，成为户外广告的中坚力量。

（四）现代广告（1920年至今）

进入20世纪，人类科学技术突飞猛进，社会经济空前繁荣。由于广播、电视、电影、录像、卫星通信、电子计算机等电子电信设备及技术的发明、创造，广告业进入现代电子技术时代。广告媒介大大增加，表现形式花样翻新，广告公司大量涌现，广告管理逐步规范，广告研究日趋深入。

现代广告的繁荣呈现以下几个方面。

1. 电子媒体的诞生和发展

广播、电视是20世纪上半叶人类两项重大的发明。二者相继问世，使人类传播活动由以印刷媒介为主的时代，进入到印刷媒介和电子媒介并驾齐驱的时代。

无线电广播最早诞生于美国。1920年11月2日，美国威斯汀豪斯公司在宾西法尼亚州匹兹堡市创办了KDKA广播电台，这是世界第一家正式申办了营业执照的广播电台，被公认为是世界最早的正式广播电台。此后，美国的广播电台陆续开办起来，其他国家也相继开办广播电台。之后，美国广播广告进入了黄金时代，广播逐步成为继报纸之后的第二大广告媒体。直至1948年电视台正式开播，美国广播广告才开始走下坡路。

电视的正式播出，始自英国。1936年11月2日，英国广播公司（BBC）在伦敦市郊亚历山大宫播出当时清晰度最高的电视节目，被公认为是世界上第一家正式播出的电视台。美国也是电视发展较早的国家之一。1925年，美国科学家开始电视实验，到1929年，美国已有26家实验性电视台诞生。1939年，美国NBC在纽约首次正式播出电视节目。1941年7月1日，美国联邦通信委员会（FCC）准许开办商业电视台，准许电视台开播广告。1954年，美国全国广播公司正式播出彩色电视节目。随后，日本、英国、法国、德国、苏联也都开始陆续播出彩色电视节目。

2. 广告手段不断创新，广告媒介日趋多样化

进入20世纪以后，除报纸、杂志、广播、电视四大广告媒介之外，在科技进步的推动下，新的广告媒介层出不穷，五花八门，广告花样不断翻新，广告运作日趋多样。焦点广告开始普遍流行，邮递广告得到广泛运用，空中广告也十分引人注目。进入20世纪90年代，网络广告、手机广告等也相继出现。

3. 跨国广告公司、巨型广告集团相继出现

20世纪80年代起，世界经济更加国际化，产生了一大批大型的跨国广告公司和集团，他们推行"一条龙"式的整合营销服务，为大型国际型客户提供"一站办妥"的全面营销服务。世界前十名的广告公司中，几乎全是跨国广告公司。

20世纪80年代中期至90年代中期，世界广告业发展呈集中化、集约化趋势，广告公司之间的合并与联合、兼并与购买持续不断，许多超级巨型广告组织不断产生，世界广告集团排序屡屡更替。1997年度世界最大广告集团美国的奥姆尼康（OMNICOM），就是1986年美国三家巨型广告公司合并改组而成。三家公司接受集团领导，各自独立核算。1997年，奥姆尼康又收购了世界第15大广告集团GGT，当年集团毛收入达41.5亿美元。而曾是世界第一的广告集团WPP，毛收入只有36.5亿美元。

> **延伸阅读**
>
> **广告超级航母——WPP集团**
>
> WPP集团是世界上最大的传播集团之一，总部位于英国伦敦。WPP集团拥有60多个子公司。WPP原来并不是做广告的，它的发展得益于一个熟悉广告的资本家——Martin Sorrell（马丁·索罗）。
>
> 1986年，索罗离开了做了8年（1977～1985年）财务总监、正处于巅峰时期的盛世广告

（Saatchi & Saatchi），收购了英国购物车制造公司——Wire & Plastic Products（WPP）。该公司的名字来源于"电线与塑料产品"（Wire & Plastic Products），其前身为生产购物车的公司。

1987年，WPP以大部分贷款得来的5亿6600万美元现金强迫收购智威汤逊（J.Walter Thompson），震惊业界；

1989年，WPP以8亿2500万美元强迫收购奥美广告（Ogilvy & Mather），成为全球最大的广告集团；

2000年，WPP以47亿美元收购全球第7大广告公司扬雅广告（Young & Rubicam）；

2003年，WPP以4.43亿英镑收购Cordiant集团（旗下拥有Bates，达彼思广告）；

2004年，WPP再次购买美国的精信广告集团（Grey Global Group），获得了精信环球广告和Mediacom等；

2008年9月，WPP获得欧盟的同意，以11亿英镑收购全球第二大市场研究公司TNS（法国索福瑞集团）；

2013年，WPP收购新华信国际信息咨询（北京）有限公司（Sinotrust Market Research）——中国市场领先的市场研究和咨询公司。

WPP的子公司之间的关系很微妙，既是一家人，又是彼此的竞争对手。索罗说："他们必须得学习着既亲吻又相互搏斗，既竞争又相互合作。而且每个部落都是不一样的。比如广告是一个部落，像在中国我们有奥美有智威汤逊，他们有各自鲜明的个性，就像大家族中的儿子跟女儿一样，同时客户也是多种多样的，所以他们各有各的市场。"

第五节 广告学学科的基本理论

广告学是研究广告活动的过程及其规律的科学。广告作为一种传播活动由来已久，但作为学术研究的对象，却只有一百多年的历史。所以，从时间上看，广告仍是一门年轻的学科。

一、广告学的产生与发展

广告学最早产生于经济发达的美国。19世纪中叶以后，美国经济迅猛发展，广告业快速成长起来，广告费在国民生产总值中所占比重越来越大，广告在经济发展中的作用日益彰显。这促使人们从不同领域出发，在广告学的研究上迈出了第一步。这一时期的主要研究成果如表1-3所示。

表1-3 早期广告学的研究成果

时间	学者	成果
1866年	J.劳德和C.哈特	著作：《路牌广告史》
1874年	H.辛普森	著作：《广告的历史》
1898年	E.S.路易斯	广告理论：AIDA法则
1904年	斯科特	著作：《广告原理》
1908年	斯科特	著作：《广告心理学》

广告学真正成为一门独立的学科是在20世纪初，代表人物是心理学家斯科特，他对广告活动的基本原则和消费者的广告心理进行了较为系统的研究。

除了学者们从各自领域出发，对广告活动进行相关研究之外，一些广告行业的从业者也总结了自己丰富的实践经验，形成了各具特色的广告创作理论和流派。通常将20世纪以来的广告理论划分为三个时期：一是20世纪50年代以前的传统理论时期，这一时期的核心概念是"推销"，致力于研究广告的推销功能；二是广告创意理论时期，这一时期的研究重点从产品功能走向品牌形象，从消费者的实际利益转向心理利益；三是整合营销传播理论时期，代表性理论有70年代的定位理论、90年代的"4C"理论和整合营销传播理论等。如表1-4所示。

表1-4　20世纪以来的广告流派和成果

时间	广告人或学者	流派或成果
20世纪20年代	约翰·肯尼迪等	原因追究派
	雷蒙·罗必凯等	情感氛围派
20世纪40年代	罗瑟·瑞夫斯	USP（独特销售主张）
20世纪60年代	大卫·奥格威	BI（品牌形象理论）
	威廉·伯恩巴克	ROI理论
	李奥·贝纳	"与生俱来的戏剧性"理论
20世纪70年代	艾尔·里斯等	定位理论
20世纪90年代	鲍勃·劳特朋	"4C"理论
	丹尼·舒尔茨	IMC（整合营销传播理论）

二、广告学的学科体系

作为一门独立的学科，广告学由三个互相联系的部分组成。

1. 理论广告学

理论广告学从宏观上探讨广告学的基本范畴、性质、功能、类别、构成要素及广告原则等问题，包括广告心理学、广告符号学、广告美学、广告文化学、广告伦理学等。理论广告学是广告学学科的核心与基础，决定了广告学研究的理论价值与学科地位。

2. 历史广告学

历史广告学主要研究人类社会广告活动发展、演变的历史和发展趋势。包括广告的起源，不同时期广告的地位、作用、表现形式，广告环境与发展动力、广告发展趋势等。

3. 应用广告学

应用广告学主要探讨广告理论、手段、技术、方法在广告实践中的具体运用，研究广告运作规律和运用机制。应用广告学主要围绕"广告效果"而展开，包括广告创意学、广告策划学、广告文案写作、广告摄影、广告美术、电脑广告设计与制作等。

三、广告学与其他学科的关系

广告学在大量广告实践经验的基础上，在科学的世界观和方法论的指导下，形成了自己独特的理论体系，并取得了独立的学科地位。广告活动是一种信息传播活动，其侧重点在市场经济信息的传播方面。因此，广告学本质上属于信息传播的范畴，又与众多学科有着密切的关系。

1. 广告学与传播学

传播学是研究人类信息传播活动规律的学科。广告学与传播学的联系非常密切，在许多研究成果中，都把广告学视为传播学的一个重要组成部分。广告本质上是一种信息传播活动，属于应用传播学的研究范畴。当然，作为一门独立的学科，广告学与传播学也有明显的区别。

第一，广告学以广告现象作为研究的出发点，传播学以信息传播作为研究的出发点。广告的目的是通过传播广告信息而诱导社会公众，传播学中信息传递的目的是与公众进行交流。

第二，广告传播的媒体以大众媒介为主；而传播学的媒介范围十分广泛，既可以是大众媒介，也可以是电话、书信等人际传播媒介，甚至可以是语言、服装、动作、声音等媒介形式。

第三，广告追求广告效果，注重投入产出效应；而传播追求的是信息传播到位。

2. 广告学与营销学

营销学和广告学都是在19世纪末20世纪初兴起的，这两门学科从一开始就关系密切，相互影响。在广告活动中，营销学理论的运用非常普遍，市场细分理论、产品生命周期理论和定位理论等经常被应用在广告策划活动中。在营销学的理论框架里，广告直接被归入到"4P"组合中的"促销与沟通"中，被视为一种企业促销的手段。

营销学中揭示的许多规律，在广告活动中同样适用，也必须遵守，营销学的研究成果可以应用于广告学。事实上，广告学从营销学中借用了很多理论，广告学基本是在营销学的基础上发展起来的，所以，营销学是广告学最重要的基础学科之一。

3. 广告学与心理学

心理学是研究个体和大众心理活动规律的学科。广告作为一种说服的艺术，与心理学有着密切的关系。广告必须符合消费者的心理活动规律，才能实现广告目标，所以，广告学借鉴了大量心理学的研究方法和理论。

广告学与心理学的交叉形成了一门新的学科——广告心理学，广告心理学既是广告学的一个组成部分，也是心理学所研究的内容。广告心理学有助于广告人充分掌握不同消费群体的心理特点，以提升广告效果。

广告学与心理学虽然相互渗透、相互影响，但研究范围不同。心理学研究人的普遍性的心理特点，广告学只研究广告活动中人的心理活动和心理规律。

4. 广告学与美学、文学和艺术

广告要利用各种文学和艺术手段来达到广告的目的，它与文学和艺术有着不可分割的关系。文学、艺术可以通过其特有的形式去影响、传达、感染人们的感情，有时乃至改变人们的观念和行为。广告作为一种特殊的艺术形式，正在吸收美学、文学和艺术的理论方法，逐步形成自己独特的艺术方式和规律，不断推动广告美学理论、广告艺术和广告活动的发展。

5. 广告学与公共关系学

在信息社会中，广告和公共关系都运用一定的传播媒介，宣传自身、树立形象。广告学与公共关系学既相互联系又有一定区别，这种联系表现在三个方面。首先，公共关系必须在许多时候利用广告的形式来宣传自身，树立自己的形象，广告也在不断地吸收公共关系的思想来调整、修正、完善传统的广告活动。传统的广告往往直接诉求自己产品信息，而现代广告则开始以树立产品的形象为侧重点。其次，公共关系和广告在传播组织信息时，是从不同角度传递给公认有关组织的不同信息，但目的都是为组织整体目标服务，从而树立组织及产品服务的完整形象。最后，广告学与公共关系学出现融合趋势。

 **本章小结**

广告大师和学者们从各自的角度出发，形成三种不同的广告观：说服型广告观认为，广告是一种说服的艺术；传播型广告观认为，广告是一种信息分享活动；促销型广告观认为广告是一种促销手段。《中华人民共和国广告法》（2015年修定）对广告做了如下界定："广告是商品经营者或者服务提供者通过一定媒介和形式直接或者间接地介绍自己所推销的商品或者服务的商业广告活动。"从广告活动的参与者来看，广告活动的构成要素包括广告主、广告代理商、广告媒体、广告受众和广告信息。

广告的分类标准很多，根据不同的分类标准可以划分成不同的类型。根据发布媒体的不同，可以分为大众媒体广告和小众媒体广告；根据广告内容的不同，可以分为产品广告、品牌广告和企业广告；根据发布区域的不同，可以分为国际性广告、全国性广告和地区性广告；根据广告对象的不同，可以分为消费者广告、经销商广告和工业用户广告；根据广告诉求方式的不同，可以分为理性诉求广告和感性诉求广告。

广告的功能是指广告的基本效能，从企业的角度看，广告能够促进产品销售，塑造品牌形象；从消费者的角度看，广告可以改变生活方式，转变消费观念，扩大选择范围，提供购物便利，并且减小购买风险；从媒体的角度看，广告收入为媒体带来可观的商业利润。

中国广告史可以分为古代广告（1840年以前）、近代广告（1840~1949年）和现代广告（1949年以后）三个历史时期，外国广告史可以分为古代广告（1450年以前）、近代广告（1450~1850年）、过渡时期（1850~1920年）和现代广告（1920年至今）四个历史时期。

广告学最早产生于经济发达的美国，在20世纪初成为一门独立的学科。广告学的学科体系包括理论广告学、历史广告学和应用广告学，广告学与营销学、传播学、心理学等学科关系十分密切。

 **本章练习题**

1. 选择题（单选题）

（1）约翰·肯尼迪认为广告是"一种印在纸上的推销术"，这属于哪种类型的广告观？（　　）。

　　A.传播型广告观

　　B.说服型广告观

　　C.促销型广告观

（2）报纸上刊登的征婚广告属于（　　）。

　　A.政治广告　　　　　　　　　B.公益广告

　　C.社会广告　　　　　　　　　D.文化广告

（3）我国现存最早的印刷广告——济南刘家针铺铜版出现在（　　）。

　　A.北宋　　　　　　　　　　　B.南宋

　　C.唐代　　　　　　　　　　　D.元代

（4）1979年1月28日，（　　）播出了参桂补酒的广告，这是我国大陆电视台播出的第一条电视广告。

　　A.中央电视台　　　　　　　　B.上海电视台

　　C.北京电视台　　　　　　　　D.哈尔滨电视台

（5）广告学的研究对象是（　　）。
　　A.广告学与其他学科的关系　　　　B.广告在商品促销中的作用
　　C.广告活动的过程及其规律　　　　D.广告行业的管理与监督

2.填空题

（1）广义的广告包括_____和_____。
（2）从广告活动的参与者来看，广告活动的构成要素包括广告主、_____、广告媒体、_____和广告信息。
（3）根据广告诉求方式的不同，广告可以分为_____和_____。
（4）公元1450年，_____发明了金属活字印刷术，极大地促进了印刷广告的发展。
（5）作为一门独立的学科，广告学由理论广告学、_____和_____三个互相联系的部分组成。

3.名词解释

（1）广告
（2）月份牌广告
（3）艾尔父子广告有限公司
（4）斯科特
（5）传播学

4.简答题

（1）按不同的分类标准，广告可以分为哪些类型？
（2）我国古代广告主要有哪几种形式？
（3）从消费者的角度看，广告有哪些功能？
（4）与广告学关系密切的相关学科有哪些，请简单介绍。

5.案例分析题

案例一　"张太体"广告的病毒式营销

2013年8月20日，《南方都市报》刊登一则整版的悬念广告，广告文案如下。
前任张太：
　　你放手吧！
　　输赢已定。
　　好男人，只属于懂得
　　搞好自己的女人！
　　祝你早日醒悟。
　　搞好自己，
　　愿，天下无三！
　　　　　　张太

该广告并未明示广告主，文案中的"张太"被怀疑是破坏"前任张太"家庭的第三者，且态度嚣张。这则广告立刻在网络上炸开了锅，引发网友各种猜测。

由于负面影响力太大，8月20日下午，广告主即被广东省工商局约谈。广东省工商局调查后发出通报，称该广告为某品牌的商业炒作，已责令其立即停止发布此类广告，并要求积极采取相关措施消除不良社会影响。

8月22日，作为广告主，护肤品牌韩后在《南方都市报》发布了四个整版的"张太广告"续集，正式道歉，并向公众阐述了整个项目的初衷和完整创意构思："抱歉，我前天没有说清楚。其实，前任张太和现任张太，都是同一个'我'。前天的登报只为告别以前的'我'，'我'是想以我为例子证明美丽属于'搞好自己'的女人。拥有这样的正能量，才能有机会更美。"该广告一次性发布，再次抢夺了受众的眼球。

广告的影响并未就此终止，网友模仿这则文案，自发创作了各种版本的"张太体"，图1-24就是为某收费站创作的"张太体"。犹如病毒一样，"张太体"在网络世界风靡一时，网友纷纷转发，进一步扩大了"张太体"广告的影响力。

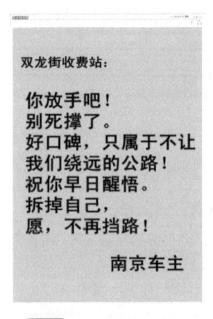

图1-24　收费站版的"张太体"

（资料来源：百度百科）

结合案例，请思考以下几个问题：
①"张太体"广告的广告主和创作者持哪种类型的广告观？请说明你的判断理由。
②结合此案例，谈谈广告对社会文化的影响。
③结合此案例，分析病毒式营销的特点。

案例二　"东芝广告"事件

在国内广告恢复的初期，越来越多的外商广告，特别是日商广告的进入，遭到许多中国人的反对。1985年，日本东芝公司在上海的标志性建筑——上海国际饭店的顶层设置了巨幅的霓虹灯广告牌，遭到上海市民的强烈抗议，愤怒的市民认为在上海的标志性建筑上设立日本广告有辱国格，最后，相关单位不得不在国际饭店顶层的其他几个方向添设了国内产品的广告牌。同年，北京的王府井等地段的日商广告也引起市民极大不满，迫于舆论压力，北京市下令拆除了除东二环以外的户外商业广告牌。

"东芝广告"事件引发了一场席卷上海的争论。面对社会各方面的声音,上海的《文汇报》《解放日报》分别以言论的形式对此事做了报道,并提出了正面的看法,指出外商来中国做广告并不涉及国家主权这样的政治问题,正常的经济活动只会有利于双方经济的发展,只有观念更新才能冲破改革开放的种种压力,不断前进。

结合案例,请思考以下几个问题:

① 结合新中国成立后我国广告发展的历程,分析当时的普通市民为何会对外商广告如此反感?

② 1985年"东芝广告"事件对我国现代广告业的复兴起到了什么样的作用?

参考答案

1. 选择题

(1) C (2) C (3) A (4) B (5) C

2. 填空题

(1) 商业广告　非商业广告

(2) 广告代理商　广告受众

(3) 理性诉求广告　感性诉求广告

(4) 谷登堡

(5) 历史广告学　应用广告学

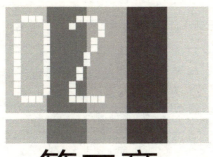

第二章

了解广告主体
——广告主、广告公司与广告媒体

知识目标

1. 掌握广告主体的构成、概念和广告主体在广告传播活动中的作用;
2. 熟悉广告代理制的发展历程,了解广告行业的发展趋势。

能力目标

1. 具备辨别不同类别广告代理公司和不同类型广告主的能力;
2. 能够正确认识广告主与广告公司的关系。

引导案例

广告主与广告公司合作的典范:王老吉的成功定位

  2002年年底,加多宝找到成美营销顾问公司,初衷是想为红罐王老吉拍一条以赞助奥运会为主题的广告片,要以"体育、健康"的口号来进行宣传,以期推动销售。成美经初步研究后发现,红罐王老吉的销售问题不是通过简单的拍广告可以解决的。这种问题目前在中国企业中特别典型:一遇到销量受阻,最常采取的措施就是对广告片动手术,要么改得面目全非,要么赶快搞出一条"大创意"的新广告。而当时红罐王老吉首要解决的问题是如何有效地进行品牌定位。
  红罐王老吉虽然销售了7年,其品牌却从未经过系统、严谨的定位。经过调查与研究,成美为王老吉找到了其品牌的定位:"预防上火的饮料",独特的价值在于喝红罐王老吉能预防上火,让消费者无忧地尽情享受生活。确定定位之后,成美为王老吉制订了一套推广营销

图2-1 红罐王老吉广告

方案，并积极进行广告推广（见图2-1）。之后，王老吉的销售额大增，2003年红罐王老吉的销售额比去年同期增长了近4倍，由2002年的1亿多元猛增至6亿元，并以迅雷不及掩耳之势冲出广东。同时，对于成美来说，这个成功的案例，使其在业内名声大噪，逐渐成为国内领先的品牌战略咨询公司。虽然加多宝后来与广药集团的合作出现问题，退出了王老吉品牌，但新推出的金罐加多宝一直沿用原来的品牌定位。

广告主应倾向于同广告公司保持更长期、稳定的合作关系。双方应秉承合作共赢的伙伴关系。

（案例来源：根据相关资料整理）

第一节 广告主

一、广告主的概念

广告主，指为推销商品或者服务，自行或者委托他人设计、制作、发布广告的法人、其他经济组织或者个人。广告主负责提供市场及商品资料给广告代理公司，监督广告公司的运作过程以及验收广告成品。它是市场经济及广告活动的重要参与者，它的主体资格与自身的组织形态有密切关联。它可以是法人，也可以是自然人。广告主是广告活动的发布者，无论是广告主自己经营广告还是委托他人经营广告，广告主都要对所发布广告内容的真实性负责。

具备法人资格的广告主包括：企业法人、事业单位法人、社会团体法人；其他经济组织是指依法从事商品经营或提供服务的社会组织；个人是指依法从事商品经营或提供服务的自然人。

二、广告主的类型

（一）根据广告主经营的性质不同分为：企业、政府部门和社会团体、事业单位、和一般公民

① 企业是指具有法人资格的各类经营性公司，主要包括无限责任公司、有限责任公司、股份有限公司、个人独资公司、合伙制公司。企业做广告的目的是为了推销其产品或服务，企业通常是最大的广告主，每年的广告费多达亿元。企业使用广告为自己的品牌创造知名度，促使消费者偏爱选择自己的品牌。生产商和服务提供商是受人关注的最普遍意义的广告主。

② 政府部门和社会团体。政府部门和社会团体也是一类投入不小的广告主，他们投放广告的目的往往是为了维护社会公众利益，引导和改变公众的观念和行为。这一类广告主要是公益广告。从本质上讲，政府、社团广告与企业广告的目的是一致的，都是通过向目标受众传播信息，劝服其行动。但从是否营利的角度来讲，前者是公益性的，后者是营利性的。

③ 事业单位。事业单位是指国家财政全供或半供的、承担一定社会功能的单位组织。主要有：医院、学校、文化出版等。近年来，我国的很多事业单位在激烈的市场竞争中开始引入企业管理机制，广告也成为事业单位参与市场竞争的有力手段。

④ 一般公民。一般公民所作的广告主要是集中在个人信息的传播上，如：寻人、征婚、招租、寻租等。这类广告大多集中在报纸的分类广告栏中，也不用由广告经营者代理，媒体直接承揽即可。

（二）根据广告主的经营规模和范围分为：跨国、全国、区域和地区广告主

① 跨国性广告主的营销网络遍及多个国家，一般委托在全球有执行能力的全球性广告公司代理广告，这样便于其广告策略的一致性，方便广告主与广告代理公司沟通。

② 全国性广告主的营销放眼于全国市场，营销网络大概在20个中等城市以上。这类广告主是中国目前广告市场的主流，他们的广告投放费用居于同行业前列。这类广告主的广告观念与行动相对完善。

③ 区域和地区性广告主是把市场范围确定在几个省或一个省的企业。区域性广告主的广告目标群体为本地区的消费者，因此，这类广告主多选择当地媒体作为广告宣传媒体。

（三）根据广告主的经营内容不同分为：生产商、销售商和服务商

① 生产商主要包括从事生产资料生产的企业和从事消费资料生产的企业。从事生产资料生产的企业有：钢铁、冶炼、机床制造等企业。这类广告主的产品不直接销售给居民，促销方式以人员销售为主，广告投入在其销售额中所占比例较低，广告媒介大多选择本行业的专业媒体或直邮广告。从事消费资料生产的企业是目前市场上数量最多的广告主。其中，药品、食品饮料、化妆洗涤用品、家用电器等行业的广告投放量位居前列。这些产品为大众消费品，大多选择电视、网络、报刊、广播、户外等大众媒体发布广告，图2-2就是一家饮料公司发布的平面广告。

② 销售商是指购买了生产者的商品后再转卖给消费者的商业机构或个人，如百货商店、超市、专营公司等。图2-3就是一家百货公司发布的促销广告。

图2-2　百事可乐广告

图2-3　郑州新世界百货广告

③ 服务商主要指那些给个体消费者或社会团体、企事业组织提供不同类型服务的公司企业。如：银行、保险、交通运输（见图2-4）、通信服务等。服务行业的竞争加剧，这类广告主的广告意识日益增强，广告投入也逐年加大。

图2-4　中国航空广告

三、广告主的广告观念与行为

作为广告市场重要组成部分的广告主企业，他们是广告行为的发起者，广告信息的发布者，也是广告传播活动的出资者。所以说，广告主的广告观念与行为既关系到企业自身的生存与发展，也直接影响和制约广告市场的发育和成长。随着企业经营理念的发展，企业对广告自身发展规律的认识也有一个逐步提升的过程。目前，我们审视很多企业的广告行为，发现还存在下列误区。

1. 万能型广告行为

广告已越来越受到企业重视，再也没有哪一个企业怀疑广告的重大作用。尤其是近几年来，国内成功的企业无不以大量的广告宣传作为占领市场的利器，从而导致了很多企业有了"广告是万能的"误解。有的企业甚至不重视生产管理和产品质量，一味地把广告宣传当成拯救企业的灵丹妙药。这其中：有的企业广告投放费用畸形偏高，竟能占到企业利润的九成以上；还有的企业不惜搞恶俗炒作来博受众眼球，弃品牌形象和美誉度于不顾。这种企业就如同一个只说不做的人一样，无法在市场竞争中长久立足。

2. 短视型广告行为

企业的任何广告行为不仅仅要符合特定时期的市场营销需要，而且更应服从企业整体战略发展。这类广告主心态急躁，只看眼前，广告活动如果不能马上提升销量，就马上撤换广告代理公司。作为现代企业，应该知道广告除了直接服务于特定阶段的市场营销，更要服务于企业长远的整体发展战略。

3. 散乱型广告行为

散乱型的广告行为实质上是企业缺乏整体的品牌战略规划。企业制定广告目标和策略往往依据局部的、分散的商品市场，没有整体性的战略规划。比如有些企业的品牌定位一直摇摆不定，目标市场也是说变就变，企业没有长远整体的品牌战略规划，表现在具体的广告活动上就是"东一榔头西一槌，有枣没枣打一竿"的得过且过。

4. 自我执行型广告行为

作为广告主的企业对广告代理制的认识有偏见，认为广告活动的专业性不强，企业也能直接自己做，还能省下不少的广告代理费。这种无视广告代理公司专业价值的行为终将受到市场竞争的惩罚。这类广告主在现代广告业不发达的中小城市普遍存在，给我国推行广告代理制带来阻力和困难。

广告主除了要克服以上四种错误认识和行为外，还应正确处理和广告代理公司的关系。这是一种类似于商品交易的关系，同时也应该是战略合作的关系。广告公司卖创意、策划、服务等，广告主出钱购买服务，广告策划创意以达到推广产品营利的目的。但是就目前的广告市场，广告主与广告公司的关系常常是错位的。

在广告主看来，广告公司是广告主雇用的，必须为其出谋划策，必须为其产品质量承诺，同时广告公司必须满足自己所有的要求。广告主认为，自己花了钱，就应该是强势的一方，必须得到上帝般的待遇，广告公司必须完全听从自己的想法。

广告主的这种错位的认识，不能使广告发挥出最大的作用。例如：很多广告主的产品，需要经过与广告公司长期的合作，广告公司才能真正挖掘、明白产品的意义与内涵，才能真正地为产品打造最好的广告宣传。但是，广告主与广告公司的合作时间很短。新浪网数据显示，广告公司与广告主合作不到一年的占48.5%。也就是说广告主常常是一个广告换一家广告公司，这样的结果导致了广告质量的下降。广告的效果也不尽人意，这样反过来的结果导致广告主对广告的信心度不断下降。

广告主应该具备这样的广告观念：广告公司同自己的关系，应该是战略合作伙伴的关系。广告公司真正了解广告主，能拿出广告主提出的一些切实可行的方案，能够让企业达到传播的目标。广告主应该给予广告公司更多的时间与自由度。给予广告公司时间，是因为要真正理解产品的内涵与意义，并为其找好定位和创意，这需要时间的沉淀。给予广告公司自由度，是避免因为自己的盲目与无知，而给广告公司错误的决策与意见，导致灭杀了广告公司的创意。广告公司和广告主是合作的关系，平等与互利，相互促进与发展。加多宝集团同成美营销顾问公司就是一个成功合作的案例。

四、广告主的广告部门管理模式

一些规模比较大，专业化比较强的广告主（企业），基于工作效率和成本费用的考虑，往往公司内部成立广告部门（in-house agency），专门处理本企业的广告事宜。广告主的广告部门是企业统一负责广告活动的职能部门，它与其他职能部门共同构成企业组织系统。企业设置广告部门是市场经济发展的结果。广告主会把监督的责任交付给本企业的广告组织，而把策划、创意、制作等业务委托给外界的专业公司，主要是广告代理公司。

（一）广告部门的职能

1. 自我执行

企业的广告运作采取自我执行方式，主要是基于对广告代理的疑虑，其中有来自企业自身对广告代理科学性缺乏认识的原因，也有来自广告代理缺乏综合型代理能力的原因。在我国广告代理制度尚未完全成熟与确立的情况下，企业的广告运作采取自我执行的方式，无可厚非。问题在于，绝大部分企业自身并没有自我执行的能力，从而导致企业广告的许多非科学化运作，给企业造成许多不必要的损失，甚至灾难性后果。

在企业的广告运作采取自我执行的情况下，企业广告部门将负责本企业的整个广告运作，其具体的工作职责包括：配合企业主管参与并形成企业的广告决策；在企业主管与企业广告主管的指导下，制订完整的广告计划，负责广告运作的具体执行。为此，企业必须配置功能齐全的广告部门组织，才能承担这项工作。

为提高企业广告的质量与水平，加强企业的广告效果，结合我国目前广告市场与企业自身的实际，企业的广告运作有必要实行部分代理，然后逐步向全面代理过渡。因为企业广告运作的完全自我执行，难度极大，成功者极少，部分代理是企业广告自我执行的一个重要而有益的补充形式。

2. 委托代理执行

这种方式能极大地提高企业广告运作的质量和水平，极大地加强企业广告投入的有效性和合理性。这不仅是广告产业发展的需要，也是实现企业利益的需求。在这种情况下，企业广告部门的主要工作职责有：选择理想的广告代理公司、广告调查公司、促销公司、制作公司等；积极协同广告代理公司一道工作，包括广告计划的制订与广告目标的确立等；监督广告计划的代理执行，包括广告创作计划、广告预算与分配使用计划、媒介发布计划的具体实施等；按照预定的检测方案，与广告代理一起，完成广告运作事后的效果检测和评定；及时与广告公司沟通，选择最能使广告信息有效渗透到目标市场的媒体；评估广告效果及广告公司、市场调查公司、公关公司等方面的工作；与有关广告团体保持良好关系；及时将本部门与外围委托单位的情况通报给主管。

（二）广告部门的管理模式

广告部门是现代企业组织机构中的一个必要组成部分。广告部门归属于哪个部门，谁来管理广告部门，广告部门的名称如何，广告部门的人数多少合适等问题，并没有绝对的标准模式可以照搬。如有的企业是由总经理或最高负责人来管理广告，而有的企业则不是。按照美国的企业广告管理模式，企业内的广告部门只设一个部长和秘书，在日本却不是这样，资生堂的广告部门机构很庞大，从制订广告计划的方案，到广告制作，全部由自己的广告部门来承担。一般说来，企业广告部的管理模式主要有宣传型、销售配合型、营销型三种类型。

1. 宣传型

从企业的内部组织结构来讲，一般都设有生产部、营销部等业务性职能部门，以及行政部、财会部、人事部等非业务性职能部门。

宣传型广告管理模式，是将企业广告纳于企业的行政管理系统，归属于企业的行政管理部门，作为企业行政管理部门的一个分支机构。这种广告管理模式，显然是基于企业广告的宣传功能定位。在这种广告管理模式下的企业广告组织，主要是履行企业广告宣传、新闻宣传、公关宣传等方面的职能，只是作为企业的行政职能部门而非业务职能部门而存在。这种模式比较注重企业的形象推广和企业内部外部的信息沟通，对于企业的公关宣传是比较有效的，但普遍存在着脱离市场、远离销售的问题。由于对企业的市场状况、销售存在的问题不熟悉，这种管理模式下的广告运作缺乏时效性、针对性，特别是缺乏销售力。

2. 销售配合型

这是目前国内外企业采用得最普遍的一种广告管理模式。按照这种广告管理模式，企业的广告组织从属于企业的销售部门而非行政部门，其功能定位于销售配合。企业的销售部门，一般都下设市场调研、产品开发、销售和广告促销等分支部门。按照功能划分，大致结构如表2-1所示。

表2-1 销售配合型结构

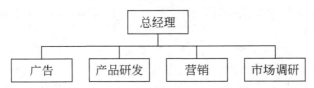

在这种管理模式和组织下,企业的营销总管也就是企业的广告主管,企业的广告组织是在企业的营销总管的管理下,与企业营销组织的其他部门互相配合,相互支援,共同为企业的营销服务。在具体运作中,有两种不同的管理组织类型,一种是以市场为基础的管理组织类型,另一种是以产品为基础的管理组织类型。美国的大部分消费品营销组织都使用以产品为基础的组织类型结构和管理制度,即为人们所熟悉的"品牌经理制"。"品牌经理制"最早于1929年出现在美国的P&G公司。公司为改变新产品佳美皂销售情况不佳的局面,特别指定一位年轻经理负责该产品的宣传和促销工作,大获成功。于是,公司就接二连三地给所有品牌委任了品牌经理,让他们担负起各品牌营销及广告活动的全部责任。由于P&G公司"品牌经理制"的成功,其他公司纷纷效仿,"品牌经理制"获得大面积推广。

到20世纪90年代初,"品牌经理制"已不太能够适应市场的新发展,一些企业又在品牌经理的上面设置部门品牌经理,负责同类产品中不同品牌的广告与营销。以产品为基础的营销组织结构,将广告与营销的功能合二为一,一并归属于部门品牌经理或产品经理,同时又将营销服务从中分离出来,并另外设立机构,唯有营销调研与产品开发维持不变。在这种管理与组织结构模式下,某品牌的具体广告宣传和促销,责任仍然在品牌经理。品牌经理对部门品牌经理负责,负责某产品种类广告和促销工作;营销总管直接对总经理负责。由于品牌的广告宣传与营销服务相分离,不论是品牌经理还是部门品牌经理,都必须通过营销总管才能取得营销服务的配合与支援,使营销服务更好地服从于品牌广告宣传的需要。营销总管依然是企业的广告主管。

目前,国内企业则比较多地采用以市场为基础的广告管理与组织结构模式。在这种以市场为基础的管理与组织结构模式下,企业的广告部门既是企业的广告管理部门,又是企业的广告执行与营销服务机构,即在营销总管的主管下,依据企业的营销目标,制定广告计划和其他营销推广计划,组织并实施企业的整体广告活动,管理和协调各市场的广告宣传,并结合各市场的实际,具体实施各市场的广告活动。其广告管理与执行,表现出明确的层级性。

上述销售配合型的几种不同广告管理与组织结构模式,各有优势,其共同优势则在于注重广告对企业销售的配合,在于能更好地把握和发挥广告的销售力和直接的销售效果。但也存在明显的不足,一是由于过分强调广告对销售的配合,影响企业广告的长期规划管理,不利于企业整体形象推广和品牌体系的建立,不利于广告对企业长远发展战略的配合;二是由于管理与执行层次过多,导致企业广告宣传的零乱与分散,影响企业广告宣传的整体效果,并会造成各品牌、各阶段、各市场广告宣传的较大无计划投入。

3. 营销型

随着广告在企业发展中的地位和作用的进一步提升,企业广告管理模式也逐渐发生转型,即由销售配合型向营销管理型转化。与此相适应,企业广告组织结构也随着发生变化。营销管理型的广告管理模式,是以营销为基础导向的,却与销售配合型的广告管理模式有不同。从管理层面上来说,它把企业广告从具体的销售层次分离出来,使其既不归属于企业的行政部门,也不从属于企业的销售部门,而提升为企业中与生产、销售、人事、财务等几大职能部门等同的宏观决策和组织管理,不仅作为企业营销的重要推广组织,而且作为企业实施整体发展战略的重要组成部分,不仅参与企业营销的宏观决策、推广管理与组织实施,更参与企业整体发展战略的决策、推广管理与组织实施。这是在企业主管直接控制下的一种管理模式与运作机制,把它叫做营销管理型,只是就其主要功能定位而言。

这种广告管理模式,减少了企业广告管理的层次,将企业广告管理中的宏观决策、组织管理与具体实施连为一体,有利于加强企业广告管理运作中的统一性、整体性和长远规划性,有利于企业广告资源的充分开发和合理调配,有利于企业广告作用的全面发挥和有效运用。目前,我们许多企业,特别是一些大型的企业,正开始尝试建立这种更高层次的企业广告管理模式。

第二节 广告公司

广告公司又称为广告代理公司,是社会中专门从事广告经营的企业。广告公司是广告活动中最重要的主体之一。负责整个广告活动的策划与执行,并扮演广告主与广告媒体之间沟通桥梁的角色。

一、广告公司的类型

(一)综合广告代理服务公司

综合广告代理服务公司是全面服务型公司。它具备提供与传播和推广有关的各方面服务的能力,向广告主提供广告与非广告范围的整体服务:广告范围的服务主要以完成广告策划为主,其内容包括市场调查、策划创意、广告制作、媒体选择与购买等服务;非广告范围的服务,则是协助广告主制作一些促销素材、宣传文件、商展陈列品以及销售人员的训练素材等。

综合广告代理服务公司向客户提供全方位的整合市场推广服务,为广告主提供涉及广告活动全过程、全方位的服务。包括产品分析、市场调查、销售方式分析、媒介调查、广告规划的制定和实施以及与广告相近、相关的其他市场活动的服务。具体包括:

① 帮助或协助广告主制定广告规划,在市场调查的基础上提出广告目标、广告战略、广告预算的建议,供广告主选择、确认;

② 提供市场调查服务;

③ 根据广告代理合同实施广告战略,运用专业知识、技能和手法,将广告主的意愿表达出来,即创意、设计、制作广告;

④ 根据代理合同约定,与广告媒体签订广告发布合同,保证广告在特定的媒体、特定的时间和版面发布;

⑤ 监督广告发布是否符合发布合同的约定,测定广告效果,向广告主反馈市场信息;

⑥ 为广告主的产品设计、包装装潢、营销、企业形象等提供服务。

综合广告代理服务公司一般是在总经理或总裁以下至少设有四个大部门,分别由数位副总经理负责,同时在各部设立总监,可以是另择定人员担任,也可以由副总经理担任。① 创作部:

创作部是从事广告文案的撰写、广告图案的设计和广告构思与创意的职能部门。② 客户服务部：客户服务部又常被称为业务部或客户部。该部的任务主要是外拓客户并与之保持联络，与公司的其他部门保持密切的联系。业务部在总监下面设数个客户经理和客户专员。③ 营销部：营销部具有媒介计划与购买、市场调研和促销三方面服务职能。④ 行政、财务部：行政、财务部是广告公司行政管理和资金管理部门，负责广告公司的资金、财会、人事和科室的管理及协调工作。

> **延伸阅读**
>
> ### 什么是4A广告公司
>
> 4A的本意是美国广告公司协会American Association of Advertising Agencies的缩写。4A协会对成员公司有很严格的标准，所有的4A广告公司均为规模较大的综合性跨国广告代理公司。4A协会于1917年在美国的圣路易斯成立，可以说是全球最早的广告协会。从那时开始，广告公司逐渐发展成为"full service advertising agency"，人们将这样的广告公司称为全面广告代理服务公司。4A的概念由美国迅速扩展至全球并获得广泛认同。之后，在中国的台湾和香港也套用了4个A：the Association of Accredited Advertising Agents。在中国大陆，广州率先成立了4A协会，即"广州市综合性广告代理公司协会"，成员有本土公司也有外资公司。随后上海和北京也先后成立了4A协会。
>
> 1979年我国改革开放之初，第一家外国广告代理商日本电通公司开始为日本家电产品在中国市场做广告。从20世纪80年代日本家电进入我国市场以来，越来越多的外国品牌进入到中国市场，伴随着客户的市场开拓，跨国4A广告公司紧随而来。1998年，全球前10名广告公司都在中国设立了合资公司。由于大量国际品牌涌入中国市场，跨国4A广告公司在中国的发展非常迅速，从1996年开始，它们除了服务于跨国企业客户外，纷纷争取国内企业大品牌客户，开发国内市场，给本土广告公司带来较大的冲击。
>
> （资料来源：百度文库 http://wenku.baidu.com）

（二）专业广告服务公司

从20世纪90年代以来，广告公司一方面朝着规模化方向发展，形成了数个全球性的广告集团，另一方面朝着专业化方向发展，一些规模相对较小的专业广告公司往往只承担一部分广告运作环节中的任务，因此，服务也更加专精。

1. 创意服务公司（creative boutique）

创意服务公司集中为客户开发具有高度创意的广告讯息。既可以受雇于广告主，又可以受雇于广告代理公司，完成创意部分的工作。其任务是推敲出绝妙的创意并制作出新颖、别致的广告讯息。不能为广告主提供包括调查、策划等在内的全面服务。

如为可口可乐公司提供专业广告创意服务的是麦肯·埃里克森广告公司和创意艺术公司CAA；麦当劳的专业广告创意服务公司是李奥·贝纳、恒美广告公司；而耐克、喜力、夏普、本田、西门子等公司的专业创意服务都交由威登—肯尼迪公司来完成。

2. 媒介购买公司

20世纪80年代以后，媒介购买费用高昂，一些大的媒介集团首先将自己所属广告公司的媒介购买业务合并起来，通过成立专门的媒介购买公司来提高媒介购买效率。媒介购买公司的主要职能是专门从事媒介研究、媒介购买、媒介策划与实施等与媒介相关的业务服务。它是早期广告代理中媒介代理职能的一种延续，又是适应现代广告业与广告市场变化的一种新发展。媒介购买公司一般设有媒介研究、媒介策划、媒介购买与媒介执行等几大业务部门，对媒介资讯有系统的掌握，能为选择媒介提供依据，能有效实施媒介资源的合理配置和利用，并有很强的媒介购买能力和价格优势。因此，媒介购买能力、媒介策划与实施能力以及巨额资本的支持是媒介购买公司生存和发展的必备条件。

从全球范围来看，独立的媒介公司及媒介购买公司，呈现快速发展的趋势。而目前在我国，媒介集中购买是广告媒介业务发展的大势所趋，这一点也得到了业界的普遍认同。我国大陆的第一家专业媒介购买公司是1996年在北京由盛世长城与达彼思广告公司合并成立的"实力媒体"（Zenith Media）。1997年，智威汤逊与奥美广告公司在上海组建了"传立媒体"。中央电视台的未来广告公司、北京的海润国际、上海的兆力媒体和广州的大网与东升媒体等，都是国内较有影响的媒介购买公司。

3. 网络广告公司

网络广告公司又称互动代理公司，为客户设计网站，策划和发布网络广告，有时业务也渗透到数据库营销领域。2015年，新生代市场监测机构的"2015中国新富市场与媒体研究"表明：新富群体的互联网接触习惯更接近于大众化的电视和报纸。平均每天看电视时间为2.43小时，上网时间为2.16小时，读报时间为1小时。依托于新兴网络媒体的网络广告公司将在未来的广告市场中扮演越来越重要的角色。

（三）广告主自设的广告代理公司

广告主自设的广告代理公司又称专属广告公司，是由特定的某一个广告主经营、支配的广告公司，经营上从属于该广告主。广告主通过它，自己制作广告（或全部，或部分）、代理发布业务等。广告主在所经营的行业自己设立广告代理公司，通常会基于这样几个因素：企业的广告量很大，有足够的获利来支持独立经营代理公司所必须支付的成本；广告主所经营的行业为高度专业化的行业，外界广告代理公司不易掌握状况；广告主对经营广告代理有浓厚的兴趣。

企业使用专属广告公司的优点在于：节省费用；便于保密；对本企业的公司与产品情况熟悉；易于沟通；能够更好地协调与控制广告与其他营销手段、支出；服务上尽心尽力。

（四）广告制作社（所）

广告制作社（所）属于特殊的广告公司形式，主要提供各类广告制品的服务。具体包括：美术、摄影、印刷、灯箱、路牌、霓虹灯、特制品等制作部门。它既不提供全面的广告代理服务，也没有策划创意的功能。

> **延伸阅读**
>
> ### 2010年世界十大广告公司排名
>
> （1）奥姆尼康——全球规模最大的广告与传播集团 全球广告业收入排名第1位。下属主要公司：天联广告（BBDO）、恒美广告（DDB）、李岱艾、浩腾媒体。
>
> （2）Interpublic——美国第二大广告与传播集团 全球广告业收入排名第2位。下属主

要公司：麦肯·光明、灵狮、博达大桥、盟诺、万博宣伟公关、高诚公关。麦肯·光明是全球仅次于电通的第二大广告代理公司。灵狮源于联合利华广告部的"蓝色"。

（3）WPP——英国最大的广告与传播集团　全球广告业收入排名第3位。下属主要公司有奥美（Ogilvy & Mather, O&M）、智威汤逊（J Walter Thompson, JWT）、电扬、传力媒体、尚扬媒介、博雅公关、伟达公关。WPP的广告客户：喜力啤酒、亨氏食品、诺基亚、罗氏制药、辉瑞药业、福特汽车、英美烟草、美国远通、AT&T、葛兰素史克、IBM、雀巢、联合利华和菲利浦-莫利斯等超大型跨国公司的知名品牌。智威汤逊以品牌创建为先。奥美整合传播是业务众多的"360度品牌管家"。奥美环球（Ogilvy & Mather Worldwide）于1948年由"现代广告之父"大卫·奥格威（David Ogilvy）在纽约始创。目前其在中国的客户包括IBM、宝马、壳牌、中美史克、柯达、肯德基、上海大众、联合利华和统一食品等。

（4）阳狮集团——法国最大的广告与传播集团　全球广告业收入排名第4位。下属主要公司：阳狮中国、盛世长城、李奥·贝纳、实力传播、星传媒体。实力传播是在华规模最大的媒体购买公司，是全球第四大媒体购买公司。

（5）电通——日本最大的广告与传播集团　全球广告业收入排名第5位。下属主要公司：电通传媒、电通公关、Beacon Communications。

（6）哈瓦斯——法国第二大广告与传播集团　全球广告业收入排名第6位。下属主要公司：灵智大洋、传媒企划集团、Arnold Worldwide Partners。

（7）精信环球——最具独立性的广告与传播集团　全球广告业收入排名第7位。下属主要公司：精信广告、Grey Direct、GCI、领先媒体、安可公关。该公司为宝洁公司服务的时间超过40年。

（8）博报堂——日本最具创意的广告集团　全球广告业收入排名第8位。下属主要公司：博报堂广告——日本排名第二的广告与传播集团，也是日本历史最久的广告公司。1996年9月，与上海广告有限公司合资成立上海博报堂广告公司，并于1998年和2000年先后在北京和广州设分公司。

（9）Cordiant——全球第九大广告集团　全球广告业收入排名第9位。下属主要公司：达彼思广告。

（10）旭通——日本第三大广告与传播集团　全球广告业收入排名第10位。下属主要公司：旭通广告、ADK欧洲。

二、广告公司的组织结构

（一）按职能设置部门的组织结构

如表2-2所示，按这种形态设置内部结构符合广告公司业务专业化原则，它最大的优点是可以将广告公司中从事相同专业的人力资源加以集中利用，并且便于公司的有效管理。其缺陷在于各职能部门之间过于强调独立，在工作中会片面强调自身的重要性，影响工作效率。

表2-2 按职能设置部门的组织结构

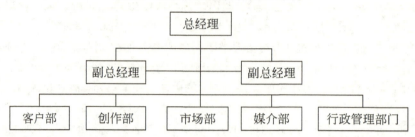

1. 客户部

客户部（account service department）既要负责与广告主进行沟通，也要负责与广告公司内部的媒介/创意/市场调查等部门人员进行沟通。客户部在协调统筹广告公司所有部门活动的同时，还要确保客户得到最好的作品和最好的服务，并确保广告公司利润的增长。奥格威给儿子的忠告：你的客户迟早要反对你的，或者是因为他不喜欢你，或者是因为你没有使得他得益，也可能是因为他把本来出自你公司其他部门的失误归咎于你。

客户部基本职位描述：客户总监（account director），要熟悉公司所有的客户，并确保他们能得到满意的服务。有时，客户总监也会亲自负责一两个大客户。客户经理（account manager），大多是有丰富客户服务经验的专业人士。他们既要负责维护重要的客户，也要协助总监管理客户执行人员。客户执行（account executive），在客户经理的指导下，具体负责公司的客户服务工作。

2. 创作部

广告公司最主要的任务就是把自己的创意产品卖给客户，因而创作部（creative department）可称为广告公司的核心部门。创意总监（creative director）统一督导创意工作。文案人员（copy writer）一般由文案指导和文案撰稿人组成。设计方面一般由美术指导、视觉化人员、插图绘制人员以及广告素材布局人员负责。规模较大的广告公司的创作部门还有流程制管人员专门负责广告活动的流程管理。

3. 媒介部

媒介部（media department）的职责就是制订并实施最有效、最合理的媒介计划。媒介部门的工作基本上分为4个环节：媒介计划（media planning）、媒介购买（media buying）、媒介调查（media research）、媒介监测（media monitoring）。媒介人员的层级：媒介总监（media director）、媒介经理（media manager）、媒介执行人员（media buyer，media planner）等。

4. 市场调查/分析部门

市场调查/分析部门（research department）主要是根据广告活动的需要进行广告的市场调查、产品调查和消费者调查，以及广告发布与广告活动实施的效果调查，为公司和广告主制订广告计划，提供全方位的信息资料和信息咨询。

（二）按客户设置部门的组织结构

如表2-3所示，按客户划分部门是广告公司中典型的组织结构形式，也称之为小组作业式的组织结构。公司的各部门的划分，除了行政管理部门、媒介部、市场部之外，其他部门都是按照服务的客户设置。如公司有A、B、C、D四个客户，每一组配备客户服务人员、创作人员（文案、设计），有的可能根据需要增加其他专门人员。如BBDO公司有上百人为克莱斯勒汽车公司服务，电通广告公司也有100多人为丰田汽车公司服务。

表2-3 按客户设置部门的组织结构

按客户划分部门的优点是公司能满足客户的特殊需要，人员沟通便利，无论是客户还是广告公司，都能节省大量人员培训的成本。缺点是由于客户对其服务部门的特殊要求，使这个部门同公司那些按其他方式组织起来的部门协调起来困难。另外，根据客户的类别而专门化的人员和设备可能得不到充分利用。再次，如果客户离开这家广告公司，这个部门就得撤销，造成公司安排人员的困难。

（三）按地区设置部门的组织结构

许多大广告公司（尤其是全球或全国性的广告公司）往往采用按职能划分和按地区划分相结合的组织结构。如表2-4所示，来华的外国广告公司在国内设立合资公司时，在北京或上海只设立媒介部，客户服务部、市场部、创作部设在香港地区或台湾地区。在国内注册一个合资公司，在其他大城市设立分公司，几个分公司既是一个整体，又有相对的独立性。在业务上既有所分工，也有相互配合。

表2-4 按地区设置部门的组织结构

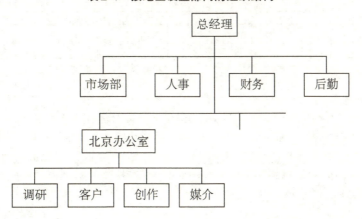

> **延伸阅读**

广告公司中的委员会

1. 委员会的性质

第二次世界大战以后,随着现代化生产与科学技术的高度分化与高度综合,只靠专家个人式的领导越来越不能胜任公司企业的管理任务了,许多企业出现了集体领导的趋势——委员会管理。委员会可以是直线式的,也可以是参谋式的,这要依它的职权而定。如果它所拟订的决策要下属去执行,那么它就属于执行委员会和直线委员会;如果它同上级的职权关系属于咨询性的,那么它就是参谋委员会。

2. 广告公司中的委员会

广告公司中一般有两个委员会指导其业务:经营决策委员会和行政决策委员会。经营决策委员会主要考虑公司的日常经营中的问题,这个委员会由公司的CEO和COO及其他负责公司业务的人员组成。在全球性的广告公司中,包括负责地区业务的总监,大部分负责跨国客户服务的高级经理,高层的财务,创意、媒介和调查的负责人。除了日常的经营,经营决策委员会还制定和监督业务计划。经营决策委员会每两周至少召开一次会议。第二个管理委员会——行政决策委员会关注影响公司的决策问题,如人事和公关决策。这个委员会由CEO、制定有关政策的部门负责人,加上首席财务经理CFO组成。行政决策委员会不需要像经营决策委员会一样经常地召开会议,一般一个月召开一次甚至一个季度召开一次就够了,见表2-5所示。

表2-5　美国本土广告公司的组织结构

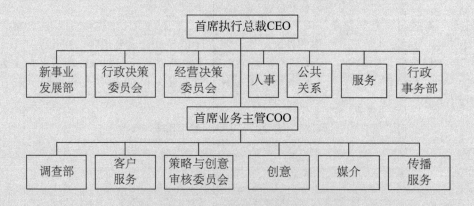

3. 委员会的利弊

委员会使一群人参与集体讨论和谈判,这比一个人能运用更多的经验、更多的意见、更全面的事实、更多方面的专业知识来解决问题,避免决策的轻率和失误。此外,委员会还可以加强传送信息。委员会的缺点也是明显的。首先,召开会议,要花费时间和金钱。另外,委员会为某种结论或决议,往往只是达成一种大家都能接受的折衷办法。此外,委员会有容易使职责分离的缺陷。

(资料来源:百度文库)

三、广告公司的业务运作流程

一家广告公司的运作流程并不是直线形的。一般而言，广告项目并非始于单一的部门再直线式地传递下去。这个流程涉及各个关键点上多个部门间的高度协作，有时看上去似乎有些混乱，但这个流程能推动集思广益，促进健康的讨论，也能产生出有价值的思路。这个流程将最终带来最优秀的创意。尽管任何两个广告项目的操作方式绝不会一模一样，但大多数广告基本上都是按以下流程运作的。

1. 参加客户说明会

客户向广告代理公司说明：产品特征，销售及铺货渠道状况，市场状况趋势，营销目的、策略，可能目标消费者，竞争对象等内容，以协助代理公司以最快的速度了解产品和市场，进入最佳工作状态。参加会议的人员主要包括：客户部经理及客户专员，广告代理公司高管，市场调研人员，创意部门负责人等。这一环节主要完成客户接洽与客户委托。这是广告公司具体业务活动的起点。当客户下达正式的代理委托书才算这一阶段的工作完成。客户部 AE 和客户经理在这个阶段开始搜集产品资料、竞争对手资料、行业资料，等等。同时，媒介部门搜集竞争对手的广告投放情况（近几年来广告投放地区、金额、投放媒体种类等），以及竞争对手的广告表现。

2. 广告代理公司第一次内部会议

广告公司在接受客户的正式代理委托之后，召开第一次内部提案会议，对客户委托代理的业务项目进行具体的讨论和分析，确认业务推广的重点和难点，并确认具体的工作计划。这一部分的工作中，广告代理公司相关人员要进行内部讨论，以广告公司的专业知识来审核客户提供资料的完整性，决定是否进行市场调查或搜集其他资料，确定工作进度、工作项目鉴定及指定各工作环节的负责人。提案会议的主要参与人有：客户部人员、市场调查人员及主要创意策略人员。

3. 广告策略的发展

这是广告公司业务运作的重点，是广告公司代理水平与服务能力的集中体现。其工作内容就是建立具体的广告目标以及为达成这一目标的策略手段。广告策略发展过程：① 市场分析/看法；② 目标对象/竞争范畴的界定；③ 传播功能及角色（广告、公关、促销、活动……）；④ 相关的营销建议。这一部分工作的主要参与者是：客户部人员、市场调查人员及主要创意策略人员。

广告公司在掌握大量资料的基础上（委托市场调查公司或者自己实施调查），分析市场，对目标市场、竞争范围进行界定；明确传播功能及角色（如实施广告、公关、促销等活动）；给出营销策略及建议。

4. 广告策略的形成

广告策略主要包括：产品目标消费者、创意策略、媒体策略、执行计划进度表、广告预算。广告策略的形成主要由客户部、媒体部门、创意策略部门和营销研究部门来完成。客户经理、客户总监、策划总监、策划经理需召开几次会议，讨论各自的一些看法和思路，正常时间为一周左右。当大家就某一策略思路达成共识后，再由客户经理和策划经理整理细化，并形成文字（策略思路）。

5. 策略委员会审核

策略委员会由资深人员组成。审核是为了确保策略的精确性及可执行性（每年必须定期审核：策略与执行的结果及修正）。策略委员会包括客户总监、创意总监、市场部经理、媒体部经理及公司其他高管等。

6. 策略提案与决定

策略为整体广告活动长期执行的核心，必须由客户与代理公司共同决定。广告公司的客户服务人员、创意策略人员、媒体人员要就如何向客户提案做精心准备，形成广告策划方案或广告计划书。

7. 创意的发展

代理公司根据决定的策略，发展广告活动的相关创意。创意人员根据市场调研人员、媒体人员、客户服务人员提供的相关资料，在考虑广告目标、媒体特性等多项因素的基础上形成广告创意。例如，电视、报纸、杂志、广播、POP 等不同媒介环境下的创意表现是各不相同的。

创意部开始工作后，文案和美术指导开始构思创意概念（或叫点子），创意总监负责把关。创意部有了几套比较满意的方案后（注意，只是想法，并没有做出来，也可能画有草稿），会向客户部进行一次非正式的提案。一般这种提案会有几次，双方达成共识后，开始正式做创意表现。文案撰写标题和内文，以及影视脚本，美术指导开始做表现稿，创意总监把关。同时，完成的策略方案也会提交给客户总监和策略总监，提出修改意见。

创意人员、创意总监及客户经理要审核提案前的创意作品。客户经理根据创意进度，制订内部提案时间，到时进行内部正式提案，不断完善提案，一般会进行 1～2 次。

8. 正式向客户提案

首先广告公司进行内部提案，提案在内部通过后，跟企业约定时间，进行正式提案。企业通过，根据方案开始执行；企业不通过，一切重新来过或者被客户解约；企业基本通过，做部分修改，再进行二次提案。基本上，各大广告公司的操作流程大致如此。

提案内容分年度计划或单一活动。任何提案必须以策略为依据。该阶段工作的主要完成者是客户部人员、创意策略部人员及广告公司的高层管理者。

9. 依据客户反馈对提案进行调查与修正

广告公司与客户进行充分沟通，进行广告效果测试调查，其中包括：广告概念测试，影视脚本测试，广告效果测试。提案的修正要根据调查结果，积极修正执行。

10. 执行制作广告作品与控制作品品质

平面作品由相关作业人员负责制作，由相关人员签署，并经客户最后签认。电视或广播广告由制作人员监督至完成交片。客户部人员要及时会同客户对广告作品进行审核确定。创意、制作部门积极协助配合客户部完成本环节工作。

11. 媒介投放

媒介部根据客户的媒介投放意向，结合制定的媒介方案，向前期已沟通充分并有成功合作经验的媒体或者媒体代理公司提交广告作品，支付媒体投放费用。

12. 广告活动的事后评估与总结

依据广告公司与客户双方的评估方案，对此次广告活动进行事后评估。广告公司还应以报告会的形式完成对客户评估报告与业务的总结。

第三节　广告媒体

广告活动与传播密切相关，而传播活动是通过媒体来实现的，所以，广告要达到预期的效果，就要通过媒体传送信息来实现。这种向消费者传达广告主的有关经营（产品、劳务、观念等）信息的中介物质，就是广告媒体。广告活动的一个重要方面，就是要运用广告媒体战略，充分发挥各种广告媒体的传播优势，及时、准确、巧妙地把有关信息传递给目标消费者。

一、广告媒体概述

媒体一词源自于英文中的"media"。从传播学角度看，媒体通常是指传达、增大、延长人类信息的物质形式。媒体是人借助用来传递信息与获取信息的工具、渠道、载体、中介或技术手段。也可以理解为从事信息的采集、加工制作和传播的组织，即传播机构。而被运用向消费者传递广告信息的媒体，就是广告媒体。一般说来，我们在讨论广告媒体的概念时，把它当作一种工具来认识；在制定广告媒体策略时，将涉及具体的传播媒体机构。

广告媒体能够及时、准确地把广告主的商品、劳务和观念等方面的信息传送给目标消费者，刺激需求，指导消费；能够吸引受众阅读、收看（听）有关的信息；能够唤起受众接触媒体的兴趣，使消费者有可能接受相关的广告信息；能够适应广告主的选择应用，满足对信息传播的各种需求。

通过广告公司的代理，广告沟通了广告客户和消费者之间的联系，使信息发送和接收成为可能，以开展广告公司的业务活动。广告媒体使得企业的信息交流能够顺利进行。通过广告和公共关系，企业加强整合营销传播，而广告和公共关系都需要通过媒体传播有关的信息，直接或间接地影响消费者，达到沟通的目的。广告和媒体相互依存。在大众传媒经营活动中，大众传媒提供各种信息服务，需要一定的资金支持，而广告收入则是其主要的经济支柱。作为一种信息服务，广告传播需要依存于节目、版面中，凭借公众对大众传媒的信任和好感而达到一定的效果。这种相互依存的关系促进双方的合作与发展。

广告媒体可以分成很多类。根据受众规模的不同，把传统媒体分为大众传播媒体和小众传播媒体两大类。随着科学技术的进步，新媒体崛起后成为传播广告信息的一支生力军，我们把它们归为一类：新媒体，如网络和自媒体。

二、广告媒体特征分析

（一）大众传播媒体

大众传播媒体主要是指报纸、杂志、电视、广播、网络、电影等媒体。特别是前四种，是广告传播活动中最为经常运用的媒体，通常被称为四大广告媒体。

1. 报纸

报纸广告在与其他媒体的竞争中耗费了高额费用，再加上报纸生产成本的上升导致了报业内部的合并。合并有利于采用新技术解决报纸媒体存在的问题，如印刷质量差，缺少声音、动作、颜色等。在线销量信息系统、电子图书馆、数据库出版和卫星传输的引进都是新技术给报业带来的改进。

报业也努力汲取杂志和广播（市场选择性），还有电视（全面的市场覆盖）的长处。市场选择性指媒体可以以特殊的消费者群体为对象。专门性报纸和自由式插页是典型的例子。如美国的《华尔街日报》和《金融时报》属于专门性的报纸，它们都集中在金融领域。广告主可以把自由插页放在有一定投递区域或邮递人群的报纸里。美国的《休斯顿邮报》就为Arby's公司将其西班牙语插页分发到西班牙语社区。

（1）报纸的分类

报纸可以依据三个标准分类：出版频率（每天、每周等）、规格和发行量。

① 出版频率。报纸一天或一周出版一次。例如美国现在大约共有1530种日报和8000种周报。日报通常在城市和较大的镇上发行，有早报、晚报和全日三种形式。早报的内容主要是对前一天发生的事件进行更为全面的报道，包括本地和全国新闻的详细报道和各种商业、金融、体育消息。晚报追踪当天新闻，并提前报道次天事件，它比早报更倾向于报道娱乐消息和新闻特写。如美国的《旧金山观察》是晚报典型的例子。大约30%的日报和少数周报也发行周末特刊。《芝加哥太阳报》就同时发行早报和周末特刊。周末特刊比平时的要厚，含有大量新闻、广告和特别报道。城镇、郊区和小型城市更多的是发行周报，因为在这些地方，无论是新闻量还是广告量都不足以发行日报。这些周报强调的是地区新闻，它们深入报道本地新闻，忽略全国性新闻、体育新闻等。全国性广告主一般都避免在周报上做广告，因为所需费用太高，发行量又与日报差不多，还涉及广告必须分散在不同的报纸上而导致令人头疼的管理问题。美国的Beverly Review就是一份在芝加哥的某个社区内发行的周报。

② 规格。报纸的规格有对开大报和四开小报两种。在我国，报纸读者并没有特殊的倾向，喜欢阅读对开大报和喜欢阅读四开小报的读者各占约四分之一的比例，而超过一半的读者对报纸的规格尺寸持无所谓的态度。相对而言，北京、上海和武汉的读者对小报较为青睐，而成都和西安的读者对大报则情有独钟。报纸的格式不是固定僵化的，如美国的《今日美国》的成功表明，报纸能够并且一定会适应变化着的消费口味。《今日美国》的故事简单活泼，配以鲜明的图画，全部用彩色印刷，还有一系列的图表帮助读者简化当天的大事。而美国的《全日新闻》则是以小说形式编辑报纸的例子，它是受了《今日美国》的启发，为吸引年轻读者而设计的。

③ 发行量。总的来说，报纸属于大众传播媒体，它试图接触到某个地区或国家的所有受众。为数不多的报纸在全国范围内发行，如《伦敦时报》和《今日美国》。这类报纸的发行量远远超过了那些只在部分地区发行的报纸的销量。有些报纸试图用别的方法接触到目标群体。最常见的是针对少数民族和使用非英语语言的外来人口的报纸，比如"El Nuevo Herald"就是一份在美国迈阿密市出版的西班牙语日报。在美国，有超过200种报纸以黑人为主要对象。仅在纽约市，就有用汉语、西班牙语、俄语、意大利语、德语和越南语等各种语言出版的报纸。AT&T公司利用以美国黑人、亚洲人和西班牙人为主要读者的报纸来扩大其在地方的影响；本田、佳能和尼康在日文报纸上做广告；Carnation和GTE在加利福尼亚州和其他地区的西班牙语和葡萄牙语报纸上做广告。和主流报纸一样，这类报纸的广告主大多数都是地方零售商，特别是外来民族开的餐馆、旅行社、银行和商店。专门性的报纸适用于特殊的利益集团、宗教团体、政治同盟、工会以及专业性和友爱性的组织。

（2）报纸的读者

所有收入阶层，受教育程度、年龄、民族背景不同的人都是报纸的读者。他们广泛分布在城市、郊区、小镇、旅游胜地和农村地区。所有的人口统计指标都表明，报纸是一种坚实的大众传播媒体，大约68%的成年人都受其影响。在美国，经常读日报的人倾向于成为《星期日报》的最忠实读者。近一半的成年人接受《星期日报》和《周末报》的上门递送服务。在中等城市，报纸的递送程度是最高的，而在农村地区和大都市则是最低的。根据历史经验，20岁上下的年轻人很少阅读报纸。"当人们快30岁，开始组建家庭，需要报纸提供的各类信息时，对报纸的需求会上升。"《全日新闻》的新兴媒体和产品部主管夫莱德·瑞·托西里说。专家们担心，新兴的信息传播渠道的增加意味着新一代的年轻人不会再遵循这个趋势。

（3）报纸的广告

报纸上的广告大致分为三类：分类广告、展示广告（见图2-5）和增刊广告。

① 分类广告。分类广告通常包含所有形式的商业信息，这些信息根据读者的兴趣被分成若干类，例如"求助""代售地产""代售汽车"等。这类广告大约占全部广告收入的40%。发展最快的一个领域就是在线分类广告。根据有关传播公司的统计，此类广告的收入从1997年的1.23亿美元增长到2014年的33亿美元，占全部分类广告市场的10%。有的报纸是免费向个人提供在线分类广告的，他们通过提高在线分类广告的费率来补贴成本。

图2-5　某楼盘的报纸广告

② 展示广告。这是报纸广告最重要的一种形式。除了编辑区的任何版面，它可以以任何大小的篇幅出现。展示广告可以进一步分为两类：地方性的（零售性的）和全国性的（一般性的）。全国和国际性的公司、组织和名人用全国性的展示广告来维持其品牌的影响力，或者支持地方零售商和促销活动。区域性的公司、组织和个人则以较低的费用刊登地方性的展示广告。两者的不同就体现在广告费用的差异上。

③ 增刊广告。全国性和地方性的广告都可以在增刊上刊登广告。所谓增刊广告，是在一个星期内，尤其是在报纸的周日版出现的，或者是辛迪加式或是地方单独刊登的彩色广告插页。独立出版商制作并且将企业联合的增刊广告分发给全国各地的报纸，出版商的商标和地方报纸一起出现在报头上，最有名的例子是美国的*Parade*和*USA Weekend*。同一地区的一家或多家报纸都能制作地区性增刊广告。不管以哪种形式编辑，杂志的增刊广告从内容到形式上都更像杂志，而不是报纸。自由式插入广告，或称作自由插页。这些提前印好的广告可以是一页，也可以多至三十页，可以是黑白的，也可以是彩色的。先在其他地方事先印刷好，然后送到报社那里。因为要插入这些广告，报社要向广告主收取酬金。如果要在特定的某一期插入，还要另外收一定比例的费用。这种形式的报纸广告在零售商广告主的作用下普及得非常之快。原因在于：它能更好地控制印刷质量和色彩精确度，它是很好的优惠券的载体。

（4）报纸的优势

① 市场覆盖范围广。广告主可以通过报纸以很低的成本触及各种地方或区域市场，有独特偏好的群体、种族或是民族团体。

② 选择性购物。消费者可以利用报纸来有选择性地购物，因此，报纸对于有明显竞争优势产品的广告主来说是非常有利的。

③ 积极的消费者态度。一般的读者认为，报纸包括其广告，是及时和可信的信息来源。特别是因为消费者能够根据自己的需要选择什么时候读报，怎么读报，所以，他们对待报纸广告的态度是相对积极的。

④ 灵活性。报纸有地理上的灵活性：广告主可以选择在某些市场做广告，在某些市场不做。报纸还有制作上的灵活性：可变的广告格式、彩色广告、自由式插入广告、地区差别定价、样品展示、增刊广告……都是报纸广告的选择。

⑤ 全国和地区间的互动。报纸为全国性的广告主和地区零售商提供了一个联系的桥梁。一个地区零售商可以通过刊登相似的广告很容易地参与到全国性的竞争中去。此外，需要迅速行动的计划，例如减价和发放优惠券，都可以很容易通过地方报纸得以实施。

（5）报纸的劣势

① 生命周期短。人们读报时倾向于快速浏览，而且是一次性的。一份日报的平均生命周期只有短短的24小时，因此，其生命周期是很短的。

② 干扰度高。很多报纸因为刊登广告而显得杂乱不堪，尤其是超级市场做广告的那几天和星期日的报纸尤其如此，过量的信息削弱了任何单个广告的作用。即使是增刊广告，现在也因为太厚而显得更加混乱。

③ 有限的覆盖面。报纸在特定的市场的读者大多不是经常的读者。例如，报纸历来就没有影响到20岁以下的年轻人，老年人和不住在大城市的外国人也是如此。由于成本太高而且全国性报纸很少，报纸也不能为全国性广告主提供所有的市场。

④ 产品类型限制。报纸和所有的印刷媒体一样有着共同的缺陷。有些产品不适合在报纸上做广告，例如要演示的产品。

⑤ 再版印刷质量差。除了特殊的印刷技术和事先印好的插页，虽然有新的生产技术引入，但与杂志、说明书和直接邮寄广告相比，报纸的再版质量仍然很差，尤其是彩色广告。另外，由于日报的制作速度要求很快，对生产过程更细致的准备和管理难以办到，而周刊和月刊出版物就可以做到这点。

（6）报纸产业的变化

技术的发展使报纸产业处于不断变化之中，如读者可以很方便地在自己的智能手机上看报。有人认为，尽管技术——像声音文本、视频文本和传真，将使报纸产品更加丰富，但纸张印刷的报纸仍将是报纸媒体的选择，仍然会紧跟读者和广告主的需求，仍具有相当大的竞争力。一些专家认为报纸的未来将取决于它对更细分的特定市场的接触能力。以美国《达拉斯晨报》为例，它提供了多种形式的传达载体，如每周六版的宗教专题，还有双语对照的西班牙语版本。该报还帮助了一个广告主——国家银行，得到了重要的市场份额。国家银行曾经用它来推广新产品，向说西班牙语的居民说明使用支票和储蓄账户的好处。

2. 杂志

杂志在接触特定读者群体方面是很有用的媒体，它的性质决定了它必须有独到的内容才能满足特定读者的需要。所以，各类杂志在读者结构、风格等方面都极为不同。选择在哪种杂志做广告时，广告主有必要了解这种杂志区别于其他杂志的地方。

（1）杂志的优势

① 目标受众明确。杂志大多是以特定目标受众而发行的。如瑞丽杂志主要是针对女性服饰、美容方面的杂志，包括《服饰美容》《伊人风尚》《可爱先锋》和《瑞丽家具》等栏目。

② 受众接纳性高。杂志内容本身的权威性和可信性使广告也沾了它的光。很多杂志声称，在他们出版物上出现的广告都使其产品更有吸引力。很明显，在《财富》上刊登的广告会给商界人士留下深刻的印象。

③ 生命周期长。杂志是所有媒体中生命力最强的媒体。有些杂志，像《国家地理》和《消费者报告》被看成是权威的资料而不断被引用，可能永远也不会作废。其他如《电视导报》，在某一段时间会被频繁地使用。此外，杂志还有很大的发展潜力，因为它可以通过家人、朋友、顾客和同事更广泛地传播，有许多间接读者。

④ 版式丰富多样。人们倾向于较慢地阅读杂志，通常要用几天以上的时间，因此，他们有时间阅读详细的报道。杂志可以有多页面、插页和专栏等，从而使版式更富于创造性和多样化。

⑤ 视觉效果好。杂志通常使用高质量的纸张印刷，因此，有很好的视觉效果，可以印出更加

精美的黑白或彩色图片，适合刊登化妆品广告，可以表现化妆品的使用效果（见图2-6）。

⑥ 销售促进作用。广告主可以有多种促销手段，如发放优惠券，提供样品或通过杂志发送资料卡。

（2）杂志的劣势

① 有限的灵活性。杂志的截稿期早，广告必须在出版日之前就要提交。有些情况下，广告主在一份月刊出版的前两个月就要把彩色广告的版画送到印刷厂。采用桌面出版和卫星传输的杂志可以允许广告主在出版前几个小时才提交广告。杂志对广告位置的提供也有局限。主要的版面，如封底和封二，可能早在几个月之前就售出了。

图2-6　某化妆品的杂志广告

② 缺乏及时性。有些读者在杂志到手后很长时间都不去读它，所以，广告要作用到这些读者还需要一段时间。

③ 成本高。拥有大众读者的杂志，千人成本实在太高，他们向来不和其他媒体在这方面竞争。只有面向特定读者的杂志，费用会低一些，因为他们的读者是有限的。

④ 递送问题。除了少数杂志，大多数杂志不是在所有的书报摊上都出售。如何使杂志到达目标受众是较为严峻的问题。

3. 电视

电视系统主要包括：闭路与开路电视、公众电视、有线电视、地方性电视、特殊电视、联播节目和交互电视。

电视广告与电视节目一样，也可以通过很多不同的方式播放。电视广告主可以通过广播联网、地方性电视或有线电视来播放商业广告。

（1）电视广告的形式

电视广告的实际形式取决于运用的是联网电视、地方电视还是有线电视。联网电视可以通过其会员媒体进行赞助、分享或插播广告；地方电视允许插播广告、地方性赞助和全国性赞助；有线电视系统允许面向全国和当地插播广告；交互式电视允许面向全国和当地插播广告。

① 赞助。广告主承担制作节目和提供配套广告的总的财务负担。赞助电视能对观众产生强有力的影响，尤其是广告主不仅可以控制广告播放的地方和长度，而且还能控制节目的内容和质量。然而，对于大多数广告主来说，制作和赞助一个长度为30～60分钟的节目成本非常昂贵。所以，几个广告主可以联合制作节目，这也是一种可选方案。例如，很多体育事件的赞助就是这样，每个赞助商得到15分钟。地方性广告主也可以提供独家赞助或与他人联合赞助。例如，一家地方银行可以赞助一所学校的足球赛，也可以赞助全国性的节目。

② 联合参与。只有10%的联网电视广告是赞助广告，其他的以分享的形式卖给广告主，他们买下15秒、30秒或者60秒的广告时间，在一个或多个节目中播放。广告主可以购买定期或不定期的任何时间。这种方法与赞助相比不仅减少了风险和成本，而且在市场的覆盖面、目标受众、时间安排和预算方面都有很大的灵活性。然而，联合参与不会像赞助那样产生强烈效果，而且广告主不能控制节目的内容。另外，受欢迎节目的广告时段往往被大广告主包下，留下不太好的广告时段给小广告主。

③ 插播广告。插播广告是在电视节目的间隙播放的广告（见图2-7），可以是广告主向全国性

媒体制作的全国性广告，也可以是向地方媒体制作的地方性广告。插播广告是我国目前最主要的电视广告形式。电视台把10秒、20秒、30秒和60秒的广告时间卖给地方的、区域性的和全国的广告主，其中地方的广告占多数。节目的间隙并不是最好的广告时间，因为存在着很多的干扰因素：竞争性的广告、电视台的暂停、大众服务广告和其他干扰因素。而且，电视观众往往利用节目间隙时间离开电视机休息一下。

图2-7　索尼PS4电视广告

（2）电视的优势

① 成本效用。在我国，很多广告主把电视看作是传播广告信息最有效的方法，因为它的到达面非常广。数以亿万计的观众定期看电视。电视不仅能达到很大比重的人口，而且还能到达印刷媒体不能有效到达的人群，如文化水平和受教育程度较低的受众。

② 冲击力。电视画面和声音可以产生强烈的冲击力。这一性质导致了一定程度的消费者的参与，这与遇到一位说服力很强的销售员的购物经验很相似。电视也允许很大程度的创新，因为它将画面、声音、颜色、动作和戏剧结合起来。电视有令人难以置信的能力：它能使平凡的产品显得很重要、令人兴奋、有趣。如果广告令人喜爱，还能使消费者产生对广告主的正面联想。

③ 影响。电视对我们的文化有着强烈的影响。对多数人来说，电视是一种主要的信息来源、娱乐形式和教育途径。它是我们生活中的一部分，以致于我们更容易相信那些在电视上做广告的公司（特别是戏剧和教育节目的赞助商），而不相信那些不做广告的公司。

（3）电视的劣势

① 费用。电视广告的制作和播放的成本非常高。虽然人均成本低，但绝对费用可能很高，尤其是对于中小型公司来说。制作成本包括电视广告前期的创意和后期的拍摄。如果再找名人做广告，代言费用动辄要上百万元。

② 干扰。电视广告的干扰非常多。国家广电总局等有关部门对于广告播放时间和时段的规定就是一种限制。另外，如果30秒钟的广告、电视台间隙广告、信用服务广告和大众服务广告增加，电视广告的可视性和说服力就会下降。另外，很多地方性电视台对自己节目的促销也对广告造成了一定程度的干扰。

③ 对观众没有选择性。虽然已有各种技术能够更好地定义消费者，但是电视对观众仍然缺乏选择性。由于广告主不能确信观众就是恰当的受众，于是广告有很多浪费的覆盖面，比如向并不符合目标市场特征的受众传递信息。

4. 广播

在全国联网广播电台和当地广播电台每天都有很多广播广告发布。联网广播（network radio）是通过通信网络或卫星与一个或多个全国性广播网相联的一组地方会员广播电台。广播联网提供及时的联网节目，许多地方或区域性的电台同时属于多家联网，每家联网都提供特别的节目，这样电台的时间安排就比较紧凑。ESPN广播联网就是一例。每家电台都通过自己的天线发出联网的信号，同时也存在区域性的联网。

联网广播有着全面的覆盖率和高质量的节目，所以很受欢迎。在美国，至少20家全国性广播联网播放音乐会、脱口秀、体育赛事等节目。卫星转播带来了重要的技术进步，卫星不仅提供了更好的声音，而且能够用不同的形式发送多个节目。联网广播被视为一种可行的全国性的广告媒体，对于食品、汽车和药物的广告主来说更是如此。美国四大广播联网分别是Westwood One、CBS、ABC和Unistar。联网广播的发展带动了广播联播节目和无线联网的增加。会员广播电台增多的同时，广播联播节目也在增多，这就给予打开新市场的公司提供了更多的广告机会。联播节目为广告主提供了各种高质量的、特别的节目。

插播广播广告是指广告主通过一家电台而不是联网来做广告。广播联网提供预先设定的全国性的广告，也允许地方会员出卖插播广告时间，它为广告主提供了很大的灵活性。

总的说来，广播广告收入可以分为三种类别：联网的、插播的和地方的。联网收入最少，只占广播广告总收入的5%左右；地方广告收入占90%；全国性插播广告收入占5%。

（1）广播的优势

① 受众明确。广播能通过特别的节目到达特定类型的听众。它能够适应全国不同的地区，能在不同时间到达听众。例如，对于开车上下班的人，广播是一种理想的到达方式，这些广播时间叫驾驶时间，它为很多广告主提供最好的目标受众。在中国，几乎每个地级市都有自己的交通广播频道，这些交通频道的广告收益十分丰厚。

② 灵活性。在所有媒体中，广播截止期最短：文案可以直到播出前才交送，这样可以让广告主根据地方市场的情况、当前新闻事件甚至天气情况来做调整。例如，在雪后，一家地方的五金商店就可以迅速地进行铁铲的促销。广播的灵活性还在于它愿意播放带有促销性质的插播广告。例如，为了促销饭店的披萨饼，广播电台播出促销性的有免费赠品的竞赛，让人们产生意愿并进行尝试。

③ 可支付性。广播可能是最便宜的媒体，因为广播时间成本很低，而且可能被广泛地接收到。另外，制作广播广告的成本也很低，特别是当读信息的是地方电台的播音员时。广播的低成本和对目标群体很高的到达率使其成为非常好的辅助媒体。实际上，多数广播广告最恰当的定位是辅助性广告，作为其他媒体广告的辅助方式。

④ 想象空间。广播让听众有一个很大的想象空间。广播通过词语、声音效果、音乐和声调来让听众想象正在发生的事情。所以，有时广播被称为思想的剧院。

⑤ 接受程度高。在地方范围内，广播的接受程度很高。广播并没有被想象为一个强迫性的刺激物。人们有自己喜欢的电台和广播员，并定期地收听，由这些电台和广播员传递的信息更容易被接受并保存。

（2）广播的劣势

① 易被疏忽。广播是听觉媒体，线性传播的听觉信息转瞬即逝，广告很有可能被漏掉或忘记。很多听众都把广播视为令人愉快的背景，而不去认真听它的内容。

② 缺乏视觉。声音的限制会阻碍创意。必须展示或观赏的产品并不适合做广播广告，制作出能令观众产生观看产品这种想法的广告非常难。专家认为，幽默、音乐和声音效果的运用是最有

效的方法。

③ 干扰。竞争性广播电台的增多和循环播放，使得广播广告受到很大的干扰，广播听众往往倾向于将自己的精力分散于各种事情，这样，听众听到或理解广播信息的可能性就大大降低了。

④ 时间安排和购买的难度。想达到比较广的听众的广告主需要向好几家电台购买时间，这样，时间安排和广告评价变得非常复杂。

⑤ 缺乏控制。因为很大比重的广播节目都是谈话广播，总会有播音员说一些听众不喜欢的话或主题，这就有可能对节目的广告赞助商产生负面影响。

5.网络广告

国际互联网是指通过一系列互相连接的计算机在全世界范围内实现信息交换和传播的一种全球性工具。最初是为美国国防部的计划——互联网络或信息高速公路而开始实施的，现在已经可以与任何一个有计算机和调制解调器的人进行连接。

网络为营销商提供了一个向消费者直接出售产品的完美机会，网络广告的一个主要目标就是促成直接的销售（见图2-8）。互联网上的广告者还有以下其他的目标：传播信息（网站在提供深入的有关公司产品和服务的信息方面是很出色的）；创造声誉（同这个组织提供的特定的产品和服务一样，网上的广告在创造声誉上也非常有效）；收集调研信息（网络已被营销商用来获得有关受众的详细信息）；创造形象（不管组织或公司希望自己是什么样的形象，网站均可以被设计成能代表这种形象的形式）；刺激试购（一些网站提供电子优惠券以刺激消费者对他们的产品、服务的试用）。

图2-8 某汽车俱乐部的网络广告

（1）网络广告的优势

① 目标营销。由于互联网可以针对非常特定的群体做广告，所以它的针对性很强。

② 信息修整。在精确的目标选择结果下，信息可以完全针对目标受众的特定需要和愿望来设计。

③ 交互能力。网络的双向互动性大大提高了消费者的参与度。站点的访问者已经对浏览公司或产品具有了足够的兴趣。

④ 信息传递。一旦用户访问网站，他们可以获得大量有关产品说明设计、购买信息之类的信

息资源，而新的信息的提供速度几乎是即时的。

⑤ 销售潜力。因为这是一种直接的反映媒介，它可以360度地展示商品，所以促成销售的能力得到了很大的加强。

⑥ 创造力。设计恰如其分的网站可以带来重复性的访问，公司同样可以从中获益，就像从它的产品和服务中获益一样。广告牌和网站可以频繁地修改以刺激消费者的兴趣和需要。

⑦ 市场潜力。互联网正在飞速发展，当个人电脑向家庭渗透不断增强以及人们网络的兴趣和注意越来越多的时候，市场的潜力同样也在增长。

⑧ 销售促进。为吸引更多的人浏览网站，网络广告者正提供多种销售促进措施。例如给访问者优惠券或以保持网站的娱乐性来保证促销的价值。

⑨ 公共关系。一些公司以向研究机构或其他组织提供资料以博得网站浏览者的青睐。例如Guinness允许浏览者下载它的最新的电视告知性广告作为屏幕保护，以此来树立公司形象。

⑩ 人员销售。网站可以有效地用来获得高质量的引导、识别消费者的需要以及直接人员销售的效果，软件开发商正在利用他们的网络得到消费者对产品发出的抱怨以及改进建议的相关信息。

（2）网络广告的劣势

① 衡量问题。由于网络媒介是一种全新的事物，能被广泛采纳的有效的受众和效果衡量方法目前还没有建立。

② 受众特征。网络并不适合于所有人，如老年人群体。

③ 网络拥挤。有关网络的一个最主要的抱怨就是传递信息所需要的时间。

④ 冲突。由于广告量的激增，广告吸引注意的能力明显下降。一项调研表明，仅仅7.2%的网络用户说他们经常或者总是会点击广告牌以获得更多的信息，而一半以上的人说他们从来就不曾这样做。电子邮件在作为建立营销关系的沟通方面正如洪水泛滥，让受众不胜其烦。很多网络用户对邮件广告的态度要么是设置屏蔽，要么看都不看就直接删除。

⑤ 诈骗的潜在可能。美国媒体教育中心（The Center for Media Education）指出，广告尝试着用一些狡猾的广告信息瞄准儿童的时候，网络简直就是"充满诱饵的渔网"。美国媒体教育中心已经呼吁政府增加对网络的管制。

⑥ 成本。许多广告主相信，网络对于价位高的东西不失为一种有效的媒介，而对于价格较低的消费品如肥皂、糖果却往往不那么有效，相应的广告及交易的高成本限制了网络的魅力。

⑦ 互联网络与整合营销沟通计划的联合。互联网的直接反映销售能力很容易得到确认。销售的潜力还可以通过与别的计划元素整合得以提高。网络广告既可以支持其他的广告媒体，也可得到其他广告媒体的支持。作为支持，网络具有向有兴趣的消费者提供产品信息的无限制的潜力。同样有效的产品广告亦可以带来更多的人更频繁地访问网站。

6. 影视作品中的商品植入

这种广告方式是在影视作品或电视节目中播出真正的广告商品——被用作道具或背景。虽然这种广告形式存在着一定的风险——商品广告的宣传效果与影视作品是否获得成功和影响力大小有巨大的关联。但越来越多的公司对这种植入广告的形式感兴趣，特别是有大导演、大明星参与的影视作品与电视栏目。广告主为了在影视作品中让明星饰演的角色使用自己的产品而不惜重金。

例如，电影《失落的世界》（*The Lost World*）中，美国圣地亚哥动物园（见图2-9）、水世界以及Horton广场的中央购物商城均在影片中亮相。这是一种不需要广告媒体的广告，而且观众并未意识到产品正在促销……他们常常把电影中出现的品牌看作为故事情节注入现实的一种载体。但这种广告方式对现实购买的影响却是真实可见。当电影《外星人》使用Reese's Pieces糖果之后，该产品的销售上升了70%，而且有800家以前从未销售过这种糖果的影院也放下姿态，开始进货了。

图2-9 圣地亚哥动物园

（1）植入广告的优势

① 展露次数多。每年看电影、电视剧和真人秀电视栏目的人很多。随着影视娱乐市场的扩大，以及与联网电视和有线电视的有效结合，在影视作品和电视栏目中进行产品陈列的潜在展露度是相当巨大的。而且这种展露形式，至少在电影院中，不受转台的影响。此外，通过产品陈列在电视节目中展露还能得到很高的收视率，并且可以使广告直接指向一个明确界定的目标受众群体。

② 接触频度高。由于产品在电影或电视节目中的使用方式不一，所以，重复展露的机会很大。对喜欢反复观看某节目或电影的人就有很多的展露机会。

③ 可协助其他媒体的使用。广告陈列还可以在其他促销工具的使用过程中充当辅助的角色。如美国Kimberly-Clark公司围绕它的Huggies尿片出演电影*Baby Boom*，开展了抽彩、奖券及电视广告等各种活动。

④ 信源关联。当消费者看到他们所喜爱的明星穿着Lee品牌的服装，喝着Cocacola品牌的饮料，或者开着宝马汽车时，他们也会对这些产品产生喜爱的情绪，并留下好印象。这就是信息关联所产生的效应。例如，青少年喜欢的电视剧中的人物都穿着韩日风格的服饰，很多年轻人就会开始朝着韩日的方向调整自己的穿衣风格。这样，E-land的服饰就会热卖了。

⑤ 成本低。由于是穿插在故事情节中，所以花费不会很高。

⑥ 回想率高。许多公司对产品陈列的第二天的回想率进行调查，研究了产品陈列的广告影响力。结果不一。强生婴儿洗发香波的回想率是20%，而家乐氏的玉米片却有67%的回想率（二者均在电影*Raising Arizona*中有产品陈列）。产品陈列的平均回想率是38%，而且，报道的这些数字均高于电视的收视回想率水平。

（2）植入广告的劣势

① 很难与影视作品的情节有效融合。如何安排植入的广告商品在合适的时间与场景出现，并且有效地与作品的故事桥段与情节融合，让植入的商品成为理想的道具，这些是影视编导们面临的一个难题。安排欠妥就会给人生硬的感觉，甚至滑稽可笑。

② 绝对成本高。虽然在电影中产品陈列千人成本非常低，但绝对成本却可能高，使得许多广告主无法支付。例如，在迪斯尼的电影*Mr.Destiny*中，进行产品陈列的费用是2万美金，让演员提及该产品的费用是4万美金，让演员真正使用该产品的费用是6万美金。

③ 展露时间短。虽然这种产品陈列的广告方式对观众具有影响力，但并不能保证观众会注意该产品。如果产品没有及时进入角色中，广告者就要冒着产品不被注视的风险。

④ 诉求空间有限。片中不可能介绍产品的好处，或提供产品的细节信息，诉求方式也仅限于信息关联、使用和娱乐。对产品的宣传是间接隐晦的，产品展示的灵活性也受限于它在电影中的使用方式。

⑤ 可控性差。在许多电影中，广告主无法确定产品展示的时间和方式。

⑥ 受公众反应限制。许多看电视和电影的观众十分反感在电影或电视节目中播放广告，他们往往将节目内容与商业广告截然分开。如果产品陈列太具侵犯性，还会引起人们对品牌的消极情绪。

⑦ 竞争性强。产品陈列的魅力使得将产品插入电影的竞争不断升温。宝马最初决定在电影 The Firm 中陈列，可是奔驰提出了更高的标价，所以宝马不得不退出该影片。

⑧ 负面影响。在某些电影场景中，有些产品的陈列会引起观众的讨厌，或者会产生不良心情。

（二）小众传播媒体

1. 户外广告

户外广告取得一系列成功的原因在于，它能通过科技手段来保持广告效果，三维效果和尺寸的延伸可以更加吸引受众的注意。户外广告的使用十分广泛：在体育馆、超市、书店、食堂、购物商城、高速公路、建筑物上，你都可以看到各种类型的户外广告（见图2-10）。

图2-10　国外某游泳俱乐部的户外广告

（1）户外广告的优势

① 广泛覆盖地方市场。安置合理的户外广告能够在地方市场白天黑夜地广泛展露。一个100GRP的展露度（一个户外招贴每天产生的累积展露人次所占的百分比）意味着每天能够产生的展露次数相当于整个市场，一个月下来就是3000个GRP。如此高的覆盖率可以产生很高的到达率。

② 接触频度高。由于购买周期通常为30天，消费者常常多次接触户外广告，所以，它可以达到较高的接触频度。

③ 位置灵活性大。户外广告可以放置在公路两旁、商店附近，或者采取活动的广告牌的形式。只要是法律未禁止的场所，户外广告均可放置。这样就可以覆盖地方市场、地区市场甚至全国市场。

④创意新颖。户外广告可以采用大幅印刷、多种色彩以及其他很多方式来吸引受众的注意力。

⑤能够创立知名度。户外广告具有很强的冲击力（而且要求信息十分简洁），所以，可以建立高水平的知名度。

⑥成本效率很高。与其他媒体相比，户外媒体的千人成本通常非常具有竞争力。

⑦收效良好。户外广告通常能够直接影响销售业绩。

⑧制作能力强。户外广告可以经常替换，因为现代科技缩减了制作的时间。

（2）户外广告的劣势

①到达率的浪费。虽然户外广告可以将信息传达给特殊受众，但大多数情况下购买这一媒体会导致很高的到达率浪费。因为并不是每个驱车经过广告牌的人都是目标受众。

②可传递的信息有限。由于大多数经过户外广告的受众行走速度较快，广告展露时间较短，因此，广告信息必须是几个字或一个简短概括。太长的诉求通常对受众无效。

③厌倦感。由于展露频度高，人们对户外广告的厌倦度也高。人们可能会因为每天看到同样的广告而感到厌烦。

④成本高。由于制作招牌数目的减少，以及充气广告的制作成本增加，从各个方面而言，户外广告的费用都是昂贵的。

⑤广告效果评估困难。对户外广告的到达率、到达频度及其他效果的评估的精确性是营销商面临的难题之一。

⑥形象问题。户外广告不仅存在形象问题，而且消费者还可能忽视其存在。

2. 售点广告

广告主在超级市场等销售场所以橱窗、条幅、吊旗或其他方式进行销售促进均属于售点广告（见图2-11）。这些其他方式还包括在购物手推车上播放录像，使用发光二极管做成的广告板，以及在店内屏幕上播放广告片等。美国POP广告协会（POPAI）公布的数据显示，有近2/3的购买决策是由消费者在店内作出的，有些产品类别甚至有80%的购买属于冲动式购买。这些结果大大激发了广告主对店内媒体的兴趣。既然可以在购买场所趁消费者决策时接触到他们，既落得省事又能提供更多的信息，广告主当然愿意在这一领域多投入资金了。

图2-11　某川菜馆的POP广告

3. 交通广告

交通广告虽然与户外广告相似，也使用广告牌、LED显示屏等形式，但交通广告的目标受众会更加频繁地接触商业交通工具，如公共汽车、出租车、郊区火车、电梯、电车、飞机和地铁。一些提供日常服务和日用消费品的公司，如神州租车、高露洁、卡夫食品等很青睐于这种低成本、可确定展露到达频度的广告形式。

（1）交通广告的形式

交通广告有三种形式：车厢广告，车身广告，车站、月台或站台海报。

① 车厢广告。公共汽车的座位上、行李架上有各种有关餐馆、电视或广播电台以及其他各种产品和服务的车厢广告。一种较新颖的车厢广告形式是电子信息板，它可以播出流动的广告信息。这种信息以可变动的方式更容易吸引受众的注意力。这种广告形式在我国很多大城市的地铁车厢中大量出现。

② 车身广告。广告主采取各种户外交通招贴来促销产品和服务。这些车身广告出现在公共汽车的车厢两侧（见图2-12）、后面和车顶，出租车、火车、地铁和电车的车身上。

图2-12　洋河蓝色经典的车身广告

③ 车站、月台和站台海报。在火车或地铁站、飞机场等站点的其他广告展示形式，如地面展示、电子信号牌，均属交通广告。

（2）交通广告的优势

① 展露率高。市内形式的交通广告的主要优势在于广告可有较长的展露时间。对于一般交通工具而言，人们平均乘坐的时间为30～40分钟，因此，交通广告可以有充足的时间来接触受众。而乘坐飞机的旅客在等候航班时通常无处可去，无事可做，购买飞机票后，可能多次阅读上面的广告。而且，因为交通广告可接触受众的数目是确定的，所以，该广告形式的展露人数也就可确定。每年有数以亿万计的人使用大众交通工具，从而为交通广告提供了大量的潜在受众。

② 到达频度高。由于人们每天的日程安排是固定的，所以，经常乘坐公共汽车、地铁之类的交通工具的人们会重复接触到交通广告。例如，如果你每天上班坐同一路公交车往返，一个月内你有可能看到同一广告达20～40次。而且，车站和广告牌的位置也会带来较高的展露到达度。

③ 及时性。许多消费者都会乘坐公共交通工具前去商店购物，所以，某个特殊购物区的交通工具促销广告能够将产品信息非常及时地传递给受众。

④ 可选性。特别是对地方广告主而言，交通广告的一个优势在于它能够将信息传递给某个地区的受众。具有某种伦理背景、人口特点等特性的消费者就会受到某地区卖点交通广告的影响。

⑤ 成本低。无论是从绝对还是相对角度而言，交通广告均是成本最低的广告之一。在公共汽车车厢两侧进行广告宣传的千人成本非常合理。

（3）交通广告的劣势

① 形象因素。对于大多数广告主来说，交通广告并不能十分理想地向受众表达产品或服务所要表达的形象。有的广告主认为，在公共汽车的车身或公共汽车站进行广告宣传，会不合理地反映公司形象。

② 到达率低。虽然交通广告可以覆盖广大的受众，但从总体来说，具有某些生活方式或行为特点的受众就可能不被包含在这种媒体的目标市场中。例如在乡村或郊区，大众交通工具很少见或者根本没有，那么，交通广告对于这些地区的人们来说是无效的。

③ 覆盖率存在浪费。虽然交通广告具有地区可选性的优点，但并不是所有乘坐交通工具或者看到交通广告的人都是潜在顾客。如果某种产品并不具有十分特殊的地理细分特点，这种交通广告形式会带来很大的覆盖率的浪费。交通广告还存在一个问题，同一辆车不可能每天行驶不同的路线，为了减少交通工具的磨损和毁坏，有的公司将城市路线改为更长的城区路线。因此，一辆公共汽车可能头一天到市中心区并到达目标受众群体，第二天却在郊区行驶，那里就没有多少市场潜力可言。

④ 文案制作和广告创意的局限。在车厢上或座位上画上色彩绚丽、具有吸引力的广告似乎是不可能的。车内广告牌固然可以展示更多的文案信息，但车身广告上的文案信息总是一闪而过，所以文案诉求点必须简洁明了，短小精悍。

⑤ 受众的心情。当人们站在或坐在拥挤的地铁站候车时，可能很难被指引着去阅读地铁广告，更别说产生广告主所期望他们产生的心情。同时，当乘客匆匆忙忙地穿过飞机场，在这种焦急的心情之下很少会注意到飞机票上的广告或飞机场内放置的广告，这也会限制该广告的有效性。

三、广告媒体的考评指标

（一）到达率与接触频率

覆盖面，指的是媒体所能达到的传播范围。覆盖率，指的是在媒体传播范围内，能够接触媒体信息的人数占全体人口的百分比。触及率，也叫净受众率，它指的是在媒体覆盖范围内，实际上接触媒体信息的人数所占该范围总人口的百分比。

既然广告主们有各种各样的目标，但同时又面临着预算的限制，所以，他们常常要在到达率和接触频率之间寻求均衡。要使人们知道某一产品或品牌就必须要求一定的到达率，也就是说，要使潜在购买者能接触到信息。既然目标是使所有的潜在购买者知道新的产品或品牌，所以，新品牌或产品需要高到达率。例如，在试购阶段，促销战略可能是使用免费赠券或者免费样品；营销人员的目标是利用这些样品来使信息到达更多的受众，目的是使他们了解产品、试用产品并养成对产品的偏好。（反过来，这种偏好可能导致购买行为。）

接触频率是指一个人接触的媒体载具（但不一定接触媒体中的广告）的次数。大多数广告主都同意1∶1的接触率是不存在的。因此，虽然广告可能已放入某一媒体载具中，但消费者接触到那一载具时并不确保广告已被看到。结果，媒体计划书中表示的接触频率水平高出了那一广告的实际接触率水平。为了避免这种高估，一些媒体购买者把媒体载具的到达率称为看到广告的机会，而不是它的实际接触频率。

因为广告主们没有一种确定的方法来了解某载具接触是否能导致对广告的接触，所以，媒体和广告主已达成了一种妥协：只要和载具接触就构成到达。因为如果受众有机会看到广告，这种接触就一定会发生。因此，接触数字就用于计算到达率和接触频率水平。但这种妥协不能帮助确定广告在目标受众心目中留下印象所需要达到的接触频率。广告的创作性、接收者的参与、噪音和许多其他干扰因素使任何要做出精确确定的企图破灭了。

某一广告可能不仅仅出现在一种媒体载具上，它可能出现在多种载具上，这就导致了重复出现（即接触频率）。如果某则广告在一个电视节目上出现，一次接触的总人数称为非累计到达率。如果广告在两个节目上出现，一次接触的总人数称为非累计到达率。如两个节目的到达率都包括了那些两个节目都收看了的人的数量，这种重叠称为累计到达率。非累计到达率和累计到达率都是很重要的。非累计到达率表明潜在的新的接触，而累计到达率提供了对接触频率的估计。

媒体购买者一般通过数字来了解有多少潜在受众能接触到某一系列的商业广告。将某段时间的节目视听率和家庭接触节目的平均次数结合起来（接触频率）的测量称为总视听率（GRP），其计算公式如下

$$GRP=到达率 \times 接触频率$$

GRP是以媒体可以到达的全部受众为基础的，它是累计到达率的估计值。而目标视听率（TRP）则指媒体购买到达的目标受众的人数及相应的次数。与GRP不同，TRP不包括覆盖面浪费。在对某地区研究的基础上，有人总结了在不同接触水平下的预期效果：有许多因素都可能在其中发挥着潜在的作用，并且这些因素与效果的直接联系是难以确定的。此外，虽然广告播出的重复次数迅速增加了人们对产品或品牌的认知，但它对受众态度和行为反映方面的影响效果却小得多。

1.到达率和接触频率的效果

① 在一个购买周期之内，广告与目标群体仅仅接触一次，在大多数情况下都很少或根本不会产生效果。

② 既然一次接触通常是无效的，那么有效的媒体策划的中心目标就应该是加强接触频率而不是到达率。

③ 有证据表明，在一个购买周期内，接触频率为两次的接触是有效的水平

④ 在一个品牌购买周期内，或者四周或八周的时期内接触频率超过三次以上时，接触频率的增长以递减的速度继续增加广告效果，但没有下降的证据。

⑤ 虽然关于接触频率和它与广告效果的关系方面有一般性的规则，但品牌差异的影响同样是相当重要的。

⑥ 我们已经发现，没有证据表明接触频率反映原则或者它的一般性规则是随着媒体的不同而变化的。

⑦ 数据表明，厌烦感不是由过高的接触率造成的，而应该是创作或文案的问题。

2.确定接触频率的重要因素

（1）营销因素

① 品牌历史。品牌是新品牌还是已建立的品牌。通常，新的品牌需要更高的接触频率水平。

② 品牌份额。品牌的市场份额和接触频率之间存在着反向关系。品牌的市场份额越高，所需要的接触频率水平就越低。

③ 品牌忠诚度。品牌忠诚度和接触频率之间存在着反向关系。品牌忠诚度越高，所需要的接触频率水平就越低。

④ 购买周期。所需要的购买周期越短，维持对品牌认知的接触频率水平就越高。

⑤ 使用周期。每天或经常要使用的产品一定是很快就要替换的，因此需要更高的接触频率水平。

⑥ 竞争对手的份额。当存在许多竞争对手，并且你的目标是迎战或击败竞争对手时，就需要更高的接触率水平。

⑦ 目标对象群体。目标对象群体了解并记住信息的能力对接触频率有直接的影响。

⑧ 信息或者创作因素。信息越简单，需要的接触频率越低。信息越独特，需要的接触频率越低。一种形式的信息需要较低的接触频率水平；多样的信息需要的接触频率水平较高。

⑨ 新的与持续性的运动。新的广告运动需要更高的接触频率来传递信息。创立一种形象所需要的接触频率水平比具体销售产品要高。

⑩ 厌烦感。高的接触频率可能导致厌烦感，这种影响必须追踪研究并用来评价接触频率水平。

⑪ 广告单元。在传播信息时，较大的广告单元比较小的广告单元要求较低的接触频率。

（2）媒体因素

① 干扰度。媒体中各种广告越多，就需要更多的接触频率来突破这种干扰。

② 编辑环境。广告与编辑环境一致性越高，所需要的接触频率越低。

③ 关注程度。媒体载具所获得的注意程度越高，需要的接触频率越少；而所获注意程度较低的媒体则需要更高的重复次数。

④ 时间安排。连续的时间安排与间歇式或脉动式相比需要较低的接触频率。

⑤ 所用媒体的数量。所有媒体越少，所需接触频率水平就越低。

⑥ 重复出现。允许出现重复次数越高的媒体（如月刊杂志），则需要越低的接触频率。

（二）千人成本（CPM）

杂志行业多年来一直在所到达的每一千人的成本基础上进行成本分析，这种媒介投放成本分析方法如今被各种媒体广泛采用，其计算公式如下

$$CPM = \frac{广告版面成本（绝对成本）}{发行量} \times 1000$$

（三）百分点收视成本（CPRP）

电波媒体提供了一种不同的可比成本，即百分点收视成本（CPRP）或百分点成本（CPP），其计算公式如下

$$CPRP = \frac{商业广告时间成本}{节目视听率}$$

（四）每日每寸栏目成本

对于报纸来说，有效成本是基于每日每寸栏目成本的，即报纸每寸栏目的成本。为试图把相对成本计算过程标准化，电波和纸媒体已开始用下列公式提供千人成本

$$千人成本（电视）= \frac{1单位时间成本 \times 1000}{节目视听率}$$

$$千人成本（报纸）= \frac{广告版面成本 \times 1000}{发行量}$$

虽然在千人成本基础上媒体之间的比较是很重要的，但媒体之间的比较可能仍然具有误导性。电视提供音像的能力、杂志的长度优势以及每种媒体其他的特性都使直接的比较变得困难起来。媒体计划者应该运用千人成本数字，但也必须考虑决策中每种媒体载具的具体特性。

千人成本可能高估或低估了实际成本效果。例如无法避免的覆盖面的浪费情况，这时的发行量超过了目标市场。如果这种信息所到达的人们不是产品的潜在购买者，那么，为了到达他们而不得不增加开支，这件事本身就可能会导致千人成本的大大低估。我们必须采用目标市场（即所追求的目标）的潜在到达率，而不是采用全部发行量数字。如果能够到达更多的潜在接收者，那么即使其千人成本相对高很多，这种媒体也可能是一种更明智的选择。

千人成本也可能低估成本效率。杂志广告版面的销售者认为，因为某一期杂志的阅读者并不仅限于购买者本人，所以，实际的到达率也被低估了。这就涉及阅读率，即估算未购买但阅读了杂志的人数。由于每本读者数的估计是凭直觉产生的，所以它可能极不准确，且杂志传阅的实际次数也很难确定。虽然研究者正在着手解决这一问题，但传阅率的估计还是带有很大的主观性，采用它们来估计到达率只能带有推测性质。尽管这些数字由媒体有规律地提供，但媒介经理在采用它们时仍有选择。同时，由于许多媒介经理都很清楚到达率会比提供给他们的发行量数字高多少，这时媒体购买的艺术性尤为突出。

除了成本高估或低估的隐患外，千人成本还存在着只能提供媒体价值定量估计的局限性。虽然它们在比较相似的载具上很有用，但在各种媒体之间作对比时就不那么有效了。

（五）评价与跟踪

所有的媒介计划都需要对它们的执行情况进行评价。在描述策划过程的要点时，我们曾提到要确定目标并制订战略。在实施这些战略以后，营销人员需要知道战略是否成功。效果的测量必须考虑下列两个因素：一是这些战略是如何实现媒体目标的；二是这种媒体计划对实现总体营销和传播目标所起的作用。如果战略是成功的，就应该在未来的计划中采用它们。如果不成功，就应该对它们的缺陷进行分析并改进。

第四节 广告代理制

广告代理制是国际上通行的广告经营体制。所谓代理制就是在广告活动中，广告客户、广告公司和广告媒介之间明确分工。广告客户委托广告公司实施广告宣传计划，广告媒介通过广告公司承揽广告业务。广告公司处于中间地位，为广告客户和广告媒介双向提供服务，起着主导作用。现代广告代理制最大特点就是强调广告业内部的合理分工、各司其职、互相合作、共同发展，广告公司通过给广告主和媒介提供双重的服务，从而发挥主导作用。

一、广告代理制度的产生与发展

广告的起源可以追溯到商品交换的发端时代，历史悠久，但是广告行业却是近代商品经济发展到一定程度的产物。由于交通运输发达，市场不断扩大，传播事业发展，企业对推销和广告更加重视。社会的分工，又使专门从事广告的广告经营者从商品流通领域中分离出来，逐渐形成一个独立的行业。在此之前，叫卖、招牌、招贴、店铺等广告，都是由企业（广告主）自理的。由于报纸的产生，使媒介与广告主分离，也就促使广告代理人充当中间人的角色。广告代理业的产生与发展，以美国最为典型，可分为以下几个阶段。

1. 版面推销人阶段

福内·帕默（Volney Palmer）是著名的第一位挣广告佣金的人。1840年，他在美国费城为各家报纸兜售版面，主要是承揽城外客户的广告，向报纸出版商收取50%以下的佣金，在费城、纽约和波士顿开设办事处。不久便有了更多的报纸版面代理，佣金比率逐渐降低。

2. 版面批发商阶段

1850年，出现了批发代理，乔治·罗威尔（George Rowell）先用低价向出版商购进大量版面，再以高价（零售价）分售给广告客户。他曾与100家报纸签约，买下1个月的一栏版面，再以每行固定价格销出这些版面。这是媒介套装购买的起源。

3. 创作服务阶段

1870年，作家查尔斯·贝茨（Charles Bates）开始为广告主或其代理人创作广告。他的公司不仅撰稿，而且还将策划、文案、美术结合起来，强调了广告公司是广告创意中心的概念。正是由于各报刊成立广告部，直接承揽广告，媒介代理业务受到遏制，广告公司因势利导更新经营策略，将服务重点转向广告主。

4. 全面服务阶段

1875年，佛兰西斯·艾尔（Francis Ayer）成立了艾尔父子广告公司，确立了代理商与客户的关系。广告主同意通过艾尔公司投放其所有的广告。艾尔父子广告公司是"现代广告公司的先驱"。独立的、服务专业化和多样化的广告代理公司的出现，标志着现代意义上的广告代理制度的正式确立。

20世纪初，广告代理业从媒介代理转向为客户全面服务。1917年，美国广告代理商协会（AAAA）成立，确定15%为标准的代理佣金，广告公司为广告主提供广告及其相关的服务。至今，广告代理商仍然从其为客户购买版面（或时间）的媒介那里收取佣金，但设计制作成本及附加费用一般有广告主出资。

广告代理制的确立与实施，确立了广告公司在广告运作中的中心地位，对广告公司的实力与水平提出了更高的要求。随着经济全球化趋势的日益加强，广告经营的国际化、规模化成为必然。同时，现代高新科技特别是信息通讯技术的不断发展，也使得全球性的广告媒介和全球性的广告运作有了可能。自20世纪70年代开始至90年代，西方许多大型广告公司相继实施了规模化经营的发展战略，走上了国际化发展的道路。国际化、规模化的广告经营，大大降低了广告成本，增强了广告公司的活力与实力。

进入21世纪，整合营销传播成为广告公司的努力方向，对广告公司的全面代理能力提出了更高的要求，广告代理的业务范围又进一步扩展。广告代理活动变得更为精细的同时，又要求广告代理公司能够根据消费者的具体情况确立统一的传播目标，有效发挥各种不同的传播手段向消费者传达本质上一致的声音。为广告客户提供包括广告传播、公共关系、形象策划、包装与新媒介、直销、CI等内容的综合型服务，为企业的整体市场营销战略提供全面的、专业化的服务。这与广告代理兴起之初的简单的媒介代理已有了根本的不同，对当今的广告代理公司无疑是巨大的新挑战。

二、广告代理制的内容

广告代理制主要包括：广告公司的客户代理和媒介代理、代理服务的业务范围及代理佣金制等内容。客户代理和媒介代理，构成了广告公司代理业务的主要范畴。广告代理制突出了广告代理公司在广告运作中的中心地位和作用。广告代理具有双重代理的性质：一方面，它全面代理广告客户的各项广告活动。在广告代理制度下，广告客户必须委托有广告代理权的广告公司代理其广告业务，不得与广告媒介单位直接联系发布广告（分类广告除外），这样可以有效保证广告客户的广告投入的效益。另一方面，它又代理媒介的广告时间与广告版面的销售，为媒介承揽广告业务。也就是说媒介单位不能直接面对广告客户承接广告的发布、设计和制作等业务，这些活动都应该归属于广告公司的业务范畴。概括来说，广告代理制的内容主要有以下几点。

① 广告代理制度主要包括广告公司的客户代理和媒介代理、代理服务的业务范围及代理佣金制等内容。

② 广告代理具有双重性质，一方面代理广告客户的各项广告活动，另一方面代理媒介的广告时间与广告版面的销售，为媒介承揽广告业务。

③ 广告公司的劳动收入主要来自为广告主的广告代理服务费和为媒介出售广告版面和广告时间而获得的佣金。

④ 协商佣金制、实费制、议定收费制、效益分配制。

三、实施广告代理制的条件及意义

1.全面实施广告代理制的条件

一方面，需要有与实施广告代理制相匹配的完善的市场经济环境和成熟的广告市场环境。没有经济的繁荣，没有发达的市场经济体制和良好的行业环境，广告代理制就不可能顺利推行；另一方面，广告公司自身的状况和能力又是能否成功实施广告代理制的决定性因素。

广告代理制的实施，牵涉到广告市场中广告客户、广告公司和广告媒介这三个主体。而在以广告代理制为基础的广告经营机制中，广告公司处于广告市场的主导地位，从本质上说，广告公司是实行广告代理制的中心环节。

广告公司要从事广告代理活动，首先必须获得有关政府管理部门的认可，并取得合法的代理资格，才能在规定的范围内从事相应的广告代理活动。即广告公司代理广告业务必须得到广告客户或广告媒介的认可与委托。其次，提高广告公司自身的代理能力是增强其竞争能力的唯一途径，而高水平的各类广告专业人才、精良的广告制作设备和先进有效的内部管理机制是实现这一途径的有力保障。再次，具备充足的流动资金和雄厚的经济实力是从事媒介代理的前提。

当前，我国正大力发展社会主义市场经济，这有利于广告业的长足发展，有利于广告代理制的全面实施。但同时我国的市场经济体制还未发育成熟，全面推行广告代理制的市场经济环境还不完全具备。在广告业高速发展的背后，也存在着一些阻碍广告业规范发展的消极因素。其中最大问题就是广告客户、广告公司、广告媒介三者之间的关系还没有真正理顺，分工不明确、广告行为不规范、行业结构不合理等问题使得广告经营秩序有些混乱。

2. 实施广告代理制的意义

第一，广告代理制适应了广告业中专业化分工发展的需要，市场经济越发展，与之相适应的广告业中的专业化分工就越细。第二，强调专业广告公司在广告活动中的主导地位，使其能整合不同媒介的优势，向客户提供全面优质的服务。第三，可以消除企业广告无整体计划、效益欠佳的种种弊端，帮助企业科学合理地使用有限的广告资金，收到较好的广告效果。第四，有利于广告业参与国际竞争。

因此，广告代理制的实施，有利于促进广告行业的科学化、专业化建设，有利于提高广告业的整体水平和消除行业内的不正当竞争，明确广告客户、广告公司、广告媒介各自的权利和义务。只有真正全面推行国际通行的广告经营机制——广告代理制，才能使广告市场的三个主体各司其职，各就其位，充分发挥广告业对经济发展的巨大促进作用，使我国广告业朝着健康、规范的方向发展；而本土广告公司在我国加入世界贸易组织后，在面临着跨国广告公司、国际性传播公司、营销顾问公司等业内、业界间的激烈竞争时，只有不断提高自身实力，改变服务观念和方式，从零散运作转向集约运作，从经验型服务转向专业化和科学化服务，才能在资本力量和专业化服务的新一轮洗牌中不被淘汰出局。只有这样，我国广告业才能迅速地适应并融入到国际市场中，实现广告市场与国际接轨，在激烈的国际竞争环境中谋求生存与发展。

广告主、广告公司和广告媒体是广告市场中的三个主体。本章第一节介绍了广告主的概念、类型、广告主的广告观念与行为、广告主的广告部门管理模式等内容。旨在通过学习熟悉广告主的类型，理解广告主的各种广告观念与行为，了解广告部门各种管理模式的优势与弊端。第二节介绍了广告公司的类型、广告公司的组织结构、广告公司的业务运作流程。重点分析了广告公司的运作流程，并强调其在广告活动中的重要作用。第三节介绍了广告媒介的概念，分析了不同广告媒体的特征，论述了主要广告媒介在传播广告信息方面的优势与不足，并解释了广告媒体的几个考评指标，包括到达率与接触频率、千人成本（CPM）、百分点收视成本（CPRP）等。第四节介绍广告代理制度的产生与发展、广告代理制的内容、实施广告代理制的条件及意义。旨在通过了解广告代理制的发展演变过程，掌握广告代理制的内容并深刻理解实施广告代理制的重要意义。

1. 选择题（单选题）

（1）下列公司企业不属于服务商的是（　　）。
　　A. 东方航空公司　　　　　　　　B. 中国工商银行
　　C. 中国铁路总公司　　　　　　　D. 首都钢铁集团

（2）媒体可直接承揽的广告是（　　）。
　　A. 个人信息的分类广告　　　　　B. 商品广告
　　C. 公益广告　　　　　　　　　　D. 商业演出广告

（3）从事生产资料生产的企业应该把广告发布在（　　）。
　　A. 电视　　　　B. 广播　　　　C. 户外媒体　　　　D. 行业杂志

（4）下面不是商品植入广告优势的是（　　）。
　　A.展露次数多　　B.接触频度高　　C.回想率高　　D.可控性好
（5）被称为"现代广告公司的先驱"的是（　　）。
　　A.奥美广告公司　　　　　　　　B.艾尔父子广告公司
　　C.李奥·贝纳广告公司　　　　　D.电通广告公司

2.判断题

（1）个人不具备当广告主的资格。（　　）
（2）按照经营内容不同可以把广告主分为：生产商、销售商和服务商。（　　）
（3）广告公司的类型有：综合广告代理服务公司、专业广告服务公司、广告主自设的广告代理公司、广告制作社（所）。（　　）
（4）广告公司业务运作流程的第一步是对广告进行策划创意。（　　）
（5）杂志媒介最大的传播优势是发行量大。（　　）

3.名词解释

（1）广告主
（2）广告媒体
（3）媒介购买公司

4.简答题

（1）广告主体由哪些组成部分构成，它们各自扮演什么角色？
（2）综合性广告代理公司一般设置哪些部门，它们分别承担什么工作？
（3）什么是广告代理制？

5.案例分析题

红牛饮料如何通过电视媒体成功打入中国市场

1995年，风靡全球的红牛饮料来到中国，在中央电视台春节晚会上首次亮相，并宣布"红牛来到中国"（广告语），从此，中国饮料市场上多了一个类别——"能量饮料"，金色红牛迅速在中国刮起畅销旋风。红牛功能饮料源于泰国，至今已有40年的行销历史，产品销往全球140个国家和地区，凭借着强劲的实力和信誉，"红牛"创造了奇迹。做为一个风靡全球的品牌，红牛在广告宣传上的推广，也极其具有特色。

1995年开始，红牛便持续占据中央电视台的广告位置，从"汽车要加油，我要喝红牛"到"渴了喝红牛，累了困了更要喝红牛"，大量黄金时间广告的宣传轰炸，再配合以平面广告的宣传，让汽车司机、经常熬夜的工作人员、青少年运动爱好者，都成为红牛的忠实消费群体。红牛一举成名，给中国消费者留下很深的记忆。

红牛电视广告有以下几个特点。

1.广告诉求的独特性

红牛是一种维生素功能型饮料，主要成分为牛磺酸、赖氨酸、B族维生素和咖啡因（含量相当于一杯袋泡茶）。红牛功能饮料科学地把上述各种功效成分融入产品之中，与以往普通碳酸饮料不同。从推广之初，就将产品定位在需要补充能量的人群上。"汽车要加油，我要喝红牛"，产品在广告宣传中就将功能性饮料的特性，通过电视广告以醒目、直接的方式传达给诉求对象。让大家通过耳熟能详、朗朗上口的广告语，接受"红牛"作为功能性饮料能够提神醒脑、补充体力、抗疲劳的卓越功效。

2.诉求对象的广泛性

"红牛"的消费群体是那些需要增强活力及提升表现的人士，特别适合长时间繁忙工作的商务人士、咨询服务业人士、需要长时间驾驶的专业司机、通宵达旦参加派对的休闲人士、正在进行运动或剧烈运动前的运动爱好者和需要保持学习状态的大中学生。目标对象较为广泛，供不同职业、不同年龄段人饮用。

3.广告塑造本土化品牌形象

红牛初来中国时，面临的是一个完全空白的市场。引用营销大师的观点而言，那是一个彻底的"蓝海"。因为当时的中国市场，饮料品牌并不多，知名的外来饮料有可口可乐和百事可乐，运动类型饮料有健力宝，几大饮料公司广告宣传力度都非常强，各自占据大范围的市场。红牛饮料要想从这些品牌的包围中迅速崛起，不是一件容易的事情。

因此，红牛饮料"中国红"的风格非常明显，以本土化的策略扎根中国市场。公司在广告中宣传红牛的品牌上，尽力与中国文化相结合。这些叙述固化在各种宣传文字中，在色彩表现上以"中国红"为主，与品牌中红牛的"红"字相呼应，从而成为品牌文化的底色。中国人万事都图个喜庆、吉利，因而红红火火，越喝越牛。这正体现了红牛饮料树立品牌形象的意图，了解中国市场消费者的购买心理后，将红牛自身特点与中国本土文化结合的完美体现。

结合案例，请思考以下两个问题：

（1）电视媒体对于新入市的生活消费品是不是最有效的广告传播媒体，为什么？

（2）结合红牛的品牌定位，给它制定一个媒体投放计划。要求整合使用三种媒体，增加目标受众的广告接触频率。

1.选择题

（1）D（2）A（3）D（4）D（5）B

2.判断题

（1）×（2）√（3）√（4）×（5）×

第三章

参与广告活动
——广告策划

知识目标

1. 掌握广告调查的内容与方法；
2. 理解广告策划的特性和内容；
3. 掌握媒体的分类和特性；
4. 掌握广告效果测定的内容、步骤和方法。

能力目标

1. 具备实施广告调查的能力；
2. 具备广告策划的制定能力和广告策划书的撰写能力；
3. 具备广告媒体的整合策划能力；
4. 具备评估广告实施效果的能力。

引导案例

采乐去屑，挖掘药品新卖点

在漫漫十年的时间里，以营养、柔顺、去屑为代表的宝洁三剑客潘婷、飘柔、海飞丝几乎垄断了中国洗发水市场的绝对份额。想在洗发水领域有所发展的企业无不被这"三座大山"压得喘不过气来，无不生存在宝洁的阴影里难以重见天日。后来的"舒蕾""风影""夏士莲""力士""花香"等更让诸多的洗发水品牌难以突破。采乐"出山"之际，国内去屑洗发水市场已相当成熟，从产品的诉求点看，似乎已无缝隙可钻。

> 而西安杨森生产的"采乐"去头屑特效药,上市之初便顺利切入市场,销售量节节上升,一枝独秀。"采乐"的突破口便是治病。它的成功主要来自于产品创意,把洗发水当药来卖。同时,基于此的别出心裁的营销渠道"各大药店有售"也是功不可没。去头屑特效药,在药品行业里找不到强大的竞争对手,在洗发水的领域里更如入无人之境!"采乐"找到了一个极好的市场空白地带,并以独特产品品质,成功地占领了市场。
>
> "头屑是由头皮上的真菌过度繁殖引起,清除头屑应杀灭真菌。普通洗发只能洗掉头发上头屑,我们的方法,杀灭头发上的真菌,使用8次,针对根本。"
>
> 以上独特的产品功能性诉求,有力地抓住了目标消费者的心理需求,使消费者要解决头屑根本时,忘记了去屑洗发水,想起了"采乐"。
>
> （案例来源：根据相关资料整理）

第一节 广告调查

一、广告调查的内容

企业若想宣传自己的产品,吸引消费者,树立良好的公众形象,就必须开展广告活动。而一次成功的广告活动要从广告调查开始。广告调查活动的开展能为广告策划提供依据,并且指明方向。那什么是广告调查呢？广告调查与我们平时所说的市场调查有什么区别呢？对于这些问题的准确把握就需要了解广告调查的概念。

（一）广告调查的概念

广告调查是指企业为有效地开展广告活动,利用科学的调查、分析方法,对与广告活动有关的资料进行系统的收集、整理、分析和评价,以期获取真实可靠和具有权威性、客观性的第一手材料。广告调查是整个广告活动的基础,也是广告策划和实施中的重要一环。

市场调查,就是运用科学的方法,系统地搜集、记录、整理和分析有关市场的信息资料,从而了解市场发展变化的现状和趋势,为企业经营决策提供科学的依据。

广告调查与市场调查在调查方法和原则上是相通的,只不过二者的服务对象不同。市场调查为企业的整体营销决策提供依据,调查范围更加广泛。广告调查往往是围绕具体的广告活动进行的,调查范围有所限定。企业在进行广告调查时,可以利用市场调查已经取得的资料,在此基础之上进行深入的广告调查。

（二）广告调查的作用

在市场竞争日益激烈的今天,越来越多的企业意识到了广告的重要性。很多企业都花费巨资来做广告,希望通过广告达到提高企业经济效益和美化社会形象等目的。那么广告是否达到预期的效果，怎样对广告进行动态的调整，从而符合企业的整体营销战略，这已成为企业非常关心的问题。为了提高广告的效果，必须进行广告调查。广告调查不仅是广告活动的前期工作，它在整个广告活动的进行过程中和完成后，同样是不可或缺的。广告调查具有以下作用。

1. 为广告策划提供所需资料

广告策划与制作不是单凭艺术和经验而进行的。科学的广告策划要建立在广泛、深入的广告调查的基础之上。广告调查要为广告的商品定位、广告策略和广告媒体的选择、最佳广告诉求点的确定提供真实可信的信息资料。做好广告调查，能够了解消费者的需求特点和竞争对手的状况，从而能够使企业科学地拟定广告计划，确定广告目标市场；做好广告调查，可以使企业科学合理地根据广告计划进行广告预算，从而使企业花最少的钱达到最佳的广告效果；做好广告调查，可以使企业了解各类媒体的性质特点以及经营状况等，从而使企业合理地选择广告代理公司和广告媒体。因此，广告调查可以为广告策划提供所需资料，是制定科学的广告决策的重要依据。

2. 为广告创意和设计提供依据

广告是向社会大众进行商品信息传播的一种手段。但它不是通过"通知"或"命令"的方式向人们灌输，而是借助于艺术手段。因此，广告创意的好坏就成为广告成败的关键。但是，广告的创意与纯艺术品创作是完全不一样的。广告创作是目的性、功能性很强的商业活动，其构思和设计必须围绕着广告主的商业目的的实现而展开，偏离了这一点，任何新颖独特的创意和设计都是白费的。因此，广告创意和设计必须建立在对产品、消费者和市场状况深入了解的基础之上，而广告调查正是在这方面为其提供了依据。

（三）广告调查的内容

广告是以营利为目的，广告主以付费的方式，通过传播媒体将企业的商品、劳务、观念等信息进行传递并劝说公众的一种信息传播活动。因此，涉及从生产者到消费者的商品与劳务转换的整个过程的相关营销因素都应作为广告调查的内容。广告调查的内容主要有环境调查、企业经营状况调查、产品调查、消费者调查、媒体调查和广告效果调查等。

1. 环境调查

广告的环境是指广告活动所处的总体环境，主要包括政治环境、法律环境、经济环境、文化环境、科技环境、地理环境等。在进行广告策划之前，一般都要进行环境调查。首先，要调查目标市场的国家政策法规、地方政府政策法规，具有政策性、法律性的条例，重大政治活动，政府机构情况等；其次，要调查当地的市场经济状况，如工农业发展水平、消费者购买能力等；在此基础上，还要了解目标市场的人口状况、家庭结构、民俗风情、文化特点、生活方式、流行时尚、民间节日和宗教信仰等内容；最后，环境调查不能忽略了目标市场的地理环境调查。不同地区的消费者，因为地理环境的不同，需求会有差异。例如，南北方消费者对于防寒产品的需求差异较大，广告设计人员应当根据不同的环境采取不同的广告方式。

2. 企业经营状况调查

企业经营状况调查主要是搜集有关企业经营现状的资料，主要包括以下内容：企业历史、企业设施、企业人才、经营措施、经营状况（即企业的经营成绩、市场分布、流通渠道、公共关系等）。企业通过对这些信息的了解，寻找差距和不足，为塑造成功的企业形象作好准备。调查的对象既包括外部社会公众，也包括企业内部员工。调查应当利用定性分析和定量分析相结合的方法，全面、科学地对广告主的生产经营现状与历史进行深入分析。企业应在深入分析的基础上制定有的放矢的广告目标战略。

3. 产品调查

现代广告里，大部分广告都是产品广告，而很多广告的目的就是推销产品。在有限的广告时间里，企业要想把产品的优点等主要信息传达给受众，引起受众的兴趣，激起广告受众的购买欲望，就必须在广告创作之前进行详细的产品调查。首先，要对产品本身进行调查，如产品的类别、规格、性能、包装、色彩、风格、技术等指标，产品的适应性，同类产品的替代性，相关产品的互补性，产品的生命周期等。其次，要对产品的销售状况进行调查，如产品的日销售额、月销售额、年销售额、不同地区的销售额，这类产品在市场上的占有率和销售指数是多少，其竞争力如何，产品销售过程中的市场表现及获奖情况等。企业进行产品调查，必须有实际资料，这样才能使广告人挖掘出产品优点，并能够保证广告宣传的真实性。

4. 消费者调查

广告活动开展之前必须要针对消费者进行调查，企业要知道消费者的消费需求、消费动机和消费习惯，这样企业才能知道生产什么以及怎样来开展广告活动。对消费者的调查主要包括以下内容。

（1）消费者一般情况调查　消费者一般情况调查，包括消费者的性别、年龄、民族、职业、文化程度、婚姻状况、家庭情况、收入水平和消费水平等基本情况。对这些基本情况的掌握，是消费者研究过程中的首要问题。例如，家庭生命周期的不同阶段，消费者及家庭的购买力、兴趣和对产品的偏好都会有较大差别。单身未婚家庭经济负担轻，购买重心以个人为主。有了孩子的家庭，孩子则成为家庭新的购买中心。因此，在广告活动开展之前，企业应通过综合调查，分析出消费者的消费构成、消费方向及其变化规律。

（2）消费者购买动机和消费心理调查　消费者动机调查也就是针对消费者的购买动机进行调查研究。无论是做广告还是企业的生产和经营活动都要以消费者为中心，因此，企业要了解消费者的愿望，他们希望有什么样的产品，他们的消费心理是什么。不同的消费者购买商品，具有各不相同的心理需求，并由此产生复杂的购买动机。企业要洞察消费者的购买动机，这样才能顺利地开展广告活动。例如，速溶咖啡最初上市时销售量不好，当问及消费者不购买的原因时，大多数消费者说是不喜欢速溶咖啡的味道。最后，企业通过对消费者的购买动机调查研究后发现，消费者不愿意购买速溶咖啡的真正原因是因为他们认为购买速溶咖啡的消费者是懒惰的人，家庭主妇们以为购买速溶咖啡会变懒，从而产生一种内疚感。知道了消费者不购买的真正动机后，企业调整了产品的广告宣传策略，销售量大增。

（3）消费者态度调查　态度会直接影响消费者的购买欲望。企业都希望消费者对自己的产品拥有正面积极的态度，直至形成品牌忠诚。广告策划人员通常运用"态度"来预测消费者对企业产品的反应。广告活动开展之前，企业要通过调查了解消费者对自己产品的态度，并且希望通过广告宣传来影响消费者的态度。例如，本田摩托车进入美国市场时，本田公司通过调查后发现，很多美国消费者对摩托车没有好印象。他们把摩托车同黑皮夹克、弹簧刀和犯罪联系在一起。为了改变消费者的态度，本田公司发动了一场"骑上本田迎亲人"的广告策划活动，结果成功地改变了很多消费者对于摩托车的态度。

（4）消费者购买行为模式调查　消费者购买行为模式，包括购买地点、购买方式、购买数量、品牌偏好、对包装的要求等。这些信息对于选择广告的诉求重点、确定广告的发布时机、选择广告的媒介，都是极为重要的。

5. 媒体调查

媒体调查是指对各种广告传播媒体的特征、效能、经营情况、覆盖面、收费标准等所进行的调查。企业通过媒体调查可以在广告活动中选择科学合理的媒体策略，从而取得最佳的广告效果。

（1）印刷类媒体调查　对于报刊等印刷类广告媒体进行调查，首先，应当了解其媒体性质。报纸是专业报纸还是知识性、趣味性报纸等；杂志是专业性杂志还是大众性杂志，是月刊、季刊还是年刊等。其次，还要调查其媒体发行量。发行量越大，覆盖面越广，千人广告费用就越低。最后，还要调查读者的特征，如年龄、性别、职业、收入等。

（2）电子类媒体调查　电子类媒体调查主要包括对广播、电视、互联网等媒体的调查。首先，要调查广播、电视、互联网等媒体的覆盖范围，其次，还要调查节目的视听率。例如，某企业想要对自己生产的家庭日用品在全国范围内进行电视广告宣传，企业首先要通过调查，选择影响较大的电视台进行合作；其次，要通过调查选择在家庭主妇愿意收看的电视节目中插播广告，以此来达到宣传产品的目的。

（3）其他广告媒体调查　除了大众传媒之外，媒体调查还需要对户外、交通、直邮、POP等广告媒体进行调查，主要调查它们的功能特点、影响范围、广告费用、接触率等。

6.广告效果调查

广告效果调查主要是对广告效果的测定，通过科学的方法和手段对广告活动开展的事前、事中、事后三个阶段进行测定。广告效果的事前评估，主要是指对印刷广告中的文案、广播电视广告中的脚本以及其他形式广告信息内容的检验与测定。广告效果的事中评估是指在广告作品正式发表后直到广告活动结束前的效果评估与测试，目的是检测广告计划的执行情况，以保证广告战略正常实施。广告效果的事后评估，是整个广告活动效果测定的最后阶段，基本上是采用目标测定法进行测定。

二、广告调查的方法

广告调查方法是指广告调查人员搜集各种广告信息材料时所使用的途径和方法。广告调查方法有很多种，企业要依据调研的目的、内容和调研对象来加以选择和利用。广告调查按资料来源进行区分，可分为文献调查法和实地调查法两类；按选择调查对象的方法可以划分为全面调查、典型调查和抽样调查三种；按调查方式可分为问卷调查和访问调查。下面就几种主要的广告调查方法进行阐述。

（一）文献调查法

文献调查法是利用现有的各种文献、档案材料来得到有关广告受众的资料，这是间接进行调查的方法。例如，企业通过查询《中国统计年鉴》《中国人口年鉴》《中国城市年鉴》等，就可以获取有关人口分布、年龄结构、职业构成、收入状况等数据。

文献调查法能够为企业节省时间和费用，并且为企业获得必要的信息，也为企业的实地调查打下基础。文献调查的资料来源主要有以下两种：

1.企业内部资料

企业内部掌握一定的资料，如企业的历史记录、客户名单、历年销售记录、市场报告、客户函电等，调查人员可以从这些资料中找到有用的信息并加以利用。

2.社会公开资料

有很多社会公开的渠道可以获得信息资料。例如，公共图书馆，特别是经贸部门的图书馆，可以查到某些市场背景等基本情况的资料。还有一些政府机构，如统计部门、工商行政管理部门、税务部门、专业委员会、工业主管部门等也可以提供一些相应的统计资料。这些资料可能是人口统计资料，地方经济政策法规，当地的经济水平、生活水平和经济发展等资料。研究机构、商会和行业协会也能提供研究论文、当地的规章、业务情况和会员名称表等有针对性的资料。某些报纸、杂志，特别是行业报刊会经常刊登一些市场动态方面的信息，调查人员经常可以从中得到启示。调查人员还可以在消费者组织中得到一些有价值的信息，如产品质量调查、消费者调查等资料。

（二）访问法

访问法是用访问的方式收集信息资料的一种方法。根据访问方式的不同，访问的方法又可以分为以下四种类型。

1. 面谈访问法

面谈访问法有两种不同的形式：个人访问法和集体访问法。

（1）个人访问法　个人访问法是对个别的调查对象进行单独访问。个人访问可以到顾客家中、办公室或街头进行面谈。例如，调查人员在化妆品柜台前询问女性顾客对化妆品的偏爱及购买习惯等。这种方法的特点是问卷的回收率高，调查人员可以提出较多的问题；但是调查费用高，耗时间，消费者的回答容易受调查人员的影响。

（2）集体访问法　集体访问法是在统一的场合，集体分发问卷，要求被调查者在规定的时间按要求进行回答，由调查人员当场收回；或者邀请一小组消费者用几小时来讨论产品或广告效果等某一个主题，由具有专业素质的人员来主持，从而深入地了解消费者的态度和心理。

2. 电话访问法

电话访问法是由调查人员根据事先确定的样本，用电话向被调查人询问，借以收取资料的方法。通常，企业需要设计出电话问卷调查表，并由经过挑选和培训的调查执行人员进行电话访问。这种方法简便、快捷，费用最低；但是受到通信设备的限制，询问的一般都是比较简单的问题。例如，丰田汽车公司会对购车的消费者进行电话访问，以确定消费者的购买习惯、获得信息的渠道等，从而进一步调整企业的广告战略。

3. 邮寄访问法

邮寄访问法是调查人员将设计好的调查问卷或表格邮寄给被调查者，并请他们答好后再寄回的收集信息的方法。这种方法样本选择面较广，成本低，被调查者有充分的时间来回答问题；但回收率低，回收时间长，使得信息缺乏时效性。

4. 网上访问法

网上访问法是利用互联网进行广告调查的一种方法。它可以采用的方式有网络问卷、邮件访问、在线小组讨论、在线调查点击、BBS讨论版自动统计等。这种方法具有电话访问及邮寄访问的优点，但是调查对象受到很大限制，而且因为访问的匿名性，回收信息的真实性受到影响。

（三）观察法

观察法是由调查人员在现场对被调查者的情况直接观察、记录，来收集资料的一种手段。调查人员到调查现场，耳闻目睹顾客对市场的反应或公开行动，并且进行记录；或者利用仪器间接地进行观察以收集资料。观察法包括直接观察法、仪器观察法和实际痕迹测量法三种方法。

1. 直接观察法

直接观察法是由调查人员深入指定的商店，观察产品、场地设施以及工作人员的态度和消费者的购买兴趣、注意力、行动等，并进行记录。

2. 仪器观察法

仪器观察法的具体方法很多。例如，将监测器安装在收音机或电视机旁，以自动记录收看时间，收听或收看哪一家广播电台或电视台，收听或收看的人有什么反应等。又如，精神电流测定器就是一种用于观察的仪器。通过测量脉搏、血压、呼吸、汗腺等可以间接测出情感变化和心理反应。仪器调查一般多用于媒体收视率调查和广告效果研究领域。

3. 实际痕迹测量法

实际痕迹测量法是指调研人员不直接观察消费者的行为，而是通过一定的途径来了解他们行为的痕迹。例如，一种产品在几种不同的媒体上做广告，广告附有回条，消费者寄回回条会收到赠送礼物。企业根据回条的统计来分析最佳的广告媒体。

观察法可以真实地记录被观察者的自然状态，避免其他因素产生的误差，获得的数据比较直观、可靠。但是观察法无法观察消费者行为的内在动机和原因，而且样本数量有限，因此，所得到的结果代表性有限。

（四）实验法

实验法是把调查对象置于一定的条件下，对研究对象的一个或多个因素进行操纵，以测定这些因素之间的关系。这种方法科学性较高，可以通过小样本的观察分析来了解某些市场变量的发展趋势。但是这种方法耗时间，费用比较高，而且大规模的现场实验往往难于控制。

实验法一般分为实验室测验与市场测验两种。一般用于在广告活动开展前探究消费者对产品的包装、口味、广告主题、广告文案等的反应。

（五）焦点小组访谈法

焦点小组访谈法是由一个经过训练的主持人负责组织讨论，主持人以一种无结构的自然的形式与一个小组（通常8～12人）进行讨论。针对预先设定的话题，现场气氛越轻松越好，主持人控制进程，并启发大家的讨论。讨论结束后，通过录像、录音等资料对大家的讨论进行观察和分析，得出结论。

（六）问卷法

问卷法是将调查的内容设计成调查问卷发给（或邮寄给）被调查者，请被调查者按要求填写问卷后回收搜集材料的一种调查方法。企业进行问卷调查时，首先要明确调查主题和所需的资料；其次要明确被调查对象的类型；然后设计问卷，对问卷进行小组实验，制定、打印和印刷调查问卷。而在所有的工作中，根据实际情况设计一份完美的问卷是问卷法成功的关键。

1. 问卷的基本结构

问卷的基本结构由四部分组成：标题、说明词、调查内容和被调查者的基本资料。问卷的标题要明确此次调查的目的和应该解决的问题，不能含糊不清或过于笼统。说明词主要介绍调查的目的、意义，填写问卷的方法、要求，以及一些必要的承诺、致谢、其他说明事项等。说明词要简洁，态度要热情诚恳，争取被调查者的合作。调查内容主要就是提问和回答的问题。被调查者的基本资料视调查的目的不同，会有所侧重。

2. 问卷的设计形式

问卷的内容设计一般有开放式和封闭式两种。

开放式问题就是自由问答题，不设计具体答案。例如：您对笔记本电脑的外形和功能有何个性化的构想和要求？

另外一种方式是封闭式问题：在提出的问题后面，给出可供选择的答案，答案由问卷填写者根据具体情况填写。例如：您对手机的功能更偏重哪一项？（最多三项）A.上网 B.短信 C.铃声 D.摄像 E.其他_____。

调查问卷中，问题的设计排列要有合理的顺序，一般的顺序是：先问一般问题再问特殊问题；先问接触性、过渡性问题，再问实质性问题；先问容易问题，再问困难问题。问题要围绕广告调查的目的进行设计，语言表达要明确、规范。问题的数量不宜过多、过散，回答问题所用时间最好不超过半个小时。问卷的问题设计要科学，便于数据录入和进行数据处理。一般情况下，调查问卷是将两种类型结合起来，以封闭式问题为主，适当辅以开放式问题。

综上所述，广告调查的方法有很多种，但是所有的广告调查方法都有各自的优缺点，因此，应当根据不同的情况选择不同的方法。在实际调查中，各种调查方法并不是孤立的和互相排斥的，应当把各种方法巧妙结合，并且注重广告调查技术的运用。例如抽样技术，如何正确确定样本单位（确定调查对象是谁），确定样本规模（确定应该调查多少人），确定抽样程序（确定选择答卷人的方法）等非常重要。只有正确、恰当地运用广告调查的方法与技术，广告调查才能取得最佳的效果。

三、广告调查的实施程序

科学系统的研究方法应该有一套比较固定的程序，广告调查的操作流程基本可分为五个步骤：① 明确广告调查的目的；② 调查设计和准备；③ 收集资料数据；④ 资料的处理与分析；⑤ 结果的解释与提交调查报告。

（一）明确广告调查的目的

如同旅者前行的目的地，广告调查的目的是整个调查活动的目标和方向，是广告调查的第一步，是之后搜集材料、组织材料及解释材料的依据。广告调查目的的明确是广告调查中最重要的任务，因为正确地提出问题是正确认识问题和解决问题的前提。确定调查目的或主题必须先搞清以下几个问题。

① 为什么要调查？
② 调查中想了解什么？
③ 调查结果有什么样的用处？
④ 谁想知道调查的结果？

广告调查的目的必须是具体的、明确的，绝不可笼统。因为调查目标直接决定着广告调查中其他步骤的执行，如果调查目标不明确、不具体，就不可能进行下面的步骤。

广告调查的目的可以有很多种，不同的调查目的，其调查内容、方法、对象和范围就不同，调查人员的选择、调查队伍的组建等也不相同。选择调查问题应该将需要和可能有机地结合起来。既要从管理的需要性出发，也要考虑到实际取得资料的可能性。同时，选择的调查问题应具有重要性、创造性、可行性与最佳性等特点。

在明确调查目的的基础上，调查人员利用自己的知识和经验，根据已经掌握的资料，进行初步分析。分析的涉及面应尽量宽一些，包括对所要调查问题的大致范围、调查的可能性和难易程度等的分析。

（二）调查设计和准备阶段

明确调查目的的意义在于设立调查所要达到的目标，调查设计阶段则可以理解成为了实现调查目标而进行的道路选择和工具准备。道路选择指为达到调查的目标而进行的调查设计工作，包括从思路、策略到方式、方法和具体技术的各个方面。工具准备则指调查所依赖的测量工具或信息收集工具，如问卷、实验仪器等的准备，同时也包括调查信息的来源——调查对象的选取工作。调查设计是整个调查工作的行动纲领，进行调查设计就是要对调查的内容进行全面规划。具体而言，广告调查设计的总体方案一般必须包括以下内容。

1. 设计调查的项目

科学地设计调查项目是取得有价值的广告调查资料的前提和基础。调查项目是指调查过程中所要取得的调查对象的类别、状态、规模、水平、速度等资料的各个方面，包括定性分析资料与定量分析资料。例如，在一项了解家用空调广告的诉求对象的调查中，研究的项目可能包括下列三个方面。

① 现有家用空调使用者的基本情况，包括经济收入、住房条件、家庭人口数、文化程度、职业等；

② 哪些家庭成员参与空调购买决策，是谁倡议购买、谁收集信息、品牌选择意见由谁提供、谁做出最后的决定、谁执行购买行动；

③ 有潜在购买意向的购买者是什么样的人或家庭。这些人或家庭的经济收入、住房条件、家庭人口数、文化程度、职业等的情况。

在调查设计阶段，确定调查项目是相当重要的一个环节。因为调查项目的确定，界定了问卷设计或访问提纲的范围，为问卷设计或访问提纲的编写提供了依据；调查目的能否达到，在设计阶段只有通过研究者所界定的调查内容来判断。因此，所确定的调查项目是否全面、适当，会在相当程度上影响着调查方案能否被客户所认可、接受。

2. 设计调查的工具

在设计调查项目之后，必须进一步具体设计反映这些项目的调查工具。调查工具是指调查指标的物质载体，如调查提纲、调查表、调查卡片、调查问卷、调查所用的设备和仪器等。所有的调查项目最后都必须通过调查工具表现出来。设计调查工具时，必须考虑到调查目的、调查项目的多少、向调查者和调查对象提供方便、对资料进行分析时的需要等。只有科学地设计调查工具，才能使调查过程顺利，调查结果满意。

3. 确定调查的空间范围

调查空间是指调查在什么地区进行，在多大的范围内进行。调查空间的选择要有利于达到调查目的，有利于搜集资料工作的进行，有利于节省人力、财力和物力。

4. 确定调查的时间

调查时间是指调查在什么时间进行，需用多少时间完成，每一个时间阶段要完成什么任务。调查时间的确定，一方面要考虑到客户的时间要求，另一方面也要考虑到调查的难度和规定时间内完成调查的可能性。一般用调查活动进度表来表现调查活动的时间安排，进度表不仅可以帮助客户了解整个广告调查的时间安排，对于广告调查公司来说，也有利于其强化调查过程的管理，提高工作效率，节省调查成本。

5. 确定调查的对象

调查对象有两层含义，广义的调查对象又称调查总体，是指通过调查要了解、研究的人群总体。狭义的对象是指在调查中具体接触的对象。在绝大多数的广告调查中，调查对象不可能是全部的总体，而是从总体中抽取出来的一部分个体组成的样本。确定调查对象，具体来说就是设计和安排调查对象的抽样方法和数量。在抽样方法上，是选择概率抽样还是非概率抽样；在数量的决定上，样本大小取决于总体规模及总体的异质性程度，还有研究者的时间和经费是否充足，等等。

6. 确定调查的方法

确定调查的方法，包括确定资料的搜集方法，也包括资料的分析方法。资料搜集方法有电话访问、入户访问、深度访问、焦点小组、固定样本连续调查、邮寄问卷调查、观察法、实验法、内容分析等；资料的分析方法包括定量的分析和定性的分析。调查方法的选择取决于调查的目的、内容以及一定时间、地点、条件下广告市场的客观实际状况。由于同一项调查课题可以采用多种调查方法，因此，调查人员必须认真地比较，选择最适合、最有效的方法，做到既节省调查费用又能达到调查目的。

7. 落实调查人员、经费和工作量安排

调查方案要计算调查人员、经费的数量，并落实其出处，这是调查得以顺利进行的基础和条件，也是设计调查方案时不容忽视的内容。其中，调查的经费项目一般包括印刷费、方案设计费、问卷设计费、抽样设计费、差旅费、邮寄费、访问员劳务费、受调查者礼品礼金、统计处理费、报告撰写制作费、电话费、服务费、杂费和税收等。此外，还应对调查人员的工作量进行合理安排，使调查工作有条不紊地进行。在核算这些内容时，必须从节省的角度出发，但也应注意留有一定的余地。

8. 组建调查队伍

实施调查方案必须有一支训练有素，具有职业精神、专业知识、沟通能力和操作技能的调查队伍。为此，必须做好调查人员的选择、培训和组织工作。需要注意的是，调查一般是由若干人员组成的调查队伍来完成的，所以，在考虑调查人员个人素质的同时，还要特别注意调查队伍的整体结构。要从职能结构、知识结构、能力结构以及年龄、性别结构等方面对调查队伍进行合理安排，使之成为一支精干的，能顺利、高效地完成调查各阶段任务的队伍。

除了上述八个项目的预选规划外，如果进行的是定量的广告调查，还需要建立研究假设（hypothesis）。假设可以为研究的下一步工作铺路，指出研究的重点与方向，作为搜集资料的基准，对分析资料的结果提供衡量与评估的标准。广告调查的假设可分为两类：一种是描述性假设。例如，阅读率调查、视听率调查；另一种为相关性或解析性的假设。例如，假设彩色电视广告比黑白广告对消费者的购买行为更有影响力；或《经济日报》同一版的广告，右上角位置的广告比左上角位置的广告受到更多读者的注意，等等。

（三）搜集资料数据

这个阶段是调查的主体部分，这个阶段的主要任务是具体贯彻调查设计中所确定的思路和策略，按照调查设计中所确定的方式、方法和技术进行资料数据的搜集工作。在这个阶段，调查者往往要深入实地，与调查对象面对面地接触。资料搜集工作中所投入的人力也最多，遇到的实际问题也最多，因此，需要很好地组织和管理。另外需要注意的是，由于广告及市场的复杂性或者现实条件的变化，研究者事先考虑的调查设计往往会在某些方面与现实存在一定的距离或偏差，这就需要研究者根据实际情况进行修正和弥补，发挥研究者的灵活性和主动性。在广告调查中所采取的资料搜集方式有调查法、实验法、文献法、焦点小组法等，具体内容在前文中已经详细介绍。

（四）资料的处理与分析

搜集完资料后还需将所获得的资料加以整理、分析和阐释，看它是否和原来的假设相符合。如果相符合，则原来的假设成立，成为最后的结论。如果所获结论与原来的假设不符合，则假设不能成立。研究者在撰写报告时也必须照实报道，不得虚构。资料的处理与分析包括资料的整理、资料的分析和资料的阐释。

① 资料的整理属于技术性的工作，包括分类、编号、计数列表等。

② 资料的分析是要指出资料所显示的意义，特别需要应用统计学的方法。广告调查中应用最广的是百分率的计算、频数分析、相关系数等。

③ 资料的阐释是要说明研究的结果与已有的知识之间的关系，是增加了新的知识还是否定了以往的想法，必须根据理论来说明事实。

（五）结果的解释与提交调查报告

根据不同阶段的调查、汇总分析，对整个广告活动过程的效果进行总体评价，写出报告。调查报告是一种以文字和图表将整个工作所得到的结果系统地、集中地、规范地反映出来的形式。它是广告调查结果的集中体现，而撰写调查报告也可以说是对整个广告调查工作进行全面总结。报告内容通常包括调查题目、目的、过程与方法、结果统计分析、调查结论与可行性建议及附录。

第二节　广告策划

一、广告策划的含义及特征

（一）广告策划的含义

广告策划思想并不是与广告活动同时产生的，它是商品经济高速发展的必然，是现代广告活动规范化、科学化的主要标志。

20世纪60年代，英国伦敦波利特广告公司创始人斯坦利·波利特首次提出了"广告策划"这一新思想，并得到了英国广告界的认同。目前，广告策划思想已受到国际广告界的高度重视，并且在世界各地迅速掀起了一股广告策划的热潮。

关于广告策划的概念，有宏观和微观之分。宏观广告策划又叫整体广告策划，它是对在同一广告目标统摄下的一系列广告活动的系统性预测和决策，即对包括市场调查、广告目标确定、广告定位、战略战术确定、经费预算、效果评估在内的所有运作环节进行总体决策。微观广告策划又叫单项广告策划，即单独地对一个或几个广告的运作全过程进行的策划。

随着市场经济的发展，广告竞争越来越激烈，过去那种单一、分散零乱的广告宣传日渐显得苍白无力，现代企业极需要"用一种声音"系统地、全方位地展示企业的风采和个性，强化消费者对企业及其产品的印象，因此，整体广告策划将日渐受到广告主们的重视。

无论是整体的还是单项的广告策划都是一项极其复杂的综合性系统工程，都是在充分深入调查基础上，结合市场、企业、产品、消费者和媒介状况创造出来的智力成果。

一个完整的广告策划，基本上都包括策划者、策划对象、策划依据、策划方案和策划效果评估五大要素。

1. 策划者

策划者即广告作者，是广告策划活动的中枢和神经，在广告策划过程中起着"智囊"的作用。广告策划者必须知识广博，思维敏捷，想象力丰富，并且深晓市场，谙熟营销，具有创新精神。广告大师詹姆斯·韦伯·扬在《怎样成为广告人》一书中说："广告策划者的特质包括拨动知觉和心弦、训练有素的直觉和最正常的常识——像冒险者一样具备创意的商业想象力。"策划者的素质直接影响着广告策划成果的质量水平。

2. 策划对象

策划对象是指广告主或所要宣传的商品或服务。策划对象决定着广告策划的类型，以广告主为对象的广告策划属于企业形象广告策划，以某一商品或服务为对象的广告策划为商品销售广告策划。

3. 策划依据

策划依据是指策划者必须拥有的信息和知识，一般包括两大部分：其一是策划者的知识结构和信息储存量，这是进行科学策划的基本依据；其二是有关策划对象的专业信息，比如企业现状、产品特性、市场状况、广告投入等，这些信息是进行策划活动的重要依据。

4. 策划方案

策划方案是策划者为实现策划目标，针对策划对象而设计的一套策略、方法和步骤。策划方案必须具有指导性、创造性、可行性、操作性和针对性。

5. 策划效果评估

策划效果评估是对实施策划方案可能产生的效果进行预先的判断和评估，据此可以评判广告策划活动的成功与失败。

广告策划的五大要素相互影响、相互制约，构成一个完整、系统的有机体系。

（二）广告策划的特征

广告策划具有目标性、系统性、思维性、智谋性、操作性、变异性、超前性等特征。

1. 目标性

目标性是指进行广告策划时，应首先明确广告活动应达到什么目的，是为了扩大影响，提高知名度，创造名牌企业，追求社会效益，还是为了配合营销策略，抢占市场或促进产品销售，追求经济效益。一般来说，整体广告策划是以追求经济效益和社会效益相统一为目标的广告活动。广告策划目标的明确性是保证广告策划顺利进行的关键所在，也是制定广告策划的基本依据。

2. 系统性

从理论角度看，策划是一门系统科学；从实践角度看，策划是一项系统工程。系统性是策划区别于点子、谋略的一个重要标志。策划人王志纲有一个形象的比喻来形容策划的系统性，他认为，策划像中医而不像西医，西医是头痛医头、脚痛医脚，而中医则是把人当成一个网络系统来考虑，望闻问切，把握整体根本所在，辩证施治，通过运用平衡阴阳、疏通经络、祛邪扶正、调和气血等方式从根本上解除病情。

系统性是广告策划工作的哲学基础，它要求在广告策划活动中要整体把握，系统运作，即对策划对象的一切有形的、无形的资源进行梳理、整合，最终构成一个整体性的系统方案、系统工程。

3. 思维性

广告策划的关键是"用策"，而用策就离不开思维，尤其是创造性思维。从根本上讲，策划是一种创造思维学、一种整合思维学。策划是用辩证的、动态的、发散的思维来整合策划对象的各类有形资源和无形资源，使其达到最大效益的一门科学，思维性是策划的本质属性。

人类的身体就像一根脆弱的芦苇，腿脚不如鹿，爪牙不如虎，然而，人类却成为世间万物的主宰，其原因就在于，人是能够思维的动物。思维使人类产生无穷无尽的创造力。思维的创造力来源于思维的超越性，思维能够超越具体的时间、空间和客观事物，从而产生千变万化的创意。比如，回忆过去是对时间的超越，"身在曹营心在汉"是对空间的超越，"看山不是山，看水不是水"是对具体对象的超越。正是这种超越性使思维成为一切创意的源泉，使思维成为一切策划的起点。

4. 智谋性

广告策划活动是一项运用智谋进行创造性思维的理性活动，是策划者足智多谋的行为过程，也是应用创造学、思维学理论开发创造力的过程。在策划活动的全过程中，智谋既是逻辑起点，又贯穿于策划行为过程的始终。大凡高明的策划方案都是由智谋高超的奇招妙法所组成，缺乏智谋性就不能称之为策划，充其量是一份计划或规划。

智谋性是策划的核心特征，它要求策划人具有个人智慧的高智性和集体智慧的密集性。个人智慧的高智性是指策划者必须具有良好的记忆力、敏锐的洞察力、丰富的想象力、灵活的思维力、高度的抽象力和娴熟的操作力，即具有构成高智的各种能力，能够发现新问题，提出新观念、新设想，能够创造性地解决问题。集体智慧的密集性是指策划人员的组合要是高智的组合，并且能够优势互补，协同作战。

5. 操作性

广告策划是一门实践的科学，一门经世致用的科学，而不是坐而论道的理论。不具有可操作性的策划方案，不管是多么新颖独特、充满新意，都只能是异想天开的胡思乱想。

操作性表现在策划方案上，首先要能够解决现实中的许多难题，能够提出一套行之有效的策划思路，而且要尽量考虑怎样获得现实的操作程序，有效地组合起各类操作人员，以达到最理想的效果。

6. 变异性

广告策划的变异性主要是指广告战术策划的变异性。虽然说战略策划必须具有相对的稳定性才能保证在策划期限内策划活动方向的正确性和目标的明确性，但是，战术策划则必须具有非常强烈的适应性，具有一定的弹性和灵活性。

《孙子兵法》中说"兵无常势，水无常形，能因敌变化而取胜者，谓之神"，即是指战术上的灵活性、变通性。西班牙作家塞万提斯说得更为风趣："被子有多长，脚就伸多远。"意思是要根据具体情况灵活应用。在市场经济条件下，变化是唯一不变的法则。因此，一个成功的策划也必须是一个依据市场变化而变化的策划，而不可能是一个永恒不变的策划。

7. 超前性

广告策划是对组织生存和发展的一种前瞻性的运筹谋划，是一项"未雨绸缪"的智力活动，因此，广告策划具有超前性的特征。"自古不谋万世者，不足谋一时；不谋全局者，不足谋一域"，意思是说，自古以来不考虑长远利益的，就不能策划好当前问题；不考虑全局利益，就不能策划好局部的问题。远谋才有好韬略,策划者应有把握全局、深谋远虑的前瞻性头脑,能立足现实、着眼未来,培养未来意识和超越意识。既要站在系统的、战略的高度,用系统的、战略的眼光来认识和把握策划对象的发展趋势,又要站在时代前列,紧紧把握时代脉搏,用当代全新的观念、全新的思维来审时度势、运筹帷幄,以保证策划水平和实践结果达到"两最化",即利益和效益最大,弊失最小;可能性和可靠性最大,风险最小。

(三)广告策划的作用

广告策划的重要作用具体表现在以下四个方面。

1. 保证广告活动的计划性

最初的广告只是一种临时性的促销工具,广告活动比较分散、零乱,缺乏系统、长远的规划。随着广告活动的日渐增多,广告活动的范围、规模和经费投入日渐扩大,所使用的工具、手段也日渐复杂。广告不再是简单地购买一个播放时间或刊登版面的机械劳动,而发展成为一个极为复杂的系统工程。因此,现代意义上的广告活动必须具有高度的计划性,必须预先设计好广告资金的数额和分配、广告推出时机、广告媒体的选择与搭配、广告口号的设计与使用、广告推出方式的选择,等等,而这一切都必须通过策划来保证和实现。通过科学的策划,一是可以选择和确定广告目标和诉求对象,使整个活动目的明确、对象具体,防止出现盲目性;二是可以有比较地选择广告媒体和最有效的推出方式;三是可以有计划地安排广告活动的进程和次序,合理地分配和使用广告经费,争取最好的广告效益。总之,通过广告策划可以保证广告活动自始至终都有条不紊地进行。

2. 保证广告工作的连续性

促进产品的销售,塑造名牌产业和名牌产品形象是广告的根本目的。而要达到这一目的,并非一朝一夕之事,仅仅通过一两次广告活动是不能解决问题的,必须通过长期不懈的努力和持之以恒的追求,通过逐步累积广告效果才能实现广告的最终目标。

过去,广告主的广告活动往往是"临时抱佛脚"。当产品滞销、市场疲软或竞争激烈时便向市场投放"广告"这颗炸弹,一旦打开市场,呈俏销之势,便偃旗息鼓,坐享渔利。这样的广告活动由于缺乏精心筹划,很难保持广告活动的连续性,也很难累积广告效果。而通过广告策划既可以总结和评价以前的广告活动,保证广告活动不间断、有计划、有步骤地推出,又可以在此基础上,设计出形式新颖独特、内容与主题又能与以前的广告活动保持有机联系的广告活动方案,从而在各个方面确保前后广告活动在效果上的一致性和连续性。

3. 保证广告活动的创造性

创造性地开展广告活动,使每一次广告活动都能像子弹一样击中消费者,使之采取相应的购买行为。可以说,这是每一个广告活动所追求的目标。广告人员的创造性是保证达成此目标的关键所在。通过广告策划,可以把各个层次、各个领域的创意高手聚集起来,利用集体的智慧,集思广益、取长补短、激发创意,从而保证广告活动的各个环节都充满创意。

4. 保证广告活动的最佳效果

韩非子说:"凡功者,其入多,其出少,乃可谓功。今大费无罪而少得为功,则人臣出大费而成小功,小功成而主亦有害。"(《韩非子·南面》)这段话是告诉我们,干任何事情都要讲求效益,追求最佳效果。广告策划更不例外。因为市场竞争最重要的原则就是效益第一,广告主投资广告最直接的目的就是追求广告效果。欲达此目的,必须经过系统周密的广告策划。

广告策划，可以使广告活动自发地沿着一条最简捷、最顺利、最迅速的途径运动，可以自发地使广告内容的特性表现得最强烈、最鲜明、最突出，也可以自发地使广告功能发挥得最充分、最完全、最彻底，从而降低成本、减少损耗、节约广告费用，形成广告规模效应和累积效应，确保以最少的投入获得最大的经济效益和社会效益、近期效益和长远效益。

总之，追求技术参数上的最优化程度，保证最佳效益是广告策划的重要作用。

二、广告策划的一般程序

现代广告是集谋略与科学程序于一体的艺术。广告策划人员需在科学的策划谋略和策划意识指导下，严格地按照现代广告操作的基本程序，遵循确定的工作方法和步骤进行策划运作，才能使广告策划顺利进行和保证广告策划成功。

一个完整的广告策划周期由数个不同阶段组成，不同阶段策划工作对象、内容、目标均有所不同。根据这些不同对广告策划运作过程加以把握，有助于抓住中心、突出重点，明确各个阶段不同方面的特殊性，保证策划工作按部就班有节奏地进行。通常情况下，一个规范性的策划运作可分为建立团队和整体安排、市场分析、战略规划、计划制订、文本编写、实施与总结六个阶段。

（一）建立团队和整体安排

广告策划工作需要集合各方面的人士进行集体决策，因此，首先要成立一个广告策划小组，具体负责广告策划工作。一般而言，策划小组应由以下几种人组成。

（1）业务主管　业务主管又叫AE人才。一般是由总经理、副总经理或业务部经理、创作总监、策划部经理等人担任。在广告公司里，业务主管具有特殊的地位，他是沟通广告公司和广告主的中介：一方面，他代表广告公司与广告主洽谈广告业务；另一方面，他又代表广告主监督广告公司一切活动的开展。业务主管水平是衡量一个广告公司策划能力的重要标志之一。

（2）策划人员　一般由策划部的正副主管和业务骨干来担任，主要负责编拟广告计划。

（3）文稿撰写人员　专门负责撰写各种广告文稿，包括广告正文、标题、新闻稿，甚至产品说明书等。文稿撰写人员应该能够精确地领悟策划小组的集体意图，具有很强的文字表达能力。

（4）美术设计人员　专门负责进行各种视觉形象的设计。除了广播广告外，任何一类广告都需要美术设计。因此，美术设计人员是策划小组很重要的组成部分。他们必须具有很强的领悟能力和将策划意图转化为文字和画面的能力。

（5）市场调查人员　能进行各种复杂的市场行情调查，并能写出精辟的市场调查报告。

（6）媒体联络人员　要求媒体联络人员熟悉各种媒体的优势、缺陷、刊播价格，并且与媒体有良好的关系，能够按照广告战略部署，争取到所需要的广告版面或播出时间。

（7）公关人员　能够为广告公司创造融洽、和谐的公众关系氛围，获得有关方面的支持和帮助。同时，能够从公关角度提供建议。

在这个广告策划小组中，业务主管、策划人员和美术设计人员三者是策划小组的中坚力量。经过广告策划小组的初步协商，按照广告主的要求初步向市场调查部、媒体部、策划部、设计制作部等有关部门下达任务，设定各项时间进程。这是对策划前期工作的落实。

（二）市场分析阶段

（1）市场调查、搜集信息和相关资料　立足于与消费者的良好沟通，有选择地吸取营销调查的相关成果。

（2）研究与分析相关资料数据　对全部市场调查资料归纳、总结与分析，要求能够描述现状、揭示趋势，为进一步制定策略提供依据。这个阶段的有效工作有助于确立广告的目标、受众、诉求、表现及实施策略。

（三）战略规划阶段

战略规划阶段是整个广告策划的核心运作阶段，也是广告策划的主体。

市场分析阶段集中并总结归纳了前期调查分析的成果，对调查研究结果做出决定性选择。但对于同样一个调查研究数据，往往会有不同的或相反的策略判断，也可以说，仅有调查分析数据并不能保证策略正确、广告成功，还需进行战略规划。

战略规划就是以策划创意人员为中心，结合相关人员对广告目标加以分析，根据目标市场策略确定广告的定位策略和诉求策略，并进而发展出广告的创意和表现策略；根据产品、市场及广告特征提出合理的媒介组合策略、促销组合策略等。

这个时期的规划还涉及广告机会的选择、广告计划的制定以及有关广告预算和策划报告的写作。

（四）计划制定阶段

计划制定是把战略规划用具体系统的形式加以规范化，把此前属于策略性、思想性的各种意向，以一种详细的展露和限定形式加以确定，以保证策略的实施。制订计划首先是确定广告运作的时间和空间范围，还要求对媒介的选择和运用作出限定，包括怎样的媒介组合比较合理，如何安排媒介才有可能达到合理有效地发挥作用，广告的频率如何，用多少预算经费才能支持这样的频率，等等。

在一个完整的广告策划中，计划的制订，使得策略具备了可操作性，有了落实的条件。一个好的计划不仅能保证策略的执行，也可完善和补充策略的某些欠缺和不足。

（五）文本编写阶段

① 编制广告策划文本，即策划书。把全部市场研究结果和策略及操作战术用文本形式加以规范表达，便于客户认知及对策划结果予以检核和调整。

② 与客户进一步沟通，并对策划阐释说明，最后就广告策划方案达成一致意见。

广告策划书不仅是策划成果的集中体现，也是策划人员向客户说明并争取广告业务的文本依据，因而必须经过多重修改审定之后才能完成。广告策划书的写作有自己既定的程式，它是广告策划各个阶段工作的系统整合。

（六）实施与总结阶段

（1）计划实施与监控　该阶段包括组织人员进行创作、设计和媒介发布，并对整个过程进行监控和必要的调节。

（2）评估与总结　在广告策划整体运作完毕之后，按照既定目标对广告活动结果加以评估，并对整个工作予以总结。

广告策划是一种创造性工作，在内容、运作程序、方法、文本等许多方面均给人们一种程序化的特征。但是，这些程序环节的划分是相对的，在实际工作中应该灵活掌握，以便提高广告策划活动的艺术性。

三、广告策划的主要内容

策划广告作品、宣传活动涉及的主要内容包括：开展调查分析，进行目标决策，制订广告定位策略、媒介策略和广告诉求策略，创造广告意境，创作宣传文案，确定广告表现策略，制订广告预算方案，撰写广告项目策划书。当然，这些程序环节的划分是相对的，在实际工作中应该灵活掌握，以便提高广告策划活动的艺术性。

1. 确定广告目标

广告目标是指广告活动要达到的目的。广告策划的首要任务，就是明确广告传播活动将要实现的目标。广告目标规定广告活动的方向，其他广告活动如媒体的选择、表现方式的确定，广告应突出哪些信息内容，都要围绕广告目标来考虑。广告目标也是衡量广告传播效果的一个重要依据。

（1）广告目标的类型

由于企业任务不同，其具体的目标也不同。企业广告目标可归纳为下列三种类型。

① 创牌广告目标。以创牌为目标的广告一般属于开拓性广告，其目的在于开发新产品和开拓新市场。通过对产品的详尽宣传介绍，提高广大消费者对产品的认知程度，重点在于提高消费者对新产品的认知度、理解度和厂牌、商标的记忆度。

② 保牌广告目标。以保牌为目标的广告是为了保住已经有影响的品牌在市场上的地位，属于守成性广告。目的是巩固已有的市场阵地，并深入开发潜在市场。这类广告活动主要通过连续广告的形式，加深对已有商品的认识，使现实消费者形成习惯与偏爱，潜在消费者产生兴趣与欲望。诉求重点在于保持消费者对企业或产品的好感、偏爱和信任。

③ 竞争广告目标。以竞争为目标的广告一般属于争夺性广告，其广告活动一般属于争夺性广告活动，目的在于争夺市场、争夺消费者。诉求重点是本产品的独特之处，使消费者认知本产品给他们带来的利益，以增强偏爱，巩固已形成的消费习惯。

（2）确定广告目标的影响因素

企业确定恰当的广告目标，需要考虑以下几方面的因素。

① 企业所面临的市场机会。在对广告环境进行分析的基础上，进一步把握企业可能获取的市场机会。企业面对这个市场将要采取什么措施，实现何种目标。广告目标要依据企业目标和营销目标来确定。

② 目标消费者进入市场的程度。目标消费群体的一般消费行为、购买习惯、消费方式，对本产品以及同类产品的认识程度处于何种状况，是以保持现实消费者为主，还是重点在于开发潜在消费者等，也是需要考虑的方面。

③ 产品的生命周期。每一种产品或劳务都有一定的生命周期，产品处于不同的生命周期，采取的广告目标往往有所不同。如引入期往往采取创牌广告目标，成熟期则以保牌广告目标为宜。

④ 广告效果指标。广告传播将要达到的效果，有一个指标体系。一般从产品销售情况、消费者消费行为和沟通效果三方面进行衡量。广告效果与广告目标有着密切的关系，广告目标可根据广告效果指标来设定，而后再针对广告目标来测定广告效果。

（3）广告目标的确定

企业确定恰当的广告目标，需要注意以下几个问题：

① 符合企业总体目标。广告活动是企业整体营销活动中的一项具体工作，必须在营销目标的指导下制定广告目标，并且要符合企业整体营销的要求，但不能违背企业的整体利益。

② 切实可行、有可操作性。广告目标是广告整体活动的核心目标，应具体明确。所提出的目标，应与企业和市场的实际相吻合，不可盲目和理想化。设定的广告目标要具有可操作性，能够被测量。如具体规定广告的收视率、阅读率、知名率、记忆率、理解率、喜爱率等。在一个广告活动中，一般只能确定一个或两个具体的目标。

③ 与营销部门协调配合。广告目标能否实现，还需要企业其他部门特别是营销部门的协调配合、理解和支持。同时，广告目标还要与各项具体广告活动的子目标相一致，只有通过各个子目标的实现，才能达到总的广告目标。

④ 即效性和迟效性的统一。广告发挥着促销的作用，但并不具备直接销售商品的功能。也就是说，广告在开始的一段时间内，效果并不明显。在确定广告目标时，必须考虑到这些因素，克服一蹴而就、急于求成的心理。

2. 确定广告目标受众

在确定广告目标市场之后，还要进一步了解目标市场的消费者的基本情况、消费心理、性质需求、消费行为等，为确定广告传播的内容、采取相应策略提供依据。

（1）广告目标市场以企业目标市场为根据

广告目标市场要以企业目标市场为基础，为企业目标市场服务。要能根据市场的变化和产品生命周期的不同阶段，及时加以调整。

（2）广告目标市场以消费者需求为依据

从需求分布上看，消费者的需求具有多样性。即使是同一类产品，也可能因质料、款式、价格、档次、规格、包装等不同，以及消费者自身基本情况，如职业、收入状况、性别、年龄、喜好等的差别，而存在着需求上的差异。通过市场分割，可以明确某些消费者的需求状况，确定消费市场。

从地域分布上看，消费者分散在多个地区，而企业产品却往往只能销售到其中的若干个地区。从地域上对市场进行切割，就可以明确企业的目标市场已经或可能分布在哪些地区。

3. 提炼广告主题

广告主题，即广告主题策略。广告主题是广告的中心思想，是广告的灵魂，是广告为达到某项目的所要说明和所要传播的最基本的观念。它统率广告作品的创意、文案、形象、衬托等要素。它像一根红线贯穿于广告之中，使广告各要素组合为一个完整的广告作品。

对广告主题进行构思、提炼，要以广告的宏观环境分析为基础，还要分析研究企业的内部经营环境。

在把握了商品和企业的特点后，即根据商品的直接效用、展开效用和附加特性，根据企业形象，运用定位的方法，构想、提炼出广告主题。

4. 制订广告战略

广告战略是指按广告目标的要求，确定广告活动的方式方法，包括广告表现策略和广告媒体策略。

（1）广告表现策略

广告表现策略要通过广告创作来实现。广告创作主要包括广告主题的确定、表现形式的采用、文稿的撰写、图像的绘制、画面的摄制等多方面的内容。

① 广告表现的过程。广告表现大体上可分为四个过程：一是资料的收集整理阶段，二是设计决策阶段，三是构思创作阶段，四是实际制作阶段。前两个阶段为广告创作的准备阶段，后两个阶段为广告创作的实施阶段。

② 广告表现的方式。广告表现方式千差万别，分类方法也各式各样。人们通常把广告表现方式分成三类：商品信息型、生活信息型、附加价值型。

③ 广告表现的要求和原则。广告表现的内容必须真实、准确、公正，不能虚夸、欺骗，要公平竞争；广告表现的形式应做到新颖、恰当、简洁、吸引人。广告表现是一种创造性活动，需要借助于文学、绘画、舞蹈、电影、电视等多种表现手段和方法。广告表现是市场营销、广告整体策划的一部分，必须依从于广告的整体策略和广告创意；广告表现手法要顺应时代特色和人文特征；要有益于社会生活、符合公共利益。

制定正确的广告表现策略，对于保证广告作品能够符合广告策划的总体要求有着重要的意义。在广告策划时，企业决策部门和广告部门也应该对广告创作提出原则性的要求和建议。

（2）广告媒体策略

广告媒体策略主要包括选择媒体、确定广告发布日程和方式等。

① 选择媒体。媒体选择实际上是在尽可能有效接触目标受众和广告费用许可这两个条件的约束下进行的。需要考虑各种广告媒体的传播特点、广告商品的特性、消费者接触媒体的方式和习惯、广告目标的要求、市场竞争的状况、广告费用的支出等各种因素。在此基础上，按一定步骤对媒体进行选择。先提出媒体选择的目标，然后确定媒体类型；在选定的媒体类型中，再选定具体的媒体；接着确定在媒体上发布广告的方式以及进行媒体组合；最后提请广告主审定媒体选择方案。

② 确定发布日程和方式。实施广告媒体战略，还要考虑和确定如何使用已经选择的媒介，主要包括广告在什么时间发布，持续多长时间，在不同媒体上的发布方式，以及时段选择、空间布局等。

5. 编制广告预算

广告预算是企业投入广告活动的费用计划。通过广告预算，主要为了更有计划地使用广告经费，减少浪费，使广告更有效率。正确编制广告预算，是广告策划的重要内容之一，是企业广告得以顺利开展的保证。

（1）广告预算的程序

广告预算是由一系列预测、规划、计算、协调等工作组成，大致经过以下五个程序。

① 进行广告预算调查。收集有关商品销售额、企业广告营销计划、流通及竞争等方面的数据与材料，做好预算前的准备工作。

② 确定广告费的预算规模。提出预算规模的计算方法和理由，尽可能地争取较充裕的广告经费。

③ 广告预算的分配。先从时间上确定整年度中广告经费总的分配方法，按季度、月份将广告费用中的固定开支分配下去，然后再将由时间分配大致确定的广告费用分配到不同产品、不同地区、不同媒体上。

④ 制定广告费用的控制与评价标准。确定机动经费的投入条件、时机、效果评价方法。除广告费的固定开支外，还需要提留一部分作为机动开支，对这部分费用也要作出预算。

⑤ 完成广告预算书并得到各方面的认可。

（2）广告预算的方法

确定广告预算经费的方法主要有：目标达成法；销售额比例法；总额包干法；项目费用汇总法；比较定额法；产值抽成法；利润抽成法；支出余额法；销售单位法；任意增减法等。

（3）广告预算的分配

广告预算的分配方式主要包括：

① 按广告费项目分配。按照广告费项目类别的不同进行分配，主要有广告媒体购入费、广告制作费、一般管理费、调查费等。一般来说，广告费总额的80%～85%用于购买媒体，5%～15%用于广告制作，5%左右用于调研，2%～7%用于广告的管理协调。

② 按广告媒体分配。在确定购买媒体的费用后，根据目标市场的具体情况，先确定地方性媒体和全国性媒体的投放比例，再确定媒体的类别，做好媒体计划，最后将费用分配到具体的媒体，如报纸、杂志、广播、电视、交通广告、户外广告等。

③ 按广告地域分配。根据广告活动实施的地域不同，将广告分配到各个地域。

④ 按广告时期分配。根据广告计划的长短，将广告费按月或按季度进行分配。

⑤ 按广告商品分配。按照企业计划进行广告宣传的各种商品的不同，根据需要把广告费按商品种类进行具体分配。

6. 广告效果测定

通过测定广告效果，可以对当前的广告活动作出评价，从而为修正广告计划和改进广告设计提供科学的依据，以争取更好的广告效益。广告策划必须提出测定广告效果的具体要求和方法。

第三节　广告投放

信息时代的媒体环境在急剧地变化，媒体种类和数量变得越来越繁多，这固然为广告传播者提供了多样化的传播渠道，但实现广告传播所期望的高投资回报目标，不免将面临一定的挑战。完善的战略规划与杰出的广告创意，如果缺乏理想的媒体选择及组合，广告传播的效果势必会大打折扣。这就需要了解影响具体媒体选择的因素以及对所选媒体进行优化组合的标准和要求。

好的媒体策略要靠全面、科学的实施，严谨、有力的执行来实现。媒体策略的实施从选择媒体开始。严格遵循媒体策略的要求，认真选择符合媒体策略要求的各种媒介，才能高效地将广告信息传递给最适当的对象，达到广告策划的预期的效果。本节将就具体媒体的选择、如何进行媒体优化组合以及媒体创意等问题予以介绍和展开探讨。

一、广告媒体的选择

（一）媒体选择的内容和要求

在广告媒体策划中我们可以使用大量各种各样的媒体，但我们又不能同时使用所有的媒体，预算到底允许我们做多少广告？这是一个不能不考虑的问题。这就存在一个必须认真选择媒体的问题。通常而言，这个选择包含如下四个问题。

① 选择哪一种或哪几种类型的媒体。选择报纸、杂志、电视、路牌，或只选择电视和报纸，或全都需要。

② 选择哪一家或哪几家特定媒体。如，选择哪一家或哪几家报纸、电台，哪一块或哪几块路牌等。

③ 选择某一具体媒体的某一特定的时间或空间。如，确定选择某一报纸的某一版位，某一电

视频道的某一时段等。

④ 选择在某一媒体刊播广告的频率和发布量。如，印发多少数量的海报，广告重复发布的总次数，在哪段时间内以何种频率出现等。

媒介选择的有效性，具体表现为几个关键指标：

① 信息清晰度。沟通渠道媒介必须能最清晰地传达出信息。

② 覆盖宽度。沟通渠道媒介必须以最低成本与尽可能多的目标对象沟通。

③ 信息强度。沟通渠道媒介必须能满足传播强度需要。

（二）影响媒体选择的主要因素

媒体选择指的是开展广告活动前对媒体的挑选。媒体选择既要符合产品的特性，又要针对产品不同发展阶段的特点，不仅要从媒体本身的功能进行考虑，更要适合营销策略的需要。以下主要分析影响媒体选择的几个要素。

1. 广告预算

如果广告预算是无限的，许多公司而不仅仅是大公司就会每天做广告。因此，正是因为广告预算的有限，所以，必须在较短的排期内做强度更大的广告。

那么，决定广告预算问题的关键又是什么呢？是以地区为单位的消费者购买力。我们说购买力是有差别的，对于差别的掌握，是依照媒体与它的受众的分布关系加以运作的。比如上海地区的个人平均购买力，就比贵州地区的个人平均购买力强。因而，在购买力强的地区，广告预算的投入也就会比购买力低的地区大得多。不过，还有一点值得考虑，同一企业的商品，在有的地区很畅销，在有的地区则根本没有办法推出去。问题可能在于该商品的销售网不够完善，或是销售网尚未建立。比如某一时期雕牌洗衣粉，在广东湛江地区的销售网就没有建立起来，使得该地区的洗衣粉市场一直被立白、奥妙、汰渍等占领。相反，在浙江、江西一带，雕牌销售网则做得比较好。因而，对于广告能使销售网得以加强的地区，一定量的广告预算投入是必要的，而对于销售网都还未能建立的地区来说，除非有了要开拓这一地区的战略规划，否则还是以不投入预算为好。如果产品在某个地区打广告，结果顾客却无法买到该产品，这种广告预算是白白浪费了。

此外，电视的广告预算是巨大的，而报纸广告费用则相对低廉。如果企业财力、物力充足，不妨以电视广告为主；若是小企业，则因受资金所限，采取印刷广告或许会更好些。日本曾在经济萧条时流行过纸巾广告。到过日本的人可能会有这样的经历：走在大街小巷，常常会有年轻的男女一边说"请多关照"，一边向行人分发广告、样品，或是优惠券，而其中最多的则是一小包装着广告的纸巾。这种广告成本低，倘若大量批发（如1亿个），一包的单价只有6～7日元，与动辄数百万、数千万的电视广告费相比，无疑是省钱又见效的。

2. 目标对象

一般来说，目标对象指的是商品的需求群体。此外还有一种理解是商品的目标市场的人群构成。前者所指的是需求已被明确化了的消费者群，如维持生存的物质性需求所构成的层群。而后者甚至包括只存在于潜意识状态之中，往往表现为某种精神性的需求的人群，因此，这部分人群的分类是不明显的。但无论是哪一种目标对象，总体来看，他们是一个群体。其中依性别、年龄、职业、收入、信仰、地域等又可分为许多类型。媒体形式的选择一定要适应对象的特点，否则事倍功半，甚至功败垂成。如果某一产品的目标对象的地区跨度不大，年龄跨度和职业跨度也不大，一味选用综合性的、大众性的、全国性的媒体开展宣传，当然会有一定的效果，却不一定是最佳的方案，因为它并没有紧扣对象的特点。另外，还应契合公众的心理。比如街头散发广告宣传品这种形式，并非不可，但是，往往不分男女老幼和具体消费对象胡乱发放，以致于"健乳宝"送给花甲老翁，"治斑秃"却塞给长发小姐，令人啼笑皆非。

3. 媒体特性

媒体特性是影响媒体选择的一个最重要的因素。各大媒体的特性在前面章节已有详述，在这里我们要重点介绍的是如何依据媒体特性来选择媒体。

（1）理性诉求和感性诉求

广告确定了以理性诉求为主，还是以感性诉求为主，这在很大程度上决定了应选择什么样类型的媒体。自古以来，报纸、杂志等印刷媒体的特性是偏向理性的，这类媒体在形成和引导社会舆论方面具有不可磨灭的作用。印刷媒体传递信息的能力最强，读者可以自己掌握阅读速度，决定在任何方便的时候阅读，而且内容能被主动地吸收。广告主可以在印刷广告上放入复杂的、详细的、大量的信息。因此，印刷媒体比电波或户外媒体更易于传递信息。而广播、电视等电波媒体的特性是偏向感性的，它们与印刷媒体相比，理性诉求上并不具有优势，但在感性诉求方面则更胜一筹，能发挥更大的作用。我们只要对电视广告稍加分析就不难发现，电视更多的是通过动感的视觉形象来调动人的触觉，甚至味觉，是通过声音、画面、色彩和所有这些因素构成的感觉来对受众形成影响的。电视特别擅长通过画面和声音刻画复杂的人物，因而是传递情感最理想的媒体。但由于电视传播的强制性，以及更偏向于感性诉求，使得电视在理性说服的深度上存在着较明显的局限。总之，电波媒体特别是电视，能比印刷媒体传递更多的情感信息，做更有效的产品展示，而印刷媒体在传递理性信息方面则比电波媒体更有效。

（2）覆盖面

广播和电视具有很大的覆盖面，可以不受区域和国界的影响。自从问世以来，广泛性就一直受到公认，这一点对于我们这样一个大国来说显得尤其突出和重要。

电视可以服务于数目庞大的大众用户，这种倾向在某些节目中表现得特别明显，如奥运会、世界杯足球赛、奥斯卡颁奖典礼等，全世界有数千万的观众同时收看这些节目。因而电视是那些超越地理、超越种族界限的产品做广告的最佳媒体。像百事可乐、可口可乐、麦当劳、耐克，往往在主要的国际性体育赛事上投入大量广告。

相对而言，杂志的读者在地理上更分散，但在人口特征的分布上更集中。其原因在于：杂志的读者往往分布于全国各地，但杂志的特定内容能吸引，并形成特定的读者群体。比如说《消费者指南》《时尚》，就如其名字所述的，有非常独特的读者群。由于电视覆盖范围广泛的受众，每个广告的费用相对比其他媒体更高，因此，像野餐烧烤架之类的购买群体不大，产品更新不快的产品，做电视广告不太有效，而选择一些特定的报纸或杂志做广告，对于这些品牌或类别的产品会更合算。

（3）速效性

速效性是指媒体需要多久才能将信息传递给客户。各种大众媒体的传递速度明显不同。广播的速效性历来是四大媒体之最，无论在节目制作的简便和低成本，还是在抵御各种不利自然条件的能力上，都是其他媒体无法相比的。电视能在每时每刻把信息传递给受众，相比而言，期刊杂志则只有在发行日才能把信息传递给受众，因而，杂志广告的传播速度比电视慢。不过，还有一点就是媒体广告制作所需的时间。从这一点来看，电视又可能是最慢的（因为拍摄电视广告要花很长的时间），而广播广告可能是最快的，然后依次是报纸、杂志和路牌广告。

因此，如果广告目标是为了快速将信息传递给广泛的受众，那么可以选择广播、全国性的报纸；如果选择电视，那电视广告就必须提前准备。有很多企业开展短期促销活动，比如康师傅、统一等，就经常选择收视率高的电视节目或全国性的报纸做广告。如果广告目标是想改变某目标消费群体已形成的印象，选择杂志或特别的电视节目就更为合适。

（4）影响力

各大媒体本身的影响力是不同的。以影响力来选择媒体时，首先，应根据与被确定的诉求内容最为吻合的标准来选择媒体和广告单位，选择各媒体的广告投放规模以及投放时间。其次，应考虑同一媒体内部由于时间、位置、节目栏目种类的不同，其发布广告的影响力的差异。

（5）场所

这里的场所是指受众最可能接受到信息的地方，场所也具有针对性。比如，电视通常是在家里看；广播可能会在驾驶旅途中收听；印刷媒体一般也是在家里或者是在办公室里阅读；而户外广告和POP广告是在户外和卖场接触受众。如果广告能恰如其分地出现在消费者做出决定的场所，那么这种广告一般最有效。

比如说，对于高档产品如汽车、电器等，购买决定通常是在家里做出的，因而在电视、报纸、杂志上做广告最有效。对于像加油站、汽车修理店、各餐馆的购买决策，一般都是在途中做出的，因而户外广告、电台广告是最佳选择。我们平常的生活用品，购买时不用做太多太复杂的思考和决策，所以采用POP和卖场媒体最为合适。通过电话联系的服务项目，如家庭打扫服务、法律咨询、人才市场等，则应该在电话黄页上做广告。

4. 产品特点

产品本身的特点也是影响媒体选择的一个重要因素。广告策划者传播广告信息时，大都以宣传企业或产品（服务）所具有的各种特点为主要内容。因此，在选择媒体时，必须考虑企业或产品本身的特点。各种商品的特点、性能、用法和使用范围均不相同，因而广告的要求也不一样。例如，有些产品是全国性的，有的却是地区性的；有的是全年性的，有的却是季节性的；有的商品非用大量的文字说明不可，有的则非用色彩或画面或照片不可，等等。广告主应针对自己商品的种类和特性来选择媒体。例如：专业性产品应选择专业性的报纸、杂志或直邮，而不宜采用综合性的报纸、杂志等。而各种广告媒体类型在示范、形象化、说明、可信度和色彩表现力等方面的潜力也各有不同，比如：妇女时装广告最好刊登在印刷精美的彩色杂志上。

（三）影响媒体选择的几个数量指标

如果说前面所讲的四个因素是从定性的角度来考虑对媒体的选择，下面几个数量指标则是从定量的角度来考虑的。

1. 收视（听）率、毛评点和千人成本

收视（听）率通常是指在一定时间内，目标市场上收视（听）某一特定的电视节目或广播节目的人数（或家庭数）占总人数的比例。

毛评点是某一特定的广告媒体所刊播的某广告信息的收视率总数。毛评点关心的是这些读者至少看一次以上的广告，而不关心多少人看过多少次。

每千人成本指的是一则广告信息到达每1000个目标受众所花费的成本。

2. 到达率与暴露频次

到达率是指不同的个人或家庭在一段时间内暴露于某一媒体特定广告信息中的人数。到达率适用于一切广告媒体，唯一不同之处是表示到达率的时间周期长短各异。

暴露频次通常指一个月内一则广告到达受众的次数，其中需重点强调的是平均暴露频次。平均暴露频次就是广告信息到达所有受众的平均次数。

3.有效频率和持续性

有效频率是指信息暴露的最小和最大的重复次数之间的范围。如果暴露小于最小次数，信息不会被记住，超过了最大次数则造成浪费。了解有效频率，找到阈值，才是一种既省钱又有效的办法。

持续性指的是广告信息时间上的安排。高持续指的是在营销时间内（如一年）连续不间断地做广告。低持续指的是在一年时间内有些时候做广告，有些时候则不做广告。

二、广告媒体的组合策略

（一）媒体组合的概念

在广告活动中只使用一种媒体的情况比较少，大多数的情况下，需要调动多种广告媒体共同发布。每种媒体都有自己的受众面，相对比较有限，同时利用其他媒体就可以扩大原有一种媒体的受众面，扩大传播效果；另外，组合运用媒体可以充分发挥每种媒介的特长，如广播的音乐、印刷物的文案等。媒体组合就是为了取得协同作战、声势巨大的效果。要知道，各媒体综合运用所产生的效果远大于各个媒体效果简单的相加。

媒体组合是指在广告发布计划中，在一定的时间段里应用两种以上不同媒体或是同一媒体应用两种以上不同的发布形式、不同的发布时间的组合状态。在今天日渐复杂而多变的市场形式下，只利用一种媒体已显得过于呆板和不足。对媒体进行整合利用，其中重要的着眼点就在于从全局高度，对可以利用的广告预算进行合理配置和利用。

媒体组合中要特别注意符合产品特点及产品的发展阶段，协调好各媒体发布的时间等因素，充分利用好媒体之间优势互补的特点，将组合后的媒体效果发挥得更好。媒体的组合包括媒体种类的组合、媒体载体的组合，以及媒体单元的组合。

（二）媒体组合的作用

媒体组合的作用主要表现在可以恰到好处地使广告的影响力最大、冲击力最强、功效更持久。

1.媒体组合可以增强广告效果

一方面，由于各种媒体覆盖的对象有时是重复的，因此，媒体组合的使用将使部分广告受众接触广告的次数增加，也就是增加了广告的传播深度。消费者接触广告的次数越多，对产品的注意度、记忆度、理解度就越高，购买的冲动就越强。另一方面，媒体组合可以更全面地发挥不同媒体的功效，使其使用的媒体成为一个相对完整、立体的信息网络，将商品或服务信息更全面地传递给受众，补充单一媒体的缺陷，从而形成较强的广告效果；媒体组合也可以通过媒体的交叉使用，充分发挥不同媒体的优势，提高媒体在一定时期内的作用，以达到最佳的影响效果。

2.媒体组合可以扩大媒体的影响范围

各种媒体都有各自覆盖范围的局限性，假若将媒体组合运用，则可以扩大广告传播的广度，延伸广告的覆盖范围，使得媒体组合产生1+1>2的放大效应，使更多潜在消费群对广告产品产生认知，加强其对品牌及产品的印象，有效抑制及抗击竞争品牌的广告效果，提高产品品牌的普及率，保证在相对较短的时间内更快速、更直接地影响目标消费群，提高产品的占有率和使用率，以期占领更有利的市场机会。也就是说，广告覆盖面越大，产品知名度越高。

3. 媒体组合可以节省广告费用以实现长期传播。

媒体组合可以使企业有效利用媒体资源，通过主要媒体获得最佳到达率后，再用较便宜的次要媒体得到重复暴露，避免长期使用费用高的媒体，从而达到节省广告费用支出的目的。媒体组合利用短期媒体的不断积累，作用于相对长期的媒体，使品牌及产品的影响及冲击力得到保持及发展，不至于呈现信息的遗忘及信息曲线下降，在一定时期内维持消费者的忠诚度，获得长期传播的功效。

（三）媒体组合的原则

广告主或广告公司在进行媒体组合选取时不是盲目的，而是要依照以下原则进行。

1. 互补性原则

互补性原则是指企业在进行媒体组合选取时，应注重发挥各种广告媒体的优点，使媒体缺点产生的负面影响降到最低，通过不同媒体间的优势互补，实现媒体运用的"加乘效应"。媒体之间的互补可以是覆盖面上的互补，可以是媒体特性上的互补，也可以是传播时效上的互补。

进行媒体组合的目的在于通过不同媒体间的优化互补，实现媒体运用的"加乘效应"。具体来说，可以从以下几个方面来分析。

① 点面效应互补，以两种媒体覆盖面的大小为互补条件的组合方法，以提高信息的重复暴露度。当选定某一媒体做一个或数个目标市场覆盖时，还可选择一种或多种局部区域覆盖的媒体与之组合，来提高信息的重复暴露度。

② 媒体传播特性的互补。每个媒体都有其不同的个性和诉求特点，利用这种不同的个性进行互补组合，可以使信息传达全面完整。

③ 时效差异互补，以媒体时效长短结合的组合方法，以扩大信息与消费者的接触时空，提高信息扩散度。

④ 时间交替互补组合，这种方法是利用在时间上的交替形式实行媒体组合。当个别主要媒体得到最佳到达率后，另一种较便宜的媒体与之交替作用，提高重复暴露率，使信息送达主要媒体未达到的受众。

2. 有效性原则

有效性原则是指企业所选择的广告媒体及其组合，能有效地展现产品和服务的特点和优势，具有较强的说服力和感染力；同时利用媒体组合产生的影响力，扩大广告的覆盖范围，促使广告受众对广告所宣传的产品或服务由知晓到熟悉，由熟悉到喜爱，有效地建立起良好的产品或服务的品牌形象和广告主的企业形象。

3. 经济性原则

经济性原则是指企业选择广告媒体时还应当充分考虑各种现实影响因素，如媒体预算是否足够，是否能买到期待的发布时间，当地的政治、经济、法律、文化、自然、交通等条件能否保证所选择的媒体有效地传播广告主的广告信息，以便实现以最少的广告投入获得最大的广告宣传效果。

4. 目的性原则

目的性原则是指企业在选择广告媒体组合方式时，必须遵循企业的营销目标，根据创牌、保牌、塑造企业形象、增加市场占有率等不同营销目标制定每次广告活动所要达到的具体目标，选择那些最有利于实现营销目标的广告媒体组合形式。

（四）媒体组合的策略

在媒体类型组合策略的选择上，首先遇到的是采用单一媒体策略，还是多媒体组合策略问题。单一媒体策略，其做法就是采用单一媒体做持续性广告发布，它是一种集中进攻型广告发布策略，如在杂志的每一期做全页广告。这样虽然到达率有限，但暴露频次和持续性都相当高。这比较适合于那些经常出现在主妇购物单上的日常消费品，如卫生纸、食品等。它可以起一种提醒作用，对销售有较大影响力。

以下是一些主要可以参考的媒体类型组合策略。

1. 视觉媒体与听觉媒体的组合策略

无论是视觉媒体或听觉媒体都有其明显的传播局限性，即使是电视，虽集视听为一体，但在传播深度、理性诉求上的局限仍十分明显。组合能带来互补作用，强化印象和记忆。因此，传播上应倡导多种媒体的组合互补来提高传播效率：如，对电脑、房地产等商品的营销传播，更应深入研究多媒体组合传播，提高传播效果，即采用"多管齐下"的传播策略就必须借助媒体组合来实现。

2. 瞬间媒体与长效媒体的组合策略

瞬间媒体是指广告信息停留时间短暂的媒体，如电视、广播等，这些媒体需与有保留价值的长效媒体（主要是印刷媒体）合用，才能使信息能既有利于吸收、又便于查阅。

3. 媒体覆盖空间组合策略

媒体覆盖空间组合策略主要有以下几种类型：

① 全面覆盖。利用覆盖面大的媒体和媒体组合，一次覆盖整个目标市场。

② 重点覆盖。选择销售潜力大的几个市场重点覆盖。这样做，在一个时期内花费的广告费用省、广告效益高。

③ 特殊覆盖。在特定的环境条件下，对某一特定消费群体有针对性地进行覆盖。

④ 渐次覆盖。对几个不同地区分阶段逐一覆盖。即将全国分为几个区域，逐一在各区实行集中覆盖。媒体工具多选用地区性的，甚至具体广告制作也可以针对这一地区特点而特别制作。这是一种小单元、低成本、高频率、高选择性的广告传播策略。在一个地区成功之后，再将宣传主力转移到另一地区，这有些类似于"集中优势兵力，各个歼灭"的军事策略。

⑤ 交叉覆盖策略。利用省级卫星频道的跨省际传播，实现大范围的交叉覆盖。目前，全国32个省、自治区、直辖市的电视节目已全部上星，省级上星频道覆盖范围大，广告费用低。利用这些频道的交叉覆盖，从某种程度上讲，其广告传播效果不会亚于中央电视台黄金时段的传播效果。

在确定覆盖策略计划时，往往是综合运用多种策略。例如，我们可以把全国市场分割成都市、城镇、农村市场，也可以再将这些分割成老、中、青、少市场，然后可以对都市市场实行全面覆盖，对农村市场实行重点覆盖，对老年市场实行季节攻势，同时整个覆盖策略计划，也可采取渐次覆盖方式。

4. 可控制媒体与不可控制媒体的组合策略

不可控制媒体是指需花费金钱才能传播广告信息的媒体，一般是大众媒体，如报纸、电视等。可控制媒体则是自己创办、设计制作并由自己负责传播的媒体，如直效广告、邮寄广告等。可控制媒体一般传播范围较窄，但能对顾客产生直接促进作用。可控制媒体与不可控制媒体结合使用，便能达到"点面结合"，取得更佳的传播效果。大众传媒具有权威性，但不能控制其传播范围和传播重复次数，可将其传播的信息通过自办的可控制媒体进行多次扩散传播。

5. "跟随环绕"消费者的媒体组合策略

这种媒体组合策略就是随着消费者从早到晚的媒体接触，安排各式媒体以跟随方式进行随时的说服。例如，清晨时使用广播、电视，消费者出门时使用手机和楼宇电视，继之以早报、晚报以及晚间的IPTV等媒体类型，以形成环绕立体传播效应。

第四节　广告效果评估

一、广告效果概述

广告效果有狭义和广义之分。狭义的广告效果是指广告所获得的经济效益，即广告传播促进产品销售的增加程度，也就是广告带来的销售效果。广义的广告效果则是指广告活动的目的的实现程度，广告信息在传播过程中所引起的直接或间接的变化的总和，包括广告的经济效益、心理效益和社会效益等。广告效果的特性，主要表现在以下五个方面。

（一）广告效果的特点

1. 时间推移性

广告大多是转瞬即逝的，随着时间的推移，广告效果在逐渐减弱，这就是广告效果的推移性。时间推移性使广告效果的表现不够明显。了解这一特点，有助于我们认清广告效果可能是即时的，更多是延缓的。

2. 效果累积性

广告信息被消费者接触，形成刺激和反应，最后产生效果，实际上有一个积累的过程。这种积累，一是时间接触的累加，通过持续不断的一段时间的多次刺激，才可能产生影响、出现反应；一是媒体接触的累加，通过多种媒体对同一广告的反复宣传，就能加深印象，产生效应。

制订广告战略，应该根据广告效果的这一特性，防止急功近利，急于求成，应从企业发展的未来着眼，有效地进行媒体组合，恰当地确定广告发布的日程，争取广告的长期效果。

3. 间接效果性

某些消费者在使用了商品（服务）后，感觉比较满意，往往会向身边或亲近的人推荐，激发他人的购买欲望；有的被广告所打动，而劝说亲朋好友采取购买行动。这就是由广告引起的连锁反应，产生了连续购买的效果。

广告策划时应注意诉求对象在购买行为中扮演的不同角色，有针对性地展开信息传递，扩大广告的间接效果。

4. 效果复合性

由于广告效果受到各种因素的制约和影响，往往呈现出复合的现象。广告不仅会产生经济效益，促进销售，还会产生心理效果，对社会化等发挥作用。从广告自身来看，由于产品的生命周期不同，广告在不同的市场条件下所产生的效果也不一样。既有促进销售、增加销售量的作用，在市场不景气、产品处于衰退期时,也有延缓商品销售量下降的作用。因而,也不能简单地从是否提高销售量来测定广告效果。

5. 竞争性

广告的竞争性强、影响力大,就能加深广告商品和企业在消费者心目中的印象,树立形象,扩大市场份额。由于广告的激烈竞争,同类产品的广告大战,也会使广告效果相互抵消。因此,也要多方面地考虑广告的竞争力大小。

(二)广告效果的分类

对广告效果进行分类,有利于对广告效果有更深入的认识,便于根据不同类型的广告效果,采取不同的测定方法,以取得较为理想的测定结果。

1. 销售效果、传播效果和社会效果

按涵盖内容和影响范围划分,广告效果可分为销售效果、传播效果和社会效果,这也是最常见的划分方法。

① 广告的销售效果,也称为经济效果,是指广告活动促进产品或者劳务的销售,增加企业利润的程度。广告的经济效果是企业广告活动最基本、最重要的效果,也是测定广告效果的主要内容。

② 广告的传播效果,是指广告传播活动在消费者心理上的反应程度,表现为对消费者的认知、态度和行为等方面的影响。广告活动能够激发消费者的心理需要和动机,培养消费者对某些品牌的信任和好感,树立良好形象,起到潜移默化的作用。

③ 广告的社会效果,是指广告在社会道德、文化教育等方面的影响和作用。广告能够传播商品知识,可以影响人们的消费观念,会被作为一种文化而流行推广等。

2. 即时效果、近期效果和长期效果

广告效果按照作用期可分为即时效果、近期效果和长期效果。

① 即时效果,即广告发布后,很快就能产生效果。如商场里的POP广告,会促使顾客立即采取购买行动。

② 近期效果,即广告发布后在较短的时间内产生效果。通常是在一个月、一个季度,最多一年内,广告商品(劳务)的销售额有了较大幅度的增长,品牌知名度、理解度有了一定的提高等。近期效果是衡量一个广告活动是否取得成功的重要指标。

③ 长期效果,是指广告在消费者心目中所产生的长远影响。消费者接受一定的广告信息,一般并不是立即采取购买行为,而是把有关的信息存储在脑海中,在需要进行消费的时候产生效应。广告的影响是长期的、潜在的,也是逐步积累起来的。

在广告活动中,不仅要注意追求广告的即时效果和近期效果,而且应该重视广告的长期效果。在市场竞争加剧、需要运用整合传播的现代营销战略中,广告的长期效果更为重要。

3. 到达效果、认知效果、心理变化效果和促进购买效果

按对消费者的影响程度和表现来划分,广告效果可分为到达效果、认知效果、心理变化效果和促进购买效果。

① 到达效果。广告能否被消费者接触,要看有关广告媒体的"覆盖率"如何。如目标消费者是否订阅刊载广告的报纸,是否收视(听)带有广告的广播电视节目。

② 认知效果。消费者在接触广告媒体的基础上,对广告有所关心并能够记忆的程度,主要测

定和分析广告实施后给予消费者的印象深浅、记忆程度等。

③ 心理变化效果。消费者通过对广告的接触和认知，对商品或劳务产生好感以及消费欲望的变化程度，一般经过知晓—理解—信赖（喜爱）等阶段，最后形成购买行动。

④ 促进购买效果。它指消费者响应广告的诉求所采取的有关行为。一般可以采取"事前事后测定法"得到数据。

（三）广告效果测定的意义

1. 有利于加强广告目标管理

通过对广告活动的各个过程、每个阶段所产生的效果进行评估，与广告策划方案中的目标进行对照比较，衡量其实现的程度，全面而准确地掌握广告活动的现状，能够及时发现问题，总结经验，控制和调整广告活动的发展方向，确保广告活动能始终按照预定的目标运行。

2. 有利于筹划广告策略创新

测定广告所取得的效果，是对广告活动的总结评价，通过检验广告目标、广告主题、广告媒体是否得当，与企业目标、营销目标、营销组合策略是否配合，使广告筹划建立在符合客观规律的基础之上。同时，也为今后的广告活动提供经验教训，为构思谋划新的战略发挥指南的作用。

3. 有利于增强企业广告意识

对广告效果进行正确的评价测定，摒弃了单凭经验、感觉主观地判断效果大小的做法，使企业广告活动规范化、严密化、精细化，做到胸中有数，科学决策；另外，通过具体实在的数据资料，使企业切实感受到广告所带来的效益，增强运用广告促进企业发展的信心。

二、广告效果的测定方法

（一）广告效果的测定内容

测定广告效果，主要包括广告传播效果、广告销售效果和广告社会效果。

1. 广告传播效果的测定

对广告接触消费者后所引起的变化和产生的影响进行评估，就是广告传播效果的测定。测定广告传播效果，主要包括广告表现效果、媒体接触效果和广告受众心理变化效果。

（1）广告表现效果的测定

广告表现的最终形式是广告作品，测定广告表现效果，就是对广告作品进行测评。

广告作品由多种要素构成，包括广告主题、广告创意、广告完成稿等。检测广告作品，就是对这些要素进行评价分析。

一是广告主题。测定广告主题，要围绕广告主题是否明确、能否被认可，诉求重点是否突出，与目标消费者的关注点是否一致，能否引起注意，能否满足消费者的需求等展开。

二是广告创意。主要是对表现广告主题的构思进行检测。看创意有无新意，能否准确生动地表现、突出广告主题，是否引人入胜，是否具有感染力等。

三是广告完成稿。广告完成稿是指已经设计制作完成，但还未进入媒体投放阶段的广告样品。如电视广告样片、报纸杂志广告样稿等。测试广告完成稿，是对广告主题、创意、制作、表现手法等的进一步检测，有利于最后的修补和完善。广告作品的测评方法及程序，主要有选好测评人员、意见反映测试、室内测定，包括节目测验、广告测验等。

(2)媒体接触效果的测定

对媒体接触效果的测定,是对广告受众接触媒体和广告作品的评判,实际上也是对广告媒体计划的检测。

一般来说,广告费的80%都用来购买媒体,而传播媒体又是连接广告客户与目标消费者的桥梁。评估媒体计划是否周密,媒体选择是否恰当,是衡量广告效果的一个重要方面。媒体选择不当,或者媒体组合不合理,目标消费者不能接触到广告信息,就实现不了广告目标,造成广告费用的极大浪费。

广告媒体组合测评,也就是评估媒体计划是否正确,选定的媒体及其组合是否针对目标市场进行了有效劝说。测评的内容有:广告媒体选择是否正确,能否增加总效果,形成合力,能否被所有的目标消费者接触到;不同媒体的传播优势是否得到互补,重点媒体与辅助媒体的搭配是否合理;媒体覆盖影响力的集中点,是否与广告的重点诉求对象相一致;媒体的一些主要指标,如阅读率、视听率近期有无变化;媒体组合的整体传播效果如何,是否降低了相对成本;所选择的媒体产生的影响力,是否符合目标消费者的使用接触习惯;是否考虑了竞争对手的媒体组合情况,媒体组合是否有竞争力。

(3)广告受众心理效果测定

广告受众心理效果测定,主要就是对消费者因广告而引起的一系列心理反应的测定和评价,包括感知、认知、态度和行动等内容测评。

① 感知程度的测定,即对广告受众的媒体接触情况的调查。调查的内容包括对电子媒体的收视率调查和对印刷媒体的读者调查。例如,广告到达地区的消费者家庭电视机普及率是多少;每天收看电视节目的时间是多少;哪一个电视节目最受欢迎;广告到达地区的报纸、杂志的地区发行量有多大;报纸杂志的阅读状况如何;读者的构成情况如何等。

② 认知程度的测定,主要是测定广告的知名度、受注意度,即消费者对企业、产品、商标等的认知程度。

例如,对印刷媒体的测定,主要包括份数、读者对象和阅读状况。

a.发行份数。了解某种印刷媒体的发行状况,关键是发行数字,可以参考经过核准公布的数字。20世纪初,首先由美国发起并建立了报刊发行量核查制度,现在全世界约有五十多个国家和地区成立了ABC组织,对报刊发布的发行数字进行核查,确保其公正性。我国目前还没有建立类似ABC这样的组织,大部分由报刊社宣称发行情况,还有一些报刊社通过公证处证实其发行量。

b.读者对象。每种报刊都有特定的读者群体,这些读者群体与广告的目标受众有着直接的联系。考察报刊的读者对象,主要是看广告的目标消费者与媒体读者群体的关系。

c.阅读状况。可以通过三项指标来确定:注目率、阅读率和精读率。

注目率,是指接触报纸广告的人数与阅读报纸的人数的比率。注目率越高,说明广告的传播效果越好。

阅读率,即读者通过广告的某些信息,如厂名、商标等,能够进一步认识该广告的标题、插图等,但不知道更详细的内容的人数所占的比例。公式为

$$阅读率=(粗读人数/阅读报刊的读者人数)\times 100\%$$

精读率,即认真看了广告并能记得广告中一半以上内容的读者人数所占的百分比。

③ 态度变化测定。接触广告、注意广告的结果是引起消费者态度的变化,而态度变化效果又直接影响着购买行为的发生。

广告信息对消费者的心理影响一般要经历认知—理解—确信—行动等发展阶段,态度变化测定主要是在认知度测定的基础上,进一步测定消费者对广告观念的理解喜好程度,即理解度和喜

好度的测定。理解度主要是了解消费者是否全面准确地认识商品的特征。在广告的不同诉求点中，哪些诉求点理解度高，哪些理解度低，比如，可对消费者层层提问：意思是什么、为什么会这样、结果会怎么样，由此掌握消费者对广告的理解程度。喜好度主要是了解有多少人建立了对广告商品的信赖度和偏好度，这是消费者购买商品的重要原因。

一个人的态度变化很难直接观察到，一般只能从其表现出的言辞和行动去推测。因此，态度变化测定一般是通过深入交谈和投射法来进行的。

④行动购买测定。行动购买测定主要是对购买人数、销售额、零售额的测定。

在广告效果测定的四个阶段中，除"行动"一项比较直观以外，其余三个阶段都属于消费者的心理意识层面，看不见摸不着，只能用问卷调查或实验室调查方法进行测定。

2. 广告销售效果的测定

（1）广告销售效果的含义

销售效果是扩大销售，增加利润，也可称为经济效果。

广告销售效果，就是通过广告传播，促使消费者采取行动，增加销售额，扩大利润的效果。在广告活动中，广告的传播效果、广告的社会效果，最终要体现在广告的销售效果上。以广告发布前后企业商品销售量增减的幅度来衡量广告效果，就是广告销售效果的测定。通过销售和利润上的指标变化来测定广告效果，比较简易直观，广告主也乐于接受。

从经济的角度，广告销售效果还应有更深层次的理解。

一是从消费者方面来看，广告为消费者提供了大量的消费信息，为消费者比较选择创造了条件，节约了精力和时间。广告还不断地刺激需求欲望，使企业更加努力发展生产，使人们的物质生活水平得到提升。

二是从企业方面来看，广告能够构成强有力的竞争环境，激励企业必须采用新技术、新工艺，不断改进和提高产品质量，开发和普及新产品，以增强销售能力，提高竞争地位，也使企业必须降低成本、开发市场、大量生产、大量销售。

三是从社会经济发展方面来看，广告能够带动整个经济的发展，促进社会进步。广告使企业竞争更加激烈，市场扩展，就能为人们提供更多的就业机会，增加收入，提高生活水平，也为传播媒体和新媒体的发展提供财源，使人们的精神文化生活更加丰富。

（2）广告销售效果测评的内容

广告销售效果测评，主要是通过广告活动实施前后销售额的比较，检验和测定商品销售的变化情况，商品销售额是增加还是维持，测评的指标包括销售增长率、广告增销率、广告费占销率、单位广告费效益等。

各衡量指标的计算公式如下

销售增长率=[（广告实施后销售额－广告实施前销售额）÷广告实施前销售额]×100%

销售增长率反映出广告对促进商品销售所发挥的作用。

广告增销率=（销售增长率÷广告费增长率）×100%

广告增销率可反映出广告费增长对销售带来的影响。

广告费占销率=（广告费支出÷同期销售额）×100%

广告费占销率反映出一定时间内企业广告费支出占同期销售额的比例。广告费占销率越小，广告效果越大。

单位广告费效益=[（本期销售额－上期销售额）÷本期广告费支出]×100%

单位广告费效益可以反映出平均每元广告费带来的促销效益。

广告销售效果测定的方法主要有：店头调查法、销售地域测定法、统计法等。

3. 广告社会效果的测定

广告主要是通过大众传播媒体将有关信息传达给广大公众的，因此，广告信息的传播具有社会性，对社会也会产生影响，与社会公众利益密切相连。广告活动应该是社会制度、政策法规、经济、思想文化、艺术风格、民族特征以及社会风尚等的统一。

测定广告社会效果，依据是一定社会意识条件下的政治观点、法律规范、伦理道德和文化艺术标准。同时，测定广告社会效果往往不能量化。因为社会效果不可能以简单的一些数字来衡量，要结合其他的社会因素来综合考评。

广告社会效果测定的依据主要有以下四个方面。

（1）真实性

广告所传达的信息内容必须真实，这是测定广告社会效果的首要方面。广告应该向目标消费者实事求是地诉求企业和产品（服务）的有关信息、企业的经营状况、产品（服务）的功效性能等，要符合事实的原貌，不能虚假、误导。广告诉求的内容如果造假，那所形成的社会影响将是非常恶劣的。这不仅是对消费者利益的侵害，而且反映了社会伦理道德和精神文明的水平。而真实的广告，既是经济发展、社会进步的再现，也体现了高尚的社会风尚和道德情操。所以，检测广告的真实性，是考察广告社会效果的最重要的内容。

（2）法规政策

广告必须符合国家和政府的各种法规政策的规定和要求。以广告法规来加强对广告活动的管理。广告法规具有权威性、规范性、概括性和强制性的特点。一般来说，各个国家的广告法规只适用于特定的国家范畴，我国于1995年2月1日开始实施的《中华人民共和国广告法》，是适用于我国的一切广告活动的最具权威的专门法律。国际公约性质的规则条令，如《国际商业广告从业准则》就是国际通行、各个国家和地区都要遵从的。

（3）伦理道德

在一定时期、一定社会意识形态和经济基础之下，人们要受到相应的伦理道德规范方面的约束。广告传递的内容以及所采用的形式，也要符合伦理道德标准。符合社会规范的广告也应是符合道德规范的广告。一则广告即使合法属实，但可能给社会带来负面的东西，给消费者造成这样或那样（包括心理和生理上）的伤害，这样的广告就不符合道德规范的要求。

（4）文化艺术

广告活动也是一种创作活动，广告作品实际上是文化和艺术的结晶。广告效果测定根据人类共同遵从的一些艺术标准，并从本地区、本民族的实际出发，考虑其特殊性，进行衡量评估。我们既要看广告诉求内容和表现形式能否有机统一，而且还要看能否继承和弘扬民族文化、体现民族特色、尊重民族习惯等，又要看所运用的艺术手段和方法是否有助于文化建设，如语言、画面、图像、文字等表现要素是否健康、高雅。同时也要看能否科学、合理地吸收、借鉴国外先进的创作方法和表现形式。

（二）广告效果的测定方法

广告效果的测定分事前、事中、事后，其测定步骤与方法简述如下。

1. 广告效果的事前测定

广告效果的事前测定，其目的在于提前发现广告作品和媒体组合中存在的问题，及时提出修改广告原本、调整广告媒体组合的意见,以保证广告正式发布之后,能产生最佳的传播效应。常用的事前测定法有以下四种。

(1)专家意见综合法

将设计好的广告文本和媒体组合计划,交给若干位有经验的广告专家、社会学家、心理学家、推销专家,从各个角度、各个层次预测将会产生的广告效果。这种方法简便易行,效果好、费用低,但在选择专家时,一定要注意其权威性,而且各位专家要能代表不同的创意风格,以保证专家评价的全面性、准确性。

(2)消费者意见法

消费者意见法,就是让消费者给广告文本和媒体组合方式打分。一般有积分计算法和配对比较法两种方式。

① 积分计算法,是让消费者在选定的态度量表上划上自己对广告的态度,然后再将这些态度汇总统计,进行量化分析。这种方法简便易行,但必须注意所选择的消费者应有一定的代表性,他们对广告的态度能够真实地反映出实际消费者的情况。

② 配对比较法,就是每次只测试两个广告方案,让消费者两两对比,选择出最喜欢的一个,再将第一轮选出的广告方案两两一组,让消费者再次选择,经过一轮一轮的对比筛选,直到消费者最后选定一份最满意的广告方案为止。再将每位消费者的选择结果综合起来进行分析,就可以预测出正式推出广告方案时的情况。这种方法成功的关键与积分计算法相同,被调查的消费者一定要有代表性,能反映实际消费者的心态。

(3)投射法

投射法就是用引导的手段,诱使调查对象在看了广告资料后,自由发表意见。

投射法具体包括以下几种方法:

① 自由联想法。根据调查需要,向调查对象揭示联想方向,然后让其自由想象。

② 语句完成法,即填空,先给出9个不完整的句子,让调查对象填充完成。

另外,还可以采取看图说话的方法进行调查。在句子中,主语可以是第一人称,也可以是第三人称,调查对象往往容易以第三人称来表达自己的态度。

(4)机械测试法

运用若干种心理、生理测定仪器,来测定消费者看到或听到广告作品后的心理、生理反应。这类方法可以更真实、更细致地了解消费者对广告作品的态度。机械测试法有以下几种。

① 生理电流机,又叫"皮肤电流反应测验器",即让被检测者看或听广告作品,与此同时通过监视仪,观察被检测者的不同情绪反应而引起的不同电流变化,以此为根据来检测广告作品的优劣。

② 瞳孔照相机。这是一种记录眼球活动的装置。此法是根据被调查者注视广告作品时,瞳孔扩张程度的大小来判定广告作品的吸引力。

③ 视向摄影机。它可以记录被检测者注视广告作品时,眼球移动的时间长短和顺序,检测广告作品引人注目的程度,使消费者感兴趣的部分以及视觉流程路线的轨迹。

④ 瞬间显露器。它是通过广告作品的瞬间闪现,让测定对象予以辨认,借以判定广告作品的辨认度和记忆度。

2. 广告效果的事中测定

广告效果事中测定的内容与事前测定的相同,也是对广告作品和广告媒体组合方式的测定。通过广告效果的事中测定,可以准确地了解在实际环境中,消费者对广告作品的反应,测定的结果更加准确可靠。其缺点是很难再对广告作品和媒体组合作出修改。常用的广告效果事中测定方法有以下几种。

(1) 市场实验法

市场实验法即先选择一两个实验地区推出广告，然后同时观察实验地区和未推出的一般地区的消费者反应、销售反应，比较两者的差别，以此检测广告活动的效果。这种方法简便易行，能比较直接、客观地了解消费者的反应和实际销售情况；可以及时、有效地调整整个广告活动的方向，特别适用于周转率很高的商品，如节令商品、流行商品等。

市场实验法的缺点在于，受广告效果滞后性的影响，广告效果的检测时间不易确定，过早或过晚检测都会影响广告效果的真实性、准确性。另外，实验地区的选择一定要有代表性，最好能够代表整个销售区的情况。

(2) 回条法

回条法即在报纸、杂志、商品包装等印刷广告上设一特定的回条，让受众在阅读广告后将其剪下寄回，以此来了解广告的接收情况。

这种测定法一般是将同一则广告作品在各种印刷媒体上同时推出，通过统计各媒体的回条回收情况，来判断哪一种或哪几种广告媒体更加有效，为广告公司确定媒体组合提供依据。这种方法可以有效地了解消费者阅读广告情况。但运用这一方法必须经过周密的策划和安排，同时要给寄"回条"的消费者提供一定的优惠条件。比如凭回条优惠购物或摇奖开奖等。

(3) 分割测定法

此法是回条法的变形，它比回条法更复杂和严格，具体操作是将两种广告文本分别在同一期的广告媒体公开刊出。一半份数刊登一种广告文本，另一半份数刊登另一种广告文本，通过回条的回收情况，来测定哪一种广告文本效果更好。此法在国外很常见，但在国内则几乎没有使用过，关键在于印刷排版比较困难，广告媒体拒绝接受这种做法。

3. 广告效果的事后测定

广告效果的事后测定主要是在广告活动结束后进行测定，这是最常采用的一种方法。这虽然不能像事前、事中评价那样可以直接指导广告运作，但却可以评价出广告公司的工作业绩，为今后的广告运作提供参考依据。常用的广告效果事后评价方法有三种。

(1) 回忆法

回忆法是在广告活动结束后，选择一部分广告受众对广告内容进行回忆，以了解消费者对商品、厂牌、创意等内容的理解度和联想能力。

回忆法有自由回忆法和引导回忆法两种，自由回忆就是不对消费者作任何提示，只是如实记录其回忆情况。引导回忆是指调查人员给予一步步的提示，引导消费者回忆出尽可能多的广告内容。引导回忆法比自由回忆法更能反映真实情况。

(2) 识别法

识别法将已推出过的广告文本与其他广告文本混合起来，再向接受调查的消费者一一展示。看有多少消费者能够识别出已推出过的广告文本，根据识别程度，可把广告效果划分为初级、中级和高级三种。

初级广告效果是消费者能够大致识别出某广告文本；中级广告效果是消费者不但能识别，而且能大致复述广告文本的内容；高级广告效果是消费者还可进一步分辨出广告中的细微之处，可以准确地讲出广告内容。

通过识别法，可以测定出消费者对广告文本的印象度。

(3) 销售反应法

这是最直接了解广告对商品销售产生什么影响的方法。一般是分派调查人员到各实际销售点，直接同购买者交谈，了解其购买原因，最后统计出有多少消费者是在广告的直接影响下采取购买行为的。这种方法可以为分析广告直接影响销售效果的比率提供第一手材料。但此法费时费力，覆盖面窄。

美国斯塔齐始创广告销售效果测定法，简称NETAPPS法，将广告接触与购买行为之间的关系分为：看到广告后购买；未看到广告即购买；看到过广告，并非因广告刺激而购买；看到过广告，因广告直接刺激而购买。假定未看到广告即购买的人数与看到过广告，并非因广告刺激而购买的人数相等。

广告调查是围绕广告活动所进行的一切调查活动，包括为开展广告活动所进行的市场调查以及围绕广告信息传播所展开的传播调查。广告调查常用的方法有文献调查法、访问法、观察法、实验法、焦点小组访谈法和问卷法。实施广告调查的程序就是开展广告调查的步骤，包括调查的准备阶段、调查实施阶段和调查总结阶段。

广告策划是指对广告活动进行整体策划的过程，即在企业营销战略的指导下，依据营销计划和广告战略目标，在市场调研的基础上，对企业广告活动进行整体的规划和控制，制订一个与市场、产品、消费者及社会环境相适应的、经济有效的广告计划方案的过程。广告策划具有目标性、系统性、思维性、智谋性、操作性、变异性、超前性等特征。广告策划的主要任务是在广告目标的指导下，确定广告的信息策略、媒介策略、达到目标的效果标准以及提出预算建议。

影响媒体选择的因素有很多，要掌握各类媒体的特点，在众多的媒体中根据相关的影响因素选择最适合传达广告目标的媒体。媒体组合是指在广告发布计划中，在一定的时间段里应用两种以上不同媒体或是同一媒体应用两种以上不同的发布形式、不同的发布时间的组合状态。媒体组合中要特别注意符合产品特点及产品的发展阶段，协调好各媒体发布的时间等因素，充分利用好媒体之间优势互补的特点，将组合后的媒体效果发挥得更好。

广义的广告效果则是指广告活动的目的的实现程度，广告信息在传播过程中所引起的直接或间接的变化的总和，包括广告的经济效益、心理效益和社会效益等。广告效果具有时间推移性、效果累计性、间接效果性、效果复合性和竞争性等特性。广告效果的事前测定方法有专家意见综合法、消费者意见法、投射法和机械测试法，事中测定方法有市场实验法、回条法和分割测定法，事后测定方法有回忆法、识别法和销售反应法。

1.选择题（单选题）

（1）将调查的内容设计成调查问卷发给（或邮寄给）被调查者，请被调查者按要求填写问卷后回收搜集材料的调查方法属于（　　）。

A.文献调查法　　B.访问法　　C.观察法　　D.问卷法

（2）由于企业任务不同，其具体的目标也不同。企业广告目标通常分为创牌广告目标、保牌广告目标和（　　）三种类型。

A.优牌广告目标　　　　　　　　B.竞争广告目标
C.升级广告目标　　　　　　　　D.弃牌广告目标

（3）（　　）是某一特定的广告媒体所刊播的某广告信息的收视率总数。
　　A.收视（听）率　　　B.到达率　　　　　C.毛评点　　　　　D.每千人成本
（4）广告效果的作用期包括即时效果、近期效果和（　　）。
　　A.中期效果　　　　B.远期效果　　　　C.终极效果　　　　D.长期效果
（5）广告效果的测定内容主要包括广告传播效果、（　　）和广告社会效果。
　　A.广告销售效果　　　　　　　　　　　B.广告心理效果
　　C.广告行为效果　　　　　　　　　　　D.广告态度效果

2.填空题
（1）文献调查法是利用现有的各种文献、档案材料来得到有关广告受众的资料，这是间接进行调查的方法。文献调查的资料来源主要有＿＿＿＿＿和＿＿＿＿＿。
（2）一个完整的广告策划，基本上都包括＿＿＿＿＿、策划对象、策划依据、＿＿＿＿＿和策划效果评估五大要素。
（3）人们通常把广告表现方式分成三类：＿＿＿＿＿、＿＿＿＿＿和附加价值型。
（4）＿＿＿＿＿指的是一则广告信息到达每1000个目标受众所花费的成本。
（5）广告效果的测定包括＿＿＿＿＿、事中测定、事后测定。

3.名词解释
（1）广告调查
（2）广告策划
（3）收视（听）率
（4）媒体组合
（5）广告效果

4.简答题
（1）简述广告调查的主要内容。
（2）企业确定广告目标需要考虑的问题有哪些？
（3）影响媒体选择的主要因素是什么？
（4）简述广告效果的特点。
（5）简述广告效果测定的意义。

5.案例分析题

金六福：打造中国福文化

（一）广告目标——品牌

品牌的打造关键是品牌主题的设计，一个品牌没有明确的主题，品牌形象就会模糊不清，广告传播效果也会大打折扣，品牌资产的积累将成为更大的问题。福星酒天生与好运关联。实施一系列的定位市场策略、品牌形象确立等工作之后，品牌自然而然地就呈现出来——"喝福星酒，运气就是这么好"，而且和主品牌金六福的定位——"中国人的福酒"一脉相承。

金六福能喝出全家福，这一策略既强化了其品牌文化和内涵，又深入人心，以简胜繁。打造成功的品牌形象需要长期的全方位的市场策略，如果在最初的光环中昏昏欲睡，终将会像一颗流星一样，只会留给人们瞬间的美好回忆。尽管在道理上谁都懂，但事实上并不是每家企业都能很好地执行。

金六福的高明之处在于，它是在不断地演绎着"福运"品牌形象，将个人的"福"提升到民族的"福"，品牌形象的塑造一步一步向前推进，烘托的气势一浪高过一浪，让人们真正感受到"福运"的气氛在袭击过来。

北京申奥成功，金六福酒被中国申奥代表团高高举起，以示成功的喜庆。金六福成为人们为民族喜事欢呼雀跃之时的庆功美酒，其意义已远远超出了酒的范畴，而成为一种象征，即人们为国事举杯祝贺的佳酿。金六福在这时就不失时机地将其"福运"文化品牌的塑造掀起了一个新的高潮。

金六福就是这样不断地提升"福文化"的范围，它不仅象征着个人的福，而且还是全中国人的福、民族的福。这时候，金六福的广告语也变成了"金六福——中国人的福酒"。这种定位已将金六福的品牌文化提升到一种民族的"福"。

（二）广告定位——福文化

古往今来，关于白酒的诗句可谓多如牛毛："人生得意须尽欢，莫使金樽空对月""酒逢知己千杯少"，等等，这些国人几乎都已耳熟能详的诗句，无不折射出白酒在中国这个已有几千年文明历史中曾有的重要地位。无疑，白酒业是我国历史悠久的传统民族工业，酒是中华五千年的文化产物，它积淀了历史，积淀了品牌。但随着近年来白酒市场竞争的日益加剧以及人们消费品位的日益升迁，白酒遭受到了前所未有的冷遇与落寞。就连许多白酒知名企业也深感举步维艰。寻找白酒新的生机使其焕发更美的光彩，成为白酒业人士的"头等大事"。

以"文化"作为营销点来运作的一些白酒企业取得了不错的效果，值得深思和借鉴。比如在这方面做得不错的泸州老窖、全兴等，运用"文化"二字就成功地提升了其产品的内在价值。不过，对文化的理解，许多企业却过于肤浅。例如，提到文化，就等同于源远流长、吉利、交友等内容。做"文化"的文章，更重要的是应该结合时代节奏对其进行深度细分。在未来十年内，或许更短，白酒品牌的价值定位应该以传统文化为支撑，以人文意识、人格化与某种生活情趣的象征为突破点来展开。这是一种趋势，是时代发展的必然。换句话说，也就是企业要在挖掘传统文化的基础上，对品牌及市场进行细分，确立能引发特定目标消费群体共鸣的品牌价值，使品牌具有鲜明的个性。

无疑，金六福是一个中高档白酒品牌，它的消费人群是那些富裕起来过上好日子的中高档收入者（它的广告词"好日子离不开金六福"已经很明白无误地传达了这一信息），因此，普通质次低廉的促销品既不符合其产品特点，也不符合企业形象。更重要的一点是，消费金六福，购买金六福，消费购买的不仅是身具五粮液贵族品质、平民化价位的酒类产品本身，而且更是吉祥、如意、喜庆和福气，是寿（寿比南山的"寿"），是富（荣华富贵的"富"），是康宁（安康和宁静的"康宁"），是好德（品行和德行），是佳和合（家和才能万事兴），是子念慈（儿女的孝顺），所谓金酒一开，六福至矣。这才是金六福反复告诉人们的。这一点也是金六福本身的真正内涵。

（三）广告主题——勤吆喝

金六福虽然只有二十年的历史，然而知名度却高得出奇，"靠酒吃饭，哪个不知道施凤小子金六福"。提起金六福，几乎人人都能说上那句"好日子离不开金六福"的广告词这是因为金六福酒采用了密集投放的广告策略，从中央电视台到各地方电视台，都能看到该酒的广告。据悉，现在的金六福系列酒中，三星的金六福和六福酒销量极为火爆，在中档酒中大有一边倒的趋势。

金六福"走红"的秘诀是什么？是因为金六福人深深懂得吆喝的哲学和技巧。尽管金六福诞生在酒市萎缩、竞争激烈的20世纪90年代，而且工商联合买断经营的方式又使金六福带有先天性的缺陷和不足，然而它却知道在品牌营销的年代里，品牌是巨大的无形资产，一个新品牌要想在短期内被公众认知和接受就必须借助媒体的力量。时间就是生命，依托媒体，使得金六福赢得了时间上的优势，抢在了同一起跑者的前面。然后，广告宣传版本的成功运用又使金六福把时间上的优势发挥到了极致。"先卖产品，再树形象"的广告策略符合事物发展的一般规律，符合人们认识事物的一般规律，同时也极大配合了产品的销售。从好日子篇，到神仙篇，再到卓尔不凡篇，层进式的广告诉求不仅提升了金六福酒的品质和形象，更显示出其背后操作者的良苦用心。

可见，在金六福的前期市场动作中，吆喝与坚挺有着密不可分的联系，吆喝在金六福的坚挺过程中也发挥了极为重要的作用。然而，透过这个表层，我们还应看到，金六福人做市场有着独特的风格和个性。不拘泥于常理，不按陈规旧俗，使得金六福这匹"黑马"格外引人注目，庞大的直销队伍，超常规的高额返利，不仅没有导致用权市场一派混乱，相反倒更井井有条，这似乎是令许多人感到不可理喻的一个奇迹。

吆喝，即广告促销只是坚挺的一个要素，除了丰富的市场操作经验，产品畅销还有诸多的因素。在这诸多因素中，不能不提到的是酒质。酒质是基础，这一点在今天争夺消费者比争夺经销商更激烈的酒界里已成为一个共识。

（四）广告组合——体育组合

2001年，金六福在大手笔的动作下，实施"体育营销"的策略，创作围绕着金六福——2001～2004年中国奥委会合作伙伴、第28届奥运会中国代表团庆功白酒、第24届大学生运动会中国代表团唯一庆功白酒、第14届亚运会中国代表团唯一庆功白酒、第19届冬季奥运会中国代表团唯一庆功白酒、中国足球队2002年世界杯出线唯一庆功酒等称号展开。在体育营销这个平台上面，金六福福星酒又分两条线路有条不紊地走着。

国足出线后，媒体将米卢誉为中国足球的神奇教练和好运福星，米卢的"好运"和"福星"的大众形象与金六福公司的品牌文化定位不谋而合，金六福公司力邀其担当福星酒的形象代言人。一身红色唐装的米卢端起福星酒，笑眯眯地向观众说："喝福星酒，运气就是这么好。"

虽然米卢平时很少喝酒，对中国白酒更是滴酒不沾，但他还是接下了中国队进军2002年世界杯唯一庆功白酒——"金六福"的这段广告，成为了金六福企业形象代言人，这也是米卢生平拍摄的第一个广告片。

都说2001年是中国年，申奥成功，国足出线、APEC会议的举行都是中国人的大喜事。在上海举行的APEC会议上，国家元首们的唐装形象让人眼前一亮，现在又借势将它用在米卢身上。

广告片和平面广告匆匆出台，遗憾一堆，但广告效果却出奇地好。米卢说"喝福星酒，运气就是这么好！"谁能不信呢？谁又能拒绝福星酒带来的好运气呢？这更加证明：在广告创作中最重要的首先是策略，即使创意和制作稍许差强人意，但只要策略正确，成功总是能够保证的。

金六福还利用中国足球队出线而不失时机地开展公关活动，向国足们献上庆功酒。在庆功酒的新闻发布会上指定：金六福酒为国足世界杯出线专用庆功酒，并授权北京金六福酒有限公司生产销售"9999瓶庆功珍藏酒"。金六福在会上算是大出风头，米卢从金六福总经理吴向东手中接过期号珍藏证书时，还迫不及待地询问什么时候才能真正拿到那瓶属于自己的酒，已是满面春风。

由于金六福人竭诚致力于支持中国体育事业的腾飞，被指定为"中国奥委会2001～2004年合作伙伴"。

（五）金六福广告创意分析

国内外的酒类广告创作，粗略地分为三种：洋酒红酒广告卖气氛；啤酒广告卖情趣；其中白酒广告最为朴素，也最具中国本土特色。如果说洋酒红酒是大雅路线，白酒广告则是大俗路线。那么这一次如何选择福星酒自己的路线？如何让福星酒一出场就具备新兴白酒独有的气质呢？

如果还是走白酒的老路线，那么福星酒充其量还是一个普通白酒品牌，无法达到鹤立鸡群的效果；但如果像红酒一样卖弄气氛显然不适合福星酒的产品特性。应该在大俗的同时必须有雅的成分，在大雅的同时必须有俗的成分，白酒毕竟是白酒。大俗与大雅，这一对矛盾的处理，成为广告片执行中的一个大课题。

"井盖篇"的拍摄，光演员的选择，就来往十多个回合。后来还是相信金六福人的直觉，他们看到某啤酒广告中的男演员健康俊朗，就希望能把他找出来。因为该演员不太知名，问了几十个制作人，才在上海找到这个演员。对旁白的设计也是一而再、再而三地推敲。打电话的男青年边走边说话，旁白不能太低，太低就影响品牌的气质；也不能太雅，太雅就会削弱亲和力。而且旁白不能太具体，太具体就会削弱创意的单纯性；旁白也不能太抽象，太抽象就削弱戏剧性。最后决定采用一连串的OK、OK、OK，终于解决了这些矛盾。

从战略到战术，从策略到创意，从旁白到音效，从画面到色调，在每一个细节都精心设计，让每一个环节都成为成功加分。

结合案例，请思考以下几个问题：
（1）金六福设定了什么样的广告目标？设定的依据是什么？
（2）金六福的定位是什么？它为什么要把自己定位成这种形象？
（3）金六福在推广过程中选择了什么媒体？这种媒体选择和媒体组合的依据是什么？达到了什么样的效果？

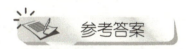

参考答案

1. 选择题
（1）D （2）B （3）C （4）D （5）A

2. 填空题
（1）企业内部资料　社会公开资料
（2）策划者　策划方案
（3）商品信息型　生活信息型
（4）每千人成本
（5）事前测定

3. 名词解释
（1）广告调查是指企业为有效地开展广告活动，利用科学的调查、分析方法，对与广告活动有关的资料进行系统的收集、整理、分析和评价，以期获取真实可靠和具有权威性、客观性的第一手材料。

（2）广告策划是对在同一广告目标统摄下的一系列广告活动的系统性预测和决策，即对包括市场调查、广告目标确定、广告定位、战略战术确定、经费预算、效果评估在内的所有运作环节进行总体决策。

（3）收视（听）率通常是指在一定时间内，目标市场上收视（听）某一特定的电视节目或广播节目的人数（或家庭数）占总人数的比例。

（4）媒体组合是指在广告发布计划中，在一定的时间段里应用两种以上不同媒体或是同一媒体应用两种以上不同的发布形式、不同的发布时间的组合状态。

（5）狭义的广告效果是指广告所获得的经济效益，即广告传播促进产品销售的增加程度，也就是广告带来的销售效果。广义的广告效果则是指广告活动的目的的实现程度，广告信息在传过程中所引起的直接或间接的变化的总和,包括广告的经济效益、心理效益和社会效益等。

4.简答题

(1)① 环境调查;② 企业经营状况调查;③ 产品调查;④ 消费者调查;⑤ 媒体调查;⑥ 广告效果调查。

(2)① 企业所面临的市场机会;② 目标消费者进入市场的程度;③ 产品的生命周期;④ 广告效果指标。

(3)① 广告预算;② 目标对象;③ 媒体特性;④ 产品特点。

(4)① 时间推移性;② 效果累积性;③ 间接效果性;④ 效果复合性;⑤ 竞争性。

(5)① 有利于加强广告目标管理;② 有利于筹划广告策略创新;③ 有利于增强企业广告意识。

第四章

实现广告创意
——广告创作

知识目标

1. 掌握广告的创意策略和表现方式;
2. 熟悉广告设计的基本规范,掌握平面、音频、视频类广告作品的设计艺术;
3. 熟悉广告文案的概念和结构,掌握平面、广播、电视等不同媒体的广告文案写作要领。

能力目标

1. 能够运用广告创意理论分析广告作品的创意策略与诉求方式;
2. 能够设计平面、音频和视频类广告作品;
3. 能够撰写规范、有效、符合不同媒体特征的广告文案。

引导案例

好创意使广告甩掉"庸俗"

在文学作品创作中,第一个将姑娘比作鲜花的是天才,第二个将姑娘比作鲜花的是庸才,第三个将姑娘比作鲜花的是蠢才。在广告创作中同样如此,最忌拾人牙慧,千人一面,不动脑筋,人云亦云的雷同化。从某种意义上说,创意是广告设计的灵魂和生命,广告创意贵在创,贵在新,好创意就要与众不同,才能有生命力,才能使广告甩掉所谓的"庸俗",做到不由你不信。

1983年,美国的一个厂商生产了一种叫做"超级三号"的强黏胶液,他想将这种产品打入法国市场,于是委托巴黎的奥布尔维和马瑟广告公司的设计师们制作广告。如何突破传统

> 广告平铺直叙的格局,做出让人信服的广告呢?这些设计师绞尽脑汁,终于设计出一则惊险的广告:在电视画面上,有一个男人在鞋底上点了4滴"超级三号",然后将此人倒黏在天花板上,足足倒立保持了10秒钟,并有公证人当场监督鉴定。这个广告播出后,立刻引起了强烈的反响。不到一周,这种胶液销出50万支,1983年总销售量为600万支。
>
> 平庸的广告只能做到"信不信由你",出色的广告则能做到"不由你不信"。要使一则广告成功,不仅要有正确的广告策略,而且要有完美的广告技巧。
>
> 这则广告的绝妙之处在于:让电视观众在提心吊胆的观看过程中,真正信服了"超级三号"的可靠性。历来人们相信耳听为虚,眼见为实,这种惊险广告的效果比起那种长篇大论,作口头宣传的广告好多了。
>
> (案例来源:根据相关资料整理)

第一节 广告创意

一个成功的广告最本质、最核心的因素是什么?

绝大多数的广告人几乎都会给出一致的答案——创意。

著名的艺术派广告大师伯恩巴克说:"广告创意是赋予广告生命和灵魂的活动。"科学派广告大师大卫·奥格威也说:"没有好的创意,广告充其量是二流作品。"奥格威在著名的"神灯"法则里,对广告的新手提出了最重要的十一条戒律,其中第二条就是:"若你的广告的基础不是上乘的创意,它必遭失败。"

所谓广告创意,从动态的角度看,就是广告人员对广告活动进行创造性的思维活动。从静态的角度看,就是为了达到广告目的,对未来广告的主题、内容和表现形式所提出的创造性的"主意"。

一、广告创意策略

广告创意策略就是对产品或服务所能提供的利益或解决目标消费者问题的方法进行整理和分析,从而确定广告所要传达的主张的过程。从20世纪50年代至今,广告创意策略的基本理论和观念一直在不断发展和演变,下面重点介绍一些对广告界有深远影响的理论。这些理论都来源于广告实践,对广告实践具有指导作用。

1.USP理论

USP的英文全称是unique selling proposition,译为"独特的销售主张",其创始人是美国极具传奇色彩的广告大师罗素·瑞夫斯,他是世界十大广告公司之一的达彼恩广告公司的老板,美国杰出撰文家称号的第一位得主。20世纪50年代,他冲破广告艺术的迷雾,第一个向当时的广告界扔下了一枚重磅"炸弹",提出广告是一门科学,广告创意必须遵循USP的创意原则。该理论使广告界摆脱了随意性很大的经验状态,为广告殿堂树立了一根坚实的支柱。

USP理论的基本要点包括以下三点。

① 明确的销售主题。广告必须对消费者有一个明确销售主题，必须对受众说明，买这样的产品，你将得到怎样的特殊利益。这一主题，应该包括一个商品的具体好处和效用。

② 销售主题的独特性。这一项主题必须是独一无二的，它应该是竞争对手无法提出，也不能提出的。它最好没有被其他竞争者宣传过，是一个产品所具有的独特个性。

③ 销售主题的普遍性。这项主题必须很强烈，聚焦在一个点上，足以影响上百万的社会大众。它必须能够推动销售，必须能够影响消费者的购买决策，促使新顾客来购买商品。

该理论的经典之作是M&M巧克力豆的电视广告，一句"只溶在口，不溶在手"的广告语使用了40年，而且历久弥新。

> **延伸阅读**
>
> ### M&M巧克力豆的USP理论
>
> M&M巧克力豆的那一句家喻户晓的广告语——"只溶在口，不溶在手"，便是瑞夫斯60多年前的杰作。
>
> 1954年，美国玛氏公司苦于新开发的巧克力豆不能打开销路，就找到瑞夫斯。玛氏公司在美国是有些名气的私人企业，尤其在巧克力的生产上具有相当的优势。此时，公司新开发的巧克力豆在销售上业绩平平。公司希望瑞夫斯能构想出一个与众不同的广告，从而打开销路。瑞夫斯认为，一个商品成功的因素就蕴藏在商品本身之中，M&M巧克力豆是当时美国唯一用糖衣包裹的巧克力。有了这个与众不同的特点，又何愁写不出打动消费者的广告呢。瑞夫斯仅仅花了10分钟，便形成了广告的构想——M&M巧克力豆"只溶在口，不溶在手"。广告语言简意赅，朗朗上口，特点鲜明。
>
> 随后，瑞夫斯为M&M巧克力豆策划了电视广告片：
>
> 画面：一只脏手，一只干净的手。
>
> 画外音：哪只手里有M&M巧克力豆？不是那只脏手，而是这只干净的手。因为M&M巧克力豆，只溶在口，不溶在手。
>
> 简单而清晰的广告语，只用了8个字，就使得M&M巧克力豆不黏手的特点深入人心，它从此名声大振，家喻户晓，成为人们争相购买的糖果。
>
> 60多年后，这条广告语仍然作为M&M巧克力豆的促销主题，一直流传至今，把M&M巧克力豆送到了各国消费者的心中，而玛氏公司也成为年销售额达40～50亿美元的跨国集团。
>
> 瑞夫斯一直认为，广告的成功与否取决于产品是否过硬，是否有自己的特点。他说："M&M巧克力豆之所以不溶化，是因为有糖衣。发现这一事实是世界上最容易的事情，而事实已经存在于商品本身之中。"
>
> （资料来源：根据相关资料整理）

2.品牌形象理论（BI）

BI的英文全称是"brand image"，译为"品牌形象论"，其创始人是被称为"广告怪杰"的大卫·奥格威（David Ogilvy）。奥格威在全球广告界负有盛名，他被列为20世纪60年代美国广告"创意革命"的三大旗手之一和"最伟大的广告撰稿人"。他提出的"品牌形象论"是广告创意理论中一个非常重要的流派。

品牌形象论的基本观点如下。

① 广告最主要的目标是为塑造品牌服务，力求使广告中的产品品牌具有较高的知名度。

② 任何一个广告都是广告品牌的长期投资。广告的诉求重点应具有长远性，为维护一个良好的品牌形象，可以牺牲短期的经济效益。

③ 随着同类产品的同一化趋势，同类产品的差异性日渐缩小，消费者往往根据对品牌的好恶来选择购买。因此，描绘品牌形象比强调产品的具体功能特征重要得多。

④ 消费者购买时所追求的不仅是量的满足，质的提高，而且是感性需求的满足，即"实质利益＋心理利益"，因此，广告应尤其重视运用形象来满足消费者的心理需求。

BI理论的经典广告是奥格威创作的"戴眼罩的穿哈萨维衬衫的男人"（见图4-1），该广告只用了3万美元就使一个默默无闻了116年的衬衫在短期内成为一个具有全国影响力的知名品牌。

> **延伸阅读**
>
> **穿哈萨维衬衫的男人**
>
> 美国人现在终于认识到，买一套上好的西装而被一件大批量生产的廉价衬衫破坏了整个穿着效果，这实在是一件非常愚蠢的事情。因此，在这个阶层的人群中，哈萨维衬衫便日渐流行起来。
>
> 首先，哈萨维衬衫极耐穿，这已是它多年的传统了。其次是它的剪裁，低斜度以及专为顾客定制的衣领，使你看起来更年轻、更高贵。整件衬衫不惜工本的裁剪，让你穿在身上倍感舒适。
>
> 下摆很长，可深入到你的裤腰。纽扣是用珍珠母做的，非常地大，很有男子气概。在缝纫上，甚至带有一种在南北战争前才有的那种高雅。
>
>
>
> 图4-1 穿哈萨维衬衫的男人
>
> 最重要的是，哈萨维衬衫的布料是从世界各地进口的最好布料，如从英国进口的棉毛混纺斜纹布、从苏格兰奥斯特拉德进口的毛织波纹绸、从西印度群岛进口的海岛棉、从印度进口的手织绸、从英格兰曼彻斯特进口的宽幅细毛布、从巴黎进口的亚麻细布。穿上如此完美的衬衫，会使你得到诸多的满足。
>
> 哈萨维衬衫是缅因州渥特威小城的一家小公司的虔诚的手艺人所缝制的。他们老老少少在那里已经工作了114年，见图4-1。
>
> 你如果想在离你最近的商店买到哈萨维衬衫，请你写一张明信片寄到：C.F.哈萨维·缅因州·渥特威城，即复。
>
> （资料来源：吴柏林著《广告策划与策略》）

3. 定位理论（positioning）

Positioning理论又称"定位论"，其创始人是美国两位行销大师J·屈特（Tront）和A·莱斯（Ries）。20世纪70年代，他们在《工业行销》杂志上提出了广告定位理论。他们主张在广告创意中运用一种新的沟通方法，创作更有效的传播效果。

广告定位论的基本观点如下。

① 广告的目标是使某一品牌、公司或产品在消费者心目中获得一个据点，一个认定的区域位置，或者占有一席之地。

② 广告应将火力集中在一个狭窄的目标上，在消费者的心智上下工夫，要创造出一个心理的位置。

③ 应该运用广告创作出独有的位置，特别是"第一说法、第一事件、第一位置"。因为创造第一，才能在消费者心中造成难以忘怀的、不易混淆的优势效果。

④ 广告表现出的差异性，并不是指出产品的具体的特殊的功能利益，而是要显示和突出品牌之间类的区别。

⑤ 这样的定位一旦建立，无论何时何地，只要消费者产生了相关的需求，就会自动地、首先想到广告中的这种品牌、这家公司或产品，达到"先入为主"的效果。

定位理论的经典之作是七喜汽水的"非可乐"定位和艾维斯（Avis）出租车汽车公司的"我们是第二"的定位（见图4-2）。"非可乐"定位使七喜汽水一跃而起，成为美国市场上与可口可乐、百事可乐并驾齐驱的三大饮料之一。"我们是第二"的定位，使艾维斯出租车公司以弱胜强迅速成长壮大起来。

图4-2　艾维斯出租车广告

二、广告创意表现

所谓广告创意表现就是将广告创意进行符合特定媒体语言的再创造，完成特定的信息编排与传达效果的创意执行过程。广告创意表现并不是广告创意策略的简单铺设，而是在贯彻创意方针的前提下，运用特定媒体形式的传达手段所具备的优势，去完善实现创意宗旨的创造性活动。广告表现也不能简单地理解为广告制作，而是创意过程的延续，我们通常用"临门一脚"来形容广告表现的重要性。

创意表现的类型主要分为感性诉求和理性诉求。

（一）感性诉求

1. 感性诉求的含义

感性诉求直接诉诸于消费者的情感、情绪，如喜悦、恐惧、爱、悲哀等，形成或者改变消费者的品牌态度。在这类广告中，消费者首先得到的是一种情绪、情感的体验，是对产品的一种感性认识，得到的只是产品的软信息。这种软信息能够在无形中把产品的形象注入消费者的意识中，潜移默化地改变消费者对产品的态度。感性诉求广告以消费者的情感或社会需要为基础，宣传的是广告品牌的附加价值。

2. 感性诉求的特点

感性诉求的广告不作功能、价格等理性化指标的介绍，而是把商品的特点、能给消费者提供的利益点，用富有情感的语言、画面、音乐等手段表现出来。"威力洗衣机，献给母亲的爱"就属此类诉求方式。通常感性诉求广告所介绍的产品或企业都是以感觉、知觉、表象等感性认识为基础，是消费者可以直接感知的或是经过长期的广告宣传，消费者已经熟知的。

采用感性诉求，最好的办法就是营造消费者使用该商品后的欢乐气氛，使消费者在感情获得满足的过程中接受广告信息，保持对该商品的好感，并最终产生购买行为。

3. 感性诉求中的情感表现

广告中的情感表现，就是利用富有人情味的各种表现手法，诉诸人的感情进行激发，即以情动人，使受众与广告产生情感共鸣，从而诱发消费者的购买动机。广告中常见的情感表现主要有以下几种。

① 美感。即人们按照一定的审美标准，对客观事物包括人体在内的欣赏、评价时所产生的情感体验，包括自然的、社会的和艺术的三类。追求美是人共有的心态，善于以此进行情感诉求，有可能获得以情动人的效果。

② 亲热感。亲热感是指通过特定的广告激发肯定的、温暖的、愉悦的情绪体验，它往往表现为恋人、家庭、朋友之间的亲密关系。

③ 幽默感。幽默感是指通过特定的广告逗人发笑，产生兴奋、愉快等情绪体验。它的成功可能导致这些积极体验潜在地同特定品牌发生联系，从而影响对该品牌的态度。

④ 恐惧感。通过特定的广告引起消费者产生消极的情绪体验，如惊恐、厌恶和不适等。广告主试图通过此类广告，使消费者改变其态度和行为。

所谓感性定位策略是指在广告宣传中借助感性诉求的方式，在产品上附加一种文化观念的定位方法，从而引起消费者情感的共鸣而激发兴趣，对产品产生好感。如"万宝路"香烟将品牌性格定位为粗犷、奔放的男子汉形象，从而使"万宝路"成为男子汉的代名词（见图4-3）。

图4-3 "万宝路"香烟广告

4. 感性诉求的使用背景

（1）产品缺乏与众不同的特性

现在市场上的有些产品，是没有什么特性可言的，比如汽水。在广告中强调产品所能满足的具体需要，不能吸引人去购买。所以通过广告激发产品所能满足的社会性动机或者情感，赋予广告产品一定的附加价值，没有特性就用广告创造出特性来。

（2）产品特性不足以吸引消费者

有些产品虽然说有特性，但是这种所谓的特性构不成促使消费者购买该产品的充足理由，或者产品特性使用理性诉求也不能让消费者的态度和偏好转向你的产品和品牌，这时就应该在产品特性的基础上引申该产品所能满足的社会性情感，进而诱发消费者的购买动机。

（3）产品特性太多无从下手

有的产品特性太多同样会使广告创作无所适从，在这种情况下，可以抛开一切具体的特性，而在广告中着重强调产品的情感色彩，用情感强化产品的魅力。

（二）理性诉求

1.理性诉求的含义

理性诉求指的是广告诉求定位于受众的理智动机，通过真实、准确、公正地传达企业、产品、服务的客观情况，使受众经过概念、判断、推理等思维过程，理智地作出决定。这种广告策略可以作正面表现，即在广告中告诉受众如果购买某种产品或接受某种服务会获得什么样的利益，也可以作反面表现，即在广告中告诉消费者不购买产品或不接受服务会对自身产生什么样的影响。

2.理性诉求的特点

理性诉求是以提供信息为主，突出产品的功能性特点，针对功能性强、技术含量高的商品，诉诸于消费者的理智，让消费者自己去权衡，并最终采取购买行动。

理性诉求广告有一定的强制性，需要消费者通过理性思考，进行分析、比较进而做出选择。对于大多数商品而言，消费者的购买往往是为了满足生活的基本需要，如安全、舒适、健康、方便等。所以，恰当地使用理性诉求策略，不仅要向消费者说明产品的重要特性，更重要的是说明这些特性能满足消费者的什么动机和需要。

3.理性诉求的策略

（1）改变消费者的错误观念

广告实践中，当消费者对某种广告产品产生错误的观点时，一般的广告宣传很难改变其态度，需要通过理性诉求的手段向其澄清事实，从而纠正其对广告产品的错误认知。

（2）强化消费者的肯定态度

任何产品都不可能十全十美，都会有一些缺陷。当一些缺陷不能回避时，广告可以通过理性诉求的手段，进一步强化广告产品的优势，淡化其劣势，从而使消费者对产品的这种优势进一步肯定，提高产品的竞争力，使其销售主张被消费者认可。

（3）降低对产品不利特征重要性的评价

通过理性分析，让消费者认为产品的某些不利特征并不重要，使消费者对产品产生积极态度，这是一些高价产品经常选用的广告宣传策略。例如，某天然面粉的价格比其他面粉高，于是在广告中强调"家有小孩，贵一点也无妨"，使价格因素的重要性相对降低。

（4）提出新的产品特征

通过理性分析，提出新的产品特征，作为广告诉求的重要内容。例如，当许多水饮料强调自己如何纯净时，农夫山泉则提出"农夫山泉有点甜"的新的标准特征，旨在说明其含有人体所必需的矿物质等营养成分。产品先入为主，给消费者留下了深刻印象。

4.理性诉求的具体形式

（1）直接陈述

这是最为直接的方法，说明产品的特点和功效，通过描述向诉求对象阐述产品的种种特性。

下面是力士润肤露的广告文案。

含有天然杏仁油及丰富滋养成分，清香怡人，令肌肤柔美润泽，适合中性和油性肌肤。

这则广告，简单明了，将产品的特性和由此产生的功效一一准确阐述，可以使消费者对这种产品产生全面认识。

（2）引用数据

引用数据可以令消费者对产品和服务产生更具体的认知，翔实的数据远比空洞的、概念化的陈述更有力量。瑞士欧米茄手表的广告文案就采用了这种方法。

全新欧米茄蝶飞手动上链机械表，备有18K金或不锈钢型号。瑞士生产，始于1848年。机芯仅25毫米薄，内里镶有17颗宝石，配上比黄金罕贵20倍的铑金属，价值非凡，浑然天成。

这样精确的描述，使消费者对产品有了更细致的了解，这里的每个数字都使这则广告更具说服力。

（3）利用图表

如果需要引用的数据较多，或者产品结构、设计的特性很难用语言描述，就可以引入简单明了的数字表格、图表或示意图。图表有时比文字更便于传达精确的信息。

（4）类比

直接陈述和提供数据的方法可以清楚传达信息，但不够形象。类比是形象传达信息的重要方法。类比的基本思路是选择对象熟悉的、与产品有相似或者相反特性的事物与产品特性并列呈现，从而准确点出最重要的事实。

第二节　广告设计

广告创意对于广告活动而言只是一种观念性的存在，这种抽象的、模糊的、内在的、隐含的观念性必须付诸具体的形态，才能让消费者接受。也就是说，任何一个广告要想达到它的目的和意图，都要借助于各种表现手段、表现方式、表现符号将广告创意转化成广告作品，这一将广告创意物化的创造过程就是广告设计。简言之，广告表现的过程就是广告作品的设计过程。广告表现的成败直接影响广告宣传的效果，在广告设计中，广告表现起着承上启下的重要作用。

一、广告作品的设计规范

1.广告作品设计的含义

广告作品设计就是创作广告画面来表现广告主题思想、勾画广告意境、展现广告文案的过程。它相对于广告创意与策划而存在，其核心工作就是设计符合主题要求、美意融融的广告作品，为广告宣传准备物质条件。

2.广告设计表现的要素

（1）广告主题

广告主题是广告的灵魂，是广告宣传内容的高度概括和抽象，它决定着广告设计的其他要素（如文案、画面、情节、音响、背景等）的运用。鲜明地突出广告主题，能使消费者接触广告后就理解广告告诉人们什么，要求人们去做什么。确定广告主题，必须要突出和体现广告战略决策，集中反映广告信息个性，并适合消费者的心理。

（2）广告构思

广告构思是对广告主题的形象化表现所进行的一系列思维活动。有了明确的广告主题，如果缺少表现主题的构思，就无法引起消费者的注意，难以取得良好的广告效果；如果构思与主题不协调，主题就不能得到充分表现，甚至会干扰主题而转移消费者的注意力，削弱广告效果。广告构思不是凭空想象出来的，广告的设计过程是对现实进行抽象思维的过程，应摆脱旧的经验和意识的束缚，从多方面去发展新的思维，促使新的观念的广告作品的产生。

（3）广告文案

广告文案是广告传递经济信息的必要手段。没有语言文字的广告，人们就无法明白广告在宣传什么。广告的语言文字部分不管其字数多少，都要表现广告主题，与主题无关的文字都应该删除。广告宣传要做到用最少的言辞与时间来完成最好的表述，就要求广告设计者必须具备良好的语言艺术素质。只有让人信服，富有吸引力的广告，才能感染消费者的情感，引起消费者的共鸣，激发其欲望，促成购买行动的实现，否则就难以达到广告宣传的目的。因此，如何用精练准确、通俗易懂的语言文字来表达广告主题，是广告设计者必须具备的基本功。

（4）广告图画

图画是展示广告主题的有效方法，是广告作品中最直观的组成部分之一，是提高视觉效果的重要手段。在号称视觉传达的时代，广告形象中的图画在大多数广告作品中比文案占据更多的位置，在促销商品方面与文案有着同样的作用，有时甚至比文案更重要。因此，设计者笔下的广告图画的优劣，对于一件广告作品来说是决定其成败的重要因素之一，决不能掉以轻心。在广告设计中一直流行着3B符合的说法，即美女（beauty）形象、婴儿（baby）形象、动物（beast）形象。

（5）背景要素

背景要素是指为配合广告宣传需要而选择的衬托性景色、底色或背景音乐、音响等。一则好的广告为了突出主题，往往还要利用各种背景要素来表现广告，以整体形象来突出主题，强化广告感染力，使死物变成活物，静寂变成热闹，孤立变成完整，从而提高广告的注意度、理解度和记忆度。当然，衬托要素只能服从于表现主题的需要，不能因喧宾夺主而转移了消费者的视线。

3.广告作品设计的程序

一般而言，广告设计要遵循一定的设计程序，以划分广告设计中的步骤。

第一步，根据广告决策所确定的宣传媒介类型，初步决定广告的表现形式，即图画式、文字式、实物式和综合式。

第二步，理解广告创意，宣传主题，把握好中心思想、创意和主题，这是广告作品设计的基础。广告作品的创作不同于一般的艺术作品，它强调服务功能和宣传色彩。它不仅是创作人员的纯艺术灵感的发挥，还是广告创意和主题的形象表现，只有符合广告创意和主题的广告作品才是有效的，也才是优秀的。可以说，准确理解广告创意和主题，是创作优秀广告作品的基本前提。

第三步，领会广告文案的重点及核心，把握好宣传方式。广告作品是广告文案的宣传载体，如何借助于广告图画、字体、色彩、布局等表现手段来制作广告作品，直接关系着广告文案的诉求力和冲击力。只有准确领会了广告文案的实质，才有可能创作出符合广告文案要求的作品。

第四步，构思、创作，拟出广告作品的草图。对于平面广告而言，这个环节的工作主要是设计广告画面，选择并编排字体、色彩等。对于视频广告来说，这个环节主要是编制电视广告脚本，选择具有导演创作的色彩，设计的工作主要有编排故事情节、选用模特形象、设计广告画面的背景等。对于音频广告而言，主要工作是拟音、设计音乐、音响等。

第五步，把广告作品的草图交给广告策划创意人员和企业负责人审定。如果广告作品草案通过了审定，表明它符合创意要求，能够为宣传商品、促销服务，即可进入下一个操作环节。反之，广告作品草图未能通过审定，那么广告创作人员就需要返工，然后重新提交审定。

第六步，制作样本。这一步包括设定构图参数、设定色彩合成参数、设定布局参数。

第七步，根据样本的构图参数进行制版工作，然后进行大批量印制。

这个操作过程见表4-1。

表4-1 现代广告作品的设计程序

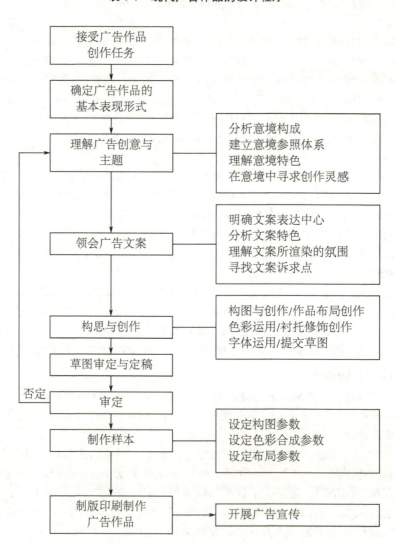

4.广告设计的评价标准

什么样的广告设计作品才是优秀的广告作品，这一直是广告人思索的一个问题。不同的人站在不同的角度会有不同的评价，但是在投放广告媒介之前，为了确保广告设计作品的有效性，必须对广告作品本身进行科学的评价。否则，广告活动的效果就无法保证，广告主的利益就不能有效维护，这是不符合广告活动原则的。

我们认为对广告作品的评价，包括作品的总体评价和各构成要素评估两个方面。下面我们从我国某届优秀广告作品评选标准（见表4-2）这一具体例子来进行理解和参考。

表4-2　我国某届优秀广告作品评选标准

广告类型	评分标准	最高得分
报刊广告	信息传递清晰准确、真实可靠	20
	创意新颖独特、富有想象力，主题鲜明突出	30
	用词精练优雅、文字规范、可读性强	20
	布局严谨、技巧娴熟、视觉流程合理、有吸引力	30
广播广告	创意新颖独特、不落俗套，主题鲜明突出、定位恰当	25
	语言简练、表达准确、生动有趣、引人注意	20
	音乐、音响与内容和谐统一，恰当地烘托主题，增添气氛	20
	演播、演唱字音清楚、优美自然、生动悦耳	20
	制作精细、技术综合处理好	15
电视广告	创意新颖独特、主题鲜明突出，定位恰当，内容真实可靠	30
	信息传达清楚准确，易记易认，镜头逻辑语言合理，演示生动感人，富有魅力	25
	色彩和谐，用光合理，文字规范，编排得体	15
	语言精练，解说、音乐、音响设计对位，视听交融，整体效果好	15
	制作严谨，技术综合处理好	15
户外广告	主题突出，定位得当，信息传达准确、清晰	30
	创意独到新颖，富有想象和魅力	25
	正确把握媒体特征，充分发挥媒体长处	15
	图形生动，文字规范，色彩感人，整体视觉效果突出，易读易记易认	15
	制作严谨精细，技术综合处理好	15

（资料来源：黄合水著《广告心理学》）

二、平面广告作品的设计艺术

平面广告是广告形式中历史最长、运用最广的广告形式，主要是指报纸、杂志、路牌、海报、直邮广告、传单、产品目录等以视觉传达符号为主的广告作品。一则成功的平面广告作品包含构图、色彩、文案以及由此而构成的意象空间等要素，设计时需要遵循突出卖点、通俗易懂、新颖独特、删繁就简、凝动于静、制造动感、引发想象等原则。

（一）广告图画的设计艺术

广告图画是指将广告宣传内容用线条或色彩描绘在平面上而构成的形象。它是一种非文字形式的广告宣传品，通过图画的形状、色彩和整体画面形象地表达创作者的思想、感情和概念，沟通广告创作者和公众的联系。这是一种独特的表现手法，往往能表达出用语言和文字所无法表达的意境。就其接受面来说，比文字广告和声音广告面要广。

1. 广告图画的种类

广告图画按其表现形式主要有广告摄影和广告绘图两种。

（1）广告摄影

广告摄影是广告设计与艺术摄影相结合的实用造型艺术，是一种借助摄影技巧和优美艺术语言进行宣传的载体。它以光线、基准画面、背景为造型要素，以巧妙的构思、形象的设计开辟了一个新的视觉审美领域。

（2）广告绘图

广告绘图的种类很多，包括油画、水粉画、水墨画等，表现的艺术形式大致有绘画、漫画、图表，其流派有写意派、现代派、抽象派，各有所长。

2. 广告图画的表现手法

广告图画设计作为一种艺术创作，常见的表现手法有以下几种。

（1）展示法

展示法是借助使用商品的具体图形直接展示商品性能特点、基本结构的构图方法。由于这种构图方法直观、形象地展示了商品的性能，突出了商品的价值功能，因而具有较强的影响力。

（2）寓意法

寓意法是运用巧妙的构思，通过勾画其他相关的物品，间接、侧面地介绍产品，宣传企业、商品所具有的特点，其含意深刻，说服力强。

（3）对比法

广告图画设计通过对不同产品、不同企业进行比较，突出优点来吸引公众。有比较才有鉴别，通过对比手法，公众自然会作出检验与判断，这就容易刺激公众的欲望，促使公众对产品或企业产生兴趣。

（4）夸张法

通过艺术手法，对广告作品中宣传的企业形象富有特性的某个方面进行适当夸大、渲染气氛，以加深公众对这些特性的认识。设计中通过变形处理和风趣的广告语言，增添广告的宣传效果。但夸张必须合理，恰到好处。过度的夸张只能破坏广告宣传的意境，结果是适得其反。

（5）写实法

这是一种直接用现实生活图画素材（特别是生活照片）来展示商品形象、渲染主题内容的图画创作技巧。它能够将企业形象、商品形象或者是商品的特殊功效、使用商品的经典化生活背景直接显示在公众面前，给公众以真实感和实体感，从而引起公众的反应，赢得公众的认同。由于这种构图技巧直接取材于现实生活，没有虚幻的色彩，比较贴近生活，因而具有比较独到的宣传效果。

（6）幽默法

广告图画运用富有喜剧性质的情节，经过巧妙的构思、合成，展现生活现象中富有趣味的场景或行为，把公众引向轻松愉快的意境，使公众对广告的意图很快心领神会，这种富有幽默感的广告让公众经久难忘。

（7）比喻法

比喻手法是在广告图画设计过程中，将两个不同事物相比拟，用比拟物品的形象或性能、特点来衬托商品形象的构图手法。

广告图画设计表现手法除了以上七种以外，还有很多种，如悬念法、构图法等。

（二）广告字体的设计艺术

广告文字的设计是广告作品设计的重要组成部分，特别是在文字类广告中，文字的设计尤其占据重要的地位，例如在印刷媒体广告中的报纸广告、杂志广告、书籍广告中，文字的设计和广告画面设计往往构成统一和谐体。

1. 活字书体的设计规范

广告文字设计根据广告的表达功能和运用的范围，都注重于活字设计的研究与应用。为了提高影响力，应注意以下要求。

（1）精选字体

广告文稿确定后，需要精选字体，即进行字形设计。可供选择的字形有很多，汉字主要有黑体、楷体、宋体、草书、隶书、篆书、行书等。在此基础上，又演化出印刷体和美术体等。这些不同的字体具有不同的特征，具体见表4-3。

表4-3　常见字体的形态特征

类型	字体特征
宋体	横细竖粗，笔画严谨，字形方正，典雅端庄，严肃大方
仿宋体	笔画粗细一致，讲究停顿，挺拔秀丽，典雅大方
小篆	笔画横竖粗细等匀，布局均匀对称，整体结构环抱紧密，章法平正划一、排列方正、横竖成行，给人以整齐美
隶书	字体灵活多样，厚实严谨
楷书	体势呈长方，笔画丰满，章法多直行纵势、结构紧密，用笔变化多端、端正工整、通俗明了，给人以大众美
草书	体势放纵、变化多端，飘逸灵秀，或春风拂柳、婀娜多姿，或沙场征战、万马奔腾，或风起云涌、波涛翻滚，给人以豪迈美
行书	既有楷书的体势点画，又有草书的简易，形体灵活多变，给人以洒脱美
黑体	笔画单纯，结构严谨，庄严醒目、视觉效果强，浑厚有力，古朴雄健

（资料来源：何修猛著《现代广告学》）

设计字形时，应该充分考虑企业和商品的特性，注意每一种字体的结构和表现特性，同时借助象征、寓意手法对字形进行简化、变形或夸张等艺术化处理，加以布局、组合后，使字体大小、字形方圆、线条粗细等不仅能增强画面的效果，而且增强广告作品的美感。

（2）和谐统一

无论汉语活字体或外文活字体都具有共性，即表现丰富，书体可大可小，只要在设计时做到风格、色彩的和谐统一，就能达到视觉美的效果。

（3）巧妙编排

广告的字体编排比普通书籍、杂志的编排要复杂得多。适当的字体，考虑字形和位置的对比调和关系，既能使广告文字充分表现在画面上，又不致使广告版面看起来拥挤、呆板。要达到良好的编排效果，设计人员不仅要做到编排主题鲜明、重点突出，使公众能从字体编排中看出广告的中心；而且注意版面松紧的有机结合，以及字体与图案、色彩等因素的和谐统一，排放合理，错落有致，使广告既有内在质地美，又有外在的形式美，从而通过版面的艺术价值增强广告宣传的视觉效果及心理认可方面的吸引力，扩大广告宣传的辐射效应。

2. 广告文案的编排技巧

广告文案的编排形式直接影响着整个广告宣传作品的视觉形象。因此，在广告文案设计中，应该高度重视广告文案的编排艺术，以高超的文案编排技巧强化广告作品的宣传效果。

广告文案的编排技巧主要有以下几种。

第一，左右均齐的编排。

第二，齐左的编排。

第三，齐右的编排。

第四，中间对位的编排。

第五，立文编排。

第六，沿图形（内空心、外轮廓）编排。

（三）广告色彩的设计艺术

色彩在广告作品设计中，最能展现产品形象和企业形象的特色，具有很强的表现力。色彩具有较强的心理情感意义和文化意义，在广告作品设计中，我们应该根据人类色彩文化，选择、组合个性鲜明的色调，以有效地强化广告作品的感情意义，衬托广告的真实性，增强广告的美学情趣。

1. 色彩的对比技巧

对比是普遍存在于一切色彩中的现象。由于不同色彩的视觉效果不一样，当两种色彩相比较时，其视觉差异较大，与单色的存在形成鲜明的对比。这种现象往往表现为色相、明度、纯度的对比。

2. 色彩的配合技巧

色彩的配合是指色与色之间相互呼应的作用。在广告图画设计中，两种或两种以上色彩的配合，能产生丰富、华丽、柔和的情感效果。但是其间不同的颜色匹配、易读性等级是不同的。美国广告学家卢基通过实验研究，列出了13种颜色匹配的易读性等级，其中黄底黑面最高，而绿底赤面最差，具体见表4-4。

表4-4 色彩匹配的易读性等级

色彩匹配	底色	黄	白	白	白	青	白	黑	赤	绿	黑	黄	赤	绿
	面色	黑	绿	亦	青	白	黑	黄	白	白	白	亦	绿	赤
易读性等级		1	2	3	4	5	6	7	8	9	10	11	12	13

（资料来源：何修猛著《现代广告学》）

3. 广告色彩的设计技巧

广告色彩的设计不是单纯的艺术用色，比较强调视觉效果和市场促销效果。在具体操作中，应遵循以下原则。

第一，突出企业风格，直接用色彩、色调展现企业的行业性质、经营宗旨、服务方针等企业文化内容。因此，在广告色彩设计中，应该认真审视企业理念、企业文化和企业经营文化，从文化的角度理解好色彩的立意与主题，使广告用色富有文化品位。同时，解剖企业与商品形象。根据公众对企业与商品的期望形象和实际形象理解广告色彩的设计意图，组合色彩的布局。在此基础上，再设计色彩方案，包括选择主体色彩、辅助色彩，进行颜色搭配、组合、对比，明确主体色彩与辅助色彩、背景色彩与标准色彩之间的面积比例。色彩方案经审定后，还应该把广告用色作品指数化、标准化，使广告用色方案成为可复制的设计图，以便批量化地印制。

第二，制造色调差别，以特色化的色彩组合方式来展示企业的独特个性。在这方面，常用的策略有：鲜明化策略，即选用的色彩多以高亮度色彩为主，有些色彩亮度比较低，则采用提高纯度的方法，来强化企业标准色的视觉效果。专业化策略，即选用与原料色彩、产品色彩相同的色彩，进行组合和变形后，作为企业标准色，以突出专业性。大手笔策略，即选用单一的大面积色彩，组合出大格调的色彩布局，来作为企业的标准色，以强化标准色的鼓动效果。

第三，迎合公众色彩心理需要。设计广告作品色彩时，应该认真调查目标公众的色彩心理需要，并力图使广告作品色彩与公众色彩心理相吻合。

（四）广告作品的布局艺术

广告布局又称广告构图，是指在一定规格、尺寸的版面位置内，把一则广告作品的设计要点（包括广告文案、图画、背景、饰线等）进行创意性编排、登记组合，加以布局安排，以取得最佳的广告宣传效果。广告布局直接影响着人们的感觉，影响着宣传内容的传达，对于宣传效果的好坏起着关键性作用。

为了解决广告布局对广告作品的强化作用，提高广告布局的科学性与艺术性，在实际工作中，应该注意以下要求。

1. 注重创意性编排，强化整体美感

广告布局具有一定的创造性，需要从总体上进行编排性构思。也就是说，在登记组合广告作品要素之前，应该勾画出广告作品的总体轮廓，以强化广告作品的整体感、流畅感和气势感。

2. 遵循视觉规律，突出宣传重点

我们知道，人们在阅读平面作品的时候，其视线一般是遵循从左到右，从上到下，从左上到右下，还有由动到静的"视觉运动流程"，从大到小，由疏到密的"视觉空间流程"。因此，广告作品在设计的时候，其构图要具有明确的方向感和顺序感，遵循人们的视觉流程，有意识地引导消费者沿着构图形成的流程指向广告要宣传的内容。

（1）树立"大布局"意识

即从整个印刷媒介的总体布局中寻找最佳布局点。一般而言，同一个版面内，读者的视线流动规律是：注意力值左比右大，上比下大，中比上下大，整版注意值100%，版面注意分配，如图4-4所示。

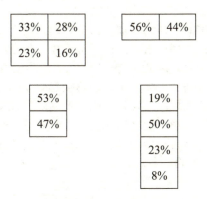

图4-4　版面注意值分布

（资料来源：何修猛著《现代广告学》）

（2）寻找和制造视觉中心

如果没有其他因素的影响，人的视觉中心常常在画面自下而上的5/8的区域。在这个区域中安排主题内容，能给人留下深刻印象。在广告布局中，除了直接利用人们既定的视觉中心外，还要创造视觉中心，即通过面积对比、字体对比、色彩对比、方位对比、遗留空白等手段，引导公众的目光，形成新的视觉中心。

（3）创造视觉导向机制

在广告作品布局中，应该通过线、形的巧妙安排，创造方向性和顺序感，引导人们先看重点内容，后看一般内容。

3. 遵循美学原则，提高艺术品位

广告布局也是一种美术创作，因此，在充分运用视觉规律的基础上，还要强调美学原则的运用。

第一，注意布局的均衡、对称和变化统一，创造和谐的形式美。

第二，注意空间作用。在以少取胜的前提下，留下较大的空白，删去不必要的花纹、线条、边框、颜色，创造简洁美。在国际上，广告作品中空白的比例一般为3/7～4/6。

第三，注意方位安排。该密则密，该疏则疏，该隔离则隔离，创造浑厚而灵活的整体美。

第四，注意排列秩序。文字排列、颜色运用、线条安排要主次有别，先后有别，整齐美观，形成画面运动感、节奏感和韵律感，创造有条不紊的流动美。

第五，注意黄金分割比例（0.618∶1）在广告布局中的灵活运用，增加广告作品的视觉美。

三、音频广告作品的设计艺术

音频广告作品主要是指以广播作为载体的广告作品，广播广告是音频广告作品的典型代表。

广播广告是一种通过广播媒体传播，主要作用于人的听觉系统的广告。作为一种重要的广告媒介，要充分发挥广播广告的效能，广播广告的创意和设计就显得尤为重要。

（一）广播广告作品的设计

广告广播的要素与广播声音的要素具有一致性。语言、音乐、音响是构成广播声音的要素，同样也是构成广播广告的要素。

1. 语言

语言包括口头形式和书面形式。作为广播广告要素的"语言"，是特指有声语言或听觉语言，即语言的口头形式。有声语言是广播广告中用以塑造形象，传达广告信息的主要工具和手段，也是听众辨析、接受信息的唯一途径。因此，有声语言在广播广告中是举足轻重、决定成败的关键性要素。这就要求广播广告的语言要具体形象，能够唤起受众的想象和联想，在听众脑海中形成画面或图像；要亲切真实，充分发挥广播媒体"固有的温暖特性和陪伴功能"，通过亲切的话语，与受众心心相通，使信息平添真实感；要轻松愉悦，让听众感到轻松愉快，能激起人们的欣赏兴趣；要悦耳动听，每句话、每个字音都应悦耳动听，富于节奏感和音乐美。信息代言人应与信息密切相关，其声音应与广告目标吻合、一致。

2. 音乐

生活中不能没有音乐。贝多芬曾说过："音乐应当使人类的精神爆发出火花。"冼星海曾说过："音乐，是人生最大的快乐；音乐，是生活中的一股清泉；音乐，是陶冶性情的熔炉。"流行音

融合于现代广告中,是广告业发展的一个重要趋势。广告中的音乐也会成为流行。

广播广告中悦耳动听、与语言的节奏和谐一致的音乐能够唤起听众的情感共鸣,消除与听众之间的心理距离。特别是广播广告中的歌曲或民谣,可以调动听众的参与意识,强化广告信息,增进记忆,促进哼唱与流传,延续广告的传播效果。因而,音乐,特别是歌词的创作是广播广告文案不可忽视的重要因素。音乐在广播广告中起到增强广告的艺术感染力、沟通与听众感情的作用。在广播广告中配上音乐,能够引发听众的收听兴趣,并使之在不知不觉中记住广告的内容。

3.音响

音响是指除语言、音乐之外的各种各样的声响。音响的设计也是广播广告文案的重要构成要素,是再现或者烘托环境气氛、描述或者诉说产品性能特征、塑造广告形象、体现广告主题、增强广告内容表现力的辅助手段。常见的音响效果包括五种类型:一是大自然的各种声响。如山崩、地裂、洪水、海啸、浪涛、暴风雨等;二是动物声音。如鸟鸣、狼嚎、虎啸、犬吠、猪哼、鸡叫等;三是机械声响。如摩托车的突突声、火车的轰隆声、飞机的马达声、轮船的汽笛声、警车或救护车的警笛声等;四是人物声响。如脚步声、鼓掌声、笑声、打斗声等;五是特殊乐器的声响。如敲鼓声、敲钟声、锣声、吹号声等。音响在广播广告中有着强烈的提示和暗示作用,在有些时候,音响能传达语言和音乐无法传达的信息。

(二)广播广告设计应该注意的问题

制作广播广告需要注意广播的四个作用机制:一是听觉的作用机制,即广播广告作用于公众的听觉系统,借助听觉形象和听觉联想产生效果;二是个人收听机制,即广播广告的听众是个人化而不是群体化;三是渗透收听机制,即绝大多数公众是"一边干活一边收听";四是重复效果机制,即广播广告需要不断重复才能产生效果。因此,广播广告创作时应该遵循立足声音、强调品牌、集中诉求的原则,注意以下问题。

第一,用词力求口语化;
第二,句子力求简短;
第三,语音力求科学;
第四,音乐力求经典。

广播广告应该使人们心情放松,激发听众的兴趣,才能使广播广告产生很好的效果。

四、视频广告作品的设计艺术

视频广告作品主要是指以电视、电影等为载体的广告作品,下面我们以电视广告的设计艺术为例进行说明。

电视广告主要是借助荧屏图像进行广告宣传的。一般而言,荧屏图像具有形象生动、融声情于一体的特点,往往由于造型别致、寓意深远给公众留下深刻的印象。从视觉、感觉效果来分析,荧屏图像通过动与静的结合,图画与色彩谐调,将迷人的旋律、优雅的文字贯穿其中,以便全方位地影响公众。

(一)电视广告脚本的要素

从形态上看,电视广告的主要构成要素包括视觉部分(画面、字幕)和听觉部分(有声语言、音乐和音响)。现在电视广告越来越倾向于情节故事模式,这是策划电视广告、编制电视广告脚本应该注意的基本要求。

电视广告脚本一般包括以下要素：故事情节、模特形象、广告画面、拟音、音乐与音响、屏幕字体、色彩等。

电视广告脚本的编制一般采用表格形式，参见表4-5。

表4-5 电视广告脚本的格式

主题理念											
主题情节											
镜头序号	持续时间	画面				拟音配音	旁白	字幕	音乐	音响	色彩
		剧情	景别	构图	镜位	摄法					
1											
2											
3											
…											

（资料来源：何修猛著《现代广告学》）

（二）电视广告的表现形式

电视广告制作本身是一门综合性艺术，加上电视广告的表达运用了多种手法，其形式也是多样的。总体可以分为两大类，一类是以符号角度的电视广告表现，有生活片断形式、推荐形式、歌曲演唱形式、戏剧小品形式等；另一类是以内容角度的电视广告表现，有商品宣传型、促销宣传型、品牌宣传型等。第三节对于电视广告形式还有详细介绍，在此不再赘述。

（三）电视广告的拍摄方法

在电视广告的制作中，掌握基本的拍摄方法，具有重要的意义。一般而言，电视广告拍摄方法主要有以下几种。

1. 写实片方法

写实片方法，即拍摄"真人、真物、真景"的方法。在这种方法中，广告的宣传内容有时被设置为中心内容，有时被设置为表演道具。有真人真景为衬托，烘托产品的真实性和可靠性。

2. 死动片方法

死动片方法，即运用拍摄、制作特技使本来不可能跳、不可能跑的商品跳起来、跑起来、转起来，使静止的商品成为自主可动的商品，如药丸从瓶中滚出来列成字，又自动跑进瓶里。

3. 木偶片方法

木偶片方法，即用木偶宣传商品，产生动感。

4. 纪录片方法

纪录片方法，即用录像、转播形式进行拍摄，如拍摄产品实际操作，顾客抢购现场等。

5. 卡通片方法

卡通片方法，即借用卡通片制作技巧拍摄广告，使广告画中的商品产生动感。这种广告片特别擅长表现夸张、虚构、幻想的题材和情节，能把幻想的东西形象具体地表现出来，对公众有较强的感染力。在运用上，既可以采用卡通片形式进行宣传，如商标中的动物图形从商标中走出来介绍商品；又可以采用动画与真人真景的合成形式进行宣传，如芳草牙膏广告中，一个可爱的小男孩骑在卡通的芳草牙膏上。

（四）电视广告的制作要求

电视广告要求在极其有限的时间内（如5秒、10秒、15秒、20秒、30秒、45秒、60秒）介绍广告内容，而且要有实际宣传效果，因此，特别强调制作艺术的运用。为了提高电视广告的艺术水平，在操作上应注意以下几个要求。

第一，台词力求简短、精练和口语化、节奏化。电视广告虽然是一种艺术，但是贴近生活，没有深奥之感，因此，它所需要的台词，如解说、演讲词都强调生活气息。事实上，也只有贴近生活的日常化用语，加上富有节奏感的表达，才能真正吸引公众，影响公众。

第二，广告字幕要突出醒目。广告字幕就是电视屏幕上直接打出的文字，一般是企业名称、品牌名称、广告标题或广告标语等。制作电视广告时，运用字幕既要考虑画面要求，又要注意字体、大小、粗细方面的设计和排列，力求小而精、鲜明醒目。

第三，广告画面要力求表演化、动作化，以明快的运动形式达到形声结合，创造情节效果、舞蹈效果和戏剧效果。

第四，广告音乐要美妙而富有节奏感，力求既悦耳动听、烘托意境，又能调动人的动作欲望，强烈刺激公众的感觉系统。

第三节　广告文案

广告文案创作是广告活动的重要组成部分。现代广告的艺术表现形式是多种多样的，但无论何种形式的广告都离不开文字这个最重要的载体。撰写各种广告文案也是广告从业人员的基本职责之一。这就要求广告人不仅要有高超的广告创意能力，而且要求具备很强的广告文案创作能力。

一、广告文案的概念和结构

（一）广告文案的概念

广告文案是每一则广告作品为传达广告信息而使用的全部语言符号。

这一概念包含以下五层含义：第一，广告文案是依附于广告作品而存在的。广告公司提供给广告主的策划文本、企业内部的相关提案等广告运作过程中其他应用型文稿不能称为广告文案。第二，广告作品必须已经完成，能直接面向受众。草案或提案稿都不是广告文案。第三，广告文案涵盖广告正文。广告正文也叫做"主体文案"，是广告作品中详细叙述产品或者服务的文字。广告正文只是广告文案的一部分。第四，广告文案包括广告作品全部的语言文字，不只是广告语。

广告作品中，除作品本身包含的文字外，所有语言文字都是广告文案。通常包括标题、广告语、正文、附文等。第五，广告文案包括"语言"和"文字"。在平面广告和广播电视广告中，文案的体现形式是不同的。报刊等平面广告的文案直接体现为文字；而广播电视广告的文案主要是人物的话语或旁白，其次才是文字形式的字幕。

1.广告文案的基本特性

所谓特性是指一个事物区别于其他事物的本质属性。广告文案的特性，也就是广告文案和其他文体形式的根本区别。衡量一则广告作品的文案是否成功，首先就要看这个广告文案能否有效地传播产品、品牌或者企业形象的信息，能否促进产品的销售、品牌资产的提升和企业形象的建立，能否与消费者有效沟通。也就是说广告文案写作是讲求市场营销的效益性的。

（1）商业性

广告文案不是诗词歌赋，它要能够直接地或间接地为商品促销服务，使消费者了解产品或者服务带给自己的具体利益，理解品牌或企业提出的观念与自己的需要和生活方式的联系。这就是广告文案的商业性特点。

（2）沟通性

广告文案不能只是为企业或者产品、品牌代言的文本，文案的撰写者要站在广告客户和消费者之间，以受众为本，尊重受众，真诚、平等、互惠地与消费者沟通，交流信息，而不是居高临下、盛气凌人、虚情假意、侵犯或者哄骗消费者。他要在完全理解、认真吸收企业广告信息的基础上，在广告中把这种信息翻译成消费者能听懂的话传递给消费者，这才是广告文案。广告文案的沟通性有两个层次的要求：一是易于理解和记忆，也就是让消费者一听就明白，一看就懂；二是要达到共鸣，沟通实现的最高境界就是双方的共鸣。

（3）塑造性

广告文案能够有效塑造品牌形象或企业形象，为产品的销售奠定基础。广告文案在引起消费者记忆方面起着重要的作用。我们可能对看过的广告已经忘记了，但是对于广告中宣传的口号及理念仍然记忆深刻，尤其是对广告标语的记忆更是如此。在激励市场竞争的今天，产品的同质化增加，品牌的影响力对于消费者在购买行为中的作用越来越大。广告塑造品牌形象，首先要求广告文案展示商品和企业独特的个性，抓住对象唯一的、与众不同的特点。这就是广告文案的塑造性。

（4）文化性

文化性是指广告文案传播国家文化、企业文化或品牌文化而形成的一种影响力。文案不是文字游戏，更不是脱离传播主体而存在的文字符号，它传播的精髓是品牌象征的、代表的文化。产品、品牌、企业的背后是文化的力量。比如美国有一些影响全世界的著名品牌，比如可口可乐、耐克、麦当劳，它们都代表着深厚的美国文化，代表了美国人的感情。品牌的成功，首先是文化的成功。成功的广告文案是要传达出品牌的文化精神，使文案具有文化性。

当然广告文案的特性还包括真实性、生动性、独特性、优美性、贴切性等但是商业性、沟通性、塑造性、文化性是广告文案区别于其他文本的本质特征。

2.广告文案的创作要求

（1）主题明确、内容准确

准确、规范是广告文案中最基本的要求。要实现对广告主题和广告创意的有效表现和对广告信息的有效传播，首先，要求广告文案中语言表达规范、完整，避免语法错误或表达残缺。其次，广告文案中所使用的语言要准确无误，避免产生歧义或误解。第三，广告文案中的语言要符合语言表达习惯，不可生搬硬套，自己创造众所不知的词汇。第四，广告文案中的语言要尽量通俗化、大众化，避免使用冷僻以及过于专业化的词语。

（2）简明精练、言简意赅

广告文案在文字语言的使用上，要简明扼要、精练概括。首先，要以尽可能少的语言和文字表达出广告产品的精髓，实现有效的广告信息传播。其次，简明精练的广告文案有助于吸引广告受众的注意力和迅速记下广告内容。第三，要尽量使用简短的句子，以防止因繁长语句给受众带来反感。

（3）生动形象、表明创意

广告文案中的生动形象能够吸引受众的注意，激发他们的兴趣。国外研究资料表明：文字、图像能引起人们注意的百分比分别是22%和78%；能够唤起记忆的百分比分别是65%和35%。这就要求在进行文案创作时采用生动活泼、新颖独特的语言的同时，辅助以一定的图像来配合。

（4）动听流畅、上口易记

广告文案是广告的整体构思，对于其中诉之于听觉的广告语言，要注意优美、流畅和动听，使其易识别、易记忆和易传播，从而突出广告定位，很好地表现广告主题和广告创意，产生良好的广告效果。同时，也要避免过分追求语言和音韵美，而忽视广告主题，生搬硬套，牵强附会，因文害意。

（二）广告文案的结构

广告文案一般由标题、正文、附文和口号构成。

1. 广告标题

（1）广告标题的概念及其功能

广告标题是广告的旗帜和窗口，是广告文案核心信息的浓缩，是吸引消费者注意力的标志。它对广告的最终效果有着直接的作用和影响。

① 广告标题的概念。广告标题是整个广告文案乃至整个广告作品的总题目。广告标题为整个广告提纲挈领，将广告中最重要的、最吸引人的信息进行富于创意性的表现，以吸引受众对广告的注意力。它昭示广告中信息的类型和最佳利益点，使他们继续关注正文。

② 广告标题的功能。广告标题的重要性，是由它的基本功能所决定的。广告标题的功能，主要体现在以下几个方面。

第一，凝练广告主题。广告标题用高度概括的词句表达了广告宣传内容和核心信息，使观众对广告内容一目了然，或产生相应的联想。

第二，引起受众注意。广告成败的关键首先是要看有没有公众阅读、收看或收听。而能否吸引公众阅读、收看、收听广告，标题起着至关重要的作用。

第三，分离目标受众。即在无目的阅读和收看的受众中间，分离出目标消费者。广告标题提出的广告信息中的利益点能成为受众潜在消费欲望的对应物，让他们自觉地对广告内容产生深度关注的好奇心理。

第四，引导购买行为。广告的劝导作用多数是从标题开始的。在广告标题中，有直接地表现产品品牌的消费者利益的标题，有直接或间接地对受众发出消费劝导和呼唤的标题，有用煽动性的口吻来号召购买行动的产生的标题。广告受众甚至都不用再去看正文就已经被利益点、被劝导和呼唤所吸引，直接引导他们产生消费行为。

（2）广告标题的结构类型

使用广告标题不但是为了广告文案结构的完整，也是为了使广告在最短的时间内吸引诉求对象的注意力。广告标题类型没有一定之规，可视广告文案的整体需要而定。一般来说，广告标题有以下两种分类方式。

① 按内容划分为直接标题和间接标题。直接标题又可称为直接诉求式标题，它以简明的文字将所要宣传的事物或情况直接表达出来，让人一眼就明白广告究竟要说什么。间接标题不直接揭示广告主题，而是间接宣传产品功能和特点，常采用暗示或诱导的手法，引导消费者进一步注意广告产品的功能和特点，注意广告的其他信息。

② 按标题的编排形式，广告标题可以分为单一形态和复合形态两种。单一形态标题是由单词、多词组、单句构成的广告标题形式，主要表达广告宣传的主题内容，具有直截了当的特点，最为常见。

复合形态标题又称为多重标题、复合标题。复合标题是指由多个单标题形成的、相互之间具有某种内在的逻辑关系，在排列上呈先后次序排列的标题。

在具体的操作中，复合标题可以有三种表现结构：引题+正题+副题，引题+正题，正题+副题。

引题+正题+副题：复合标题是复合式标题中最完整的标题形式。它由三个单句构成，相互之间形成一种背景交代、主题诉求、指向性补充的内在关系。如万科公司的房地产广告标题。

引题：万科城市花园告诉您——

正题：不要把所有的蛋都放在同一个篮子里

副题：购买富有增值潜力的物业，您明智而深远的选择

正题+副题：这是复合标题中最常见的标题形式，一般是在正题直接表现广告信息，而副题的明显作用是将受众的视线从标题转向正文。如三金西瓜霜广告标题。

正题：咽喉防火墙

副题：清火消肿，止痛利咽，三金西瓜霜

引题+正题：引题为正题的广告信息的表现作铺垫，提供一个特定的背景情况。如某服务器广告标题。

引题：哇——他们为什么要惊叫？

正题：全新64位数据库服务器

（3）广告标题的表现形式

从常见的表现形式上看，广告标题主要有以下几种形式。

① 新闻式标题。新闻式标题是指采用新闻标题的写法及形式的广告标题。为了加强广告的新奇性和可信性，把广告信息作新闻处理。

② 问答式标题。问答式标题是广告标题常用的表现形式之一。它是一种通过提问和回答的方式来吸引受众的注意力的表现形式。

③ 悬念式标题。即在标题中设立一个悬念，迎合受众追根究底的心理特征，以吸引受众的特别注意的广告标题。

④ 祈使式标题。祈使式标题也叫进言式或建议式标题，就是用建议的或劝导的语言和口吻，向受众提出某种消费建议。

⑤ 承诺式标题。承诺式标题也称许诺式、利益式标题。其主要特点是在标题中就向受众承诺某种利益和好处。

⑥ 赞美式标题。赞美式标题就是在标题中直接地赞美、夸耀甚至炫耀广告中企业、商品、服务的特征、功能、有效性。

⑦ 比较式标题。此类标题主要是通过与同类产品比较，来显示自己产品或服务的优越性，使消费者对本产品的独到之处有深刻的对比认识。

⑧ 口号式标题。口号式标题是指用简洁而富有号召力的口号形成的广告标题。因为经常用格言形式来表现，也叫格言式广告标题。这种标题大多同广告口号互转。

⑨ 实证式标题。实证式标题是用证言和数字的形式进行表现的广告标题。因为它具有实证性，用名人或消费者的证言、用科学而可靠的实证性数据，能获得受众的注意和信赖。

⑩ 修辞式标题。即运用各种修辞方式而形成的广告标题类型。常用的修辞方式都可以运用。比较常见的修辞方式有比喻、夸张、双关、引用、回环等。

2. 广告正文

广告正文是指广告文案中处于主体地位的语言文字部分。其主要功能是，展开解释或说明广告主题，将在广告标题中引出的广告信息进行较详细的介绍，对目标消费者展开细部诉求。广告正文的写作可以使受众了解到各种希望了解的信息，受众在正文的阅读中建立了对产品的了解和兴趣、信任，并产生购买欲望，促进购买行为的产生。

（1）广告正文表现的内容

广告正文所表现的内容主要有以下几个方面。

① 对标题中提出或承诺的商品或商品利益点给予解释和证实。

② 对广告中企业、商品、服务、观念等的特点、功能、个性等方面进行细部说明和介绍。

③ 表现广告中企业、商品、服务、观念等的背景情况。商品由什么企业生产，这企业在同类企业中的地位，商品的制造过程及其制造者的情况，甚至是商品制造过程中有利于商品形象建立的趣闻逸事。表现商品的种种背景是为了形成品牌效应，或使消费者产生放心购买的心态。

④ 告知受众获得商品的途径、方法和特殊信息。这里的特殊信息，也可以是折扣、奖励等信息。在直接的销售促进的广告配合中，其折扣等特殊信息可以在标题、正文等各部分中给予表现。一则产品形象广告中，折扣等特殊信息就只能在广告正文中或广告附文中进行表现。

（2）广告正文的写作要求

① 要有说服力。说服力是广告正文写作的第一原则。

② 要有创造性。广告如果没有针对性，就失去了目标；广告如果没有创造性，就吸引不了注意力；广告如果没有震撼力，印象就不可能持久。

③ 要主题明确。必须切中要害，不可以躲躲闪闪，含糊其辞。有人认为标题是越"简明"越好，正文是越"丰富"越好。其实，这是一种误解。"丰富"不应该是大拼盘和大杂烩，"丰富"也必须主题鲜明，重点突出，能够"一语道破"。

④ 要风格独特。许多广告文案撰写者都是动笔之前在心中塑造一群特定受众的清晰形象，从中选择出一个典型的代表作为谈话的对手，这样就容易把握语言的风格。

⑤ 要简单易懂。又有谁会花时间去啃、去钻、去琢磨一篇晦涩难懂的广告的文字呢？

3. 广告附文

广告附文是在广告正文之后向受众传达企业名称、地址、购买商品或接受服务的方法的附加性文字。因为是附加性文字，它在广告作品中的位置一般总是居于正文之后，因此，也称随文、尾文。

（1）广告附文存在的意义

① 对广告正文起补充和辅助的作用。

② 促进销售行为的实施。当广告的标题、正文和口号已经使目标消费者产生了消费的兴趣和渴望时，如果在广告附文中表现了商品的购买或服务的获得的有效途径，使得他们能以最直接的方式、最短时间之内得到商品，消费者就会乘着兴趣产生消费行为。因此，广告附文可形成一种推动力，促进消费行为的加速完成。

③ 可产生固定性记忆和认知铺垫。在附文部分具体地表现品牌名称、品牌标志，使得受众对品牌的记忆固定而深刻。这个固定性记忆和认知铺垫，可以用品牌效应和企业形象来说服消费者产生消费。

（2）广告附文表现的内容

附文的具体表现内容大致分以下几个部分。

① 品牌名称；

② 企业名称；

③ 企业标志或品牌标志；

④ 企业地址、电话、邮编、联系人；

⑤ 购买商品或获得服务的途径和方式；

⑥ 权威机构证明标志；

⑦ 特殊信息：奖励的品种、数量，赠送的品种、数量和方法等。如果需要反馈，还可运用表格的形式。

（3）广告附文的写作要求

① 有选择地陈述相关信息。广告附文包含的内容较多，但无须把所有的内容一一列出，罗列过多会使关键、核心信息不能突出出来，广告宣传效果反而不好。因此，在附文写作中，要根据广告主题突出几条关键的附加信息。

② 有较鲜明的可识别性内容标识。广告附文应有较鲜明的可识别性内容和标识，如品牌标识、商标等，这样可以让受众一眼就能把此公司和彼公司区分开来。

③ 合理安排广告附文的位置。广告附文通常安排在广告下方。如果广告附文内容、信息较多，也可以合理地安排到广告的其他位置。

4. 广告口号

广告口号，也叫广告语、广告主题句、广告中心词、广告中心用语。它是企业和团体为了加强受众对企业、商品或服务等的一贯印象，在广告中长期反复使用的一两句简明扼要的、口号性的、表现商品特性或企业理念的句子。它是基于企业长远的销售利益，向消费者传达长期不变的观念的重要渠道。

（1）广告口号的作用

① 广告口号首先是企业、商品、服务与受众之间的认知桥梁。

② 加强受众对企业、商品和服务的一贯印象。

③ 通过多层次传播，形成口碑效应。

④ 传达长期不变的观念，改变消费指向的同时，产生长远的销售利益

（2）广告口号的特征

① 信息单一，内涵丰富。广告口号一般都用一两句完整的句子来表现一个信息或一个观念，信息单一，容易理解，没有过多的信息需要受众的用心记忆和用心理解；内涵丰富，不仅是对广告信息的认知、肯定、观念表现，同时也是一种文化现象的表征，一种生活方式的倡导和价值体系的建立。

② 句式简短，朴素流畅。广告口号要在受众的心目中形成一定程度的印记，就要使之句式简短，容易记忆；要形成多频度、多层次的波及传播，在句式上，除了简短，容易记忆之外，还要容易念，容易传。而要使广告口号成为大众阶层日常生活中的流行语，广告口号同时需具备朴素的口语化风格。因为口语化风格可以使得广告口号像一句日常的用语、顺口溜。因此，简短的句式、朴素的遣词造句方式、流畅的音韵效果，是广告口号的一大形式特征。

③ 反复运用，印象深刻。广告口号的特点不是变，而是不变。广告口号是企业、商品、服务在广告运作的整个过程中，在各种媒介、各个广告作品中都以同一面貌甚至是在同一位置、用同一种书写方式出现的句子。它长期不变地向受众进行同一种观念、同一个形象、同一项利益点的诉求。在反复不变的诉求中，留给人们一个一贯的、个性的、深刻的印象。

（3）广告口号的写作技巧

广告口号的写法分三个步骤。

① 确定最重要的信息内容。广告口号写作的第一步就是确定要在广告语里"说什么"，也就是确定最重要的信息内容。什么样的信息才是最重要的呢？至少要满足三个条件：必须代表产品、品牌或企业的定位、形象、个性、特征；必须是目标消费群体最为关心的信息；必须符合创意核心的要求。

② 关键是要寻找与消费者沟通的最佳方式。内容确定后，要解决的问题就是"怎么说"。

试比较下面两句话："物美价廉"和"好而不贵，真的实惠"。

两句话的信息量是一样的，但表达的角度和方式是不同的。前一句是从广告主的角度来表达的，用四字格语来宣传产品的优点；后一句是从消费者的角度，用八字格语，形成押韵的对偶句，来描述消费者使用后的心理感受。显然，后者更容易与消费者沟通。

寻找与消费者沟通的最佳方式，也是一个词语的选择和组合过程。在这个过程里，也有一些技巧可用。例如，填词联想法、造句比较法、谈话游戏法等。

③ 把璞玉雕琢得更加完美。对广告语修改之前，要先"冷处理"，即过一段时间后再来雕琢它。首先，看它能不能够通过检测。其次，看它有没有语病。再次，看它在字词的选用上，需不需要"炼字""炼词""炼句"，有没有更好的字词能够代替现有的字词。

二、平面广告文案

平面广告文案泛指平面媒体上广告作品的语言文字部分，这里以报纸为例介绍平面广告文案的一般知识。

（一）报纸广告的种类

一般而言，报纸广告可以分为商业广告、声明（公告、启事）、软文广告、分类广告几种类型。具体分析如下。

1. 商业广告

广告是商品经济的产物，广告的核心作用就是促销商品和塑造品牌形象，为产品和服务进行推广和传播是商业广告主要的职责和功能。广告的商业目的决定了报纸广告最主要的类型就是商业广告，这也是所有媒体广告形式中最主要的广告类型。商业广告一般由专业的广告代理公司进行广告创意和制作，体现广告策略，表达广告创意，一般包括图形和文案两部分。

2. 声明/公告/启事

这类广告主要是指用于发布各类不以销售营利为目的的、商业的或者非商业的告知性事务类的信息，主要有公告、法律声明、个人启事、企业事务等类型。

作为这种类型的广告，一般采取比较严肃的语调和风格来告知公众一些重要信息，广告文案的措辞往往应该准确、正式、严肃，特别是公告、讣告或者法律声明等，但是个人启事等按照内容的不同也可以制作得轻松活泼，富有情趣。

3. 软文广告

软文广告也称为"文章型广告",是指由广告主按照版面或字数付费,以新闻报道式的口吻和主要以文字的形式在媒体(主要是平面媒体,比如报纸、杂志等)发布的传播其产品、品牌、活动或企业形象等的广告特征不明显的广告。

4. 分类广告

分类广告是以文字为主要表达方式的小版面广告,以主题进行归类,分栏刊出。分类广告是现代报纸的主要形式之一,特别是随着个人发布信息和进行交易的需要的增加,分类公告得到了较快的发展。

由于分类广告需要在非常有限的版面内将要传达的主要信息和广告主的联系方式传达清楚,因此,文字的表达就要尽量简洁、准确、科学,讲究时效性而非文学性,有时为了强调关键信息还要用粗体字编排。作为信息式分类广告,受众一般会主动进行阅读和搜寻,文字编排得巧妙,主要信息突出的广告更能受到受众的喜爱和关注。

(二)广告文案对报纸媒体特性的配合

1. 以文字为主要表达方式,内容全面,简洁流畅

报纸是以静态视觉符号传播为主的媒体,诉诸人的视觉,以文字为主要的表达方式。报纸广告一般是文案和图片相结合,但是文案起主导作用,图片一般只是衬托,起视觉强化效果、增强吸引力的作用。有关商品信息的传播主要还是靠广告文案来完成。当然,报纸广告文案一般不采用长篇累牍的方式,但是,报纸广告文案相对于电视广告文案和广播广告文案而言,它们所介绍的内容还是要全面得多,特别像报纸上所刊登的系列广告,可以在每一则广告中有所侧重地介绍该商品的不同特点功能。

报纸广告文案的语言可以较为书面化、理性化和复杂化,但是广告文案毕竟不是新闻,广告受众阅读报纸广告文案的主动性要远远低于报纸版面诸如新闻内容的其他信息,这就要求广告文案在满足信息内容全面的基础上做到简洁流畅,优美生动。现代广告文案的创作,流行这样一个公式KISS(keep it sweet and simple),中文的意思是"令其甜美并简洁"或"简洁加甜美"。由于几个英文首字母的缩写恰巧是英文"KISS"(吻),所以人们又戏称之为"亲吻公式"。

2. 选择适度的表达方式,注意吸引受众的注意力

报纸广告偏向于承载理性信息,进行理性诉求,但是这并不意味着报纸广告就可以对诉求内容进行极其枯燥无味的解说,枯燥无聊的广告不会引起广告受众的注意,受众也没有义务阅读广告,他们对广告的注意多数情况下是无意识的,刊登过分枯燥的报纸广告无疑是广告主的一种自杀行为。因此,报纸广告的文案应该尽量增加一些趣味性的解读和阐释,来吸引报纸广告广泛的受众群体。当然,对于表达方式的选择,目前并没有定论。比如对于消费者比较关心的房地产,多数广告不厌其烦地对房子的地段、交通、户型、价格、配套设施、环境、物业等信息进行详细的介绍,这无可厚非,毕竟对于多数人来讲,购买房子并不是一件随便的事情,情况介绍得越详细越好,但是这并不意味着要把整个楼书都搬到报纸上,这里面就要考虑经济性和现实性的问题,广告毕竟有广告的传播规律和特点。

除此之外,现代社会是一个信息高度发达的社会,传播媒介发达,信息流动量大,在人们日常接触的大量信息中,企业的广告信息只是其中微不足道一小部分。在现代信息社会,由于信息爆炸而使注意力资源相对稀缺,企业的广告信息难以引起公众的注意。这就要求报纸广告文案和图片必须增强创造力和吸引力,在纷繁复杂的报纸内容中可以迅速、有效地吸引受众的注意。这

对报纸广告的创意就提出了更高的要求，特别是报纸广告文案的标题，必须简洁、有力，富有创意，最好给消费者以利益的承诺，最大限度在第一时间抓住受众的眼球。

3. 报纸广告文案要适合报纸的风格和定位

时下报业市场竞争激烈，细分报业消费市场成为必然，于是针对不同的目标消费人群开发出了不同的报纸产品。比如，这些报纸分别专门进行时政、军事、经济、娱乐、健康、科技、体育或时尚等信息的报道和传播，在长期的市场运作中，各种报纸都形成了自己独特的报道风格和定位，这些定位清晰、风格鲜明独特的报纸长期以来形成了稳定的阅读人群。

针对不同风格和定位的报纸，发布在上面的广告就应该考虑这些风格和定位以及读者的接受特征。比如一般时政、经济、科技类报纸追求新闻的客观理性和权威，报道风格严肃、冷静、客观和公正，在这类报纸上刊登广告就应该适应报纸的这种风格和定位，广告文案要同样做到理性和客观，不玩弄文字游戏，否则就和整个报纸的风格冲突，造成读者难以接受。相反，发布在娱乐、时尚和体育类报纸上的广告文案则应该做到轻松、活泼、文笔流畅生动，不能枯燥无味、死气沉沉，要适合这类报纸一贯阅读人群的阅读习惯和接受能力。

（三）报纸广告文案的写作技巧

报纸广告文案以文字符号的形式与图像一起构成广告符号整体，传达广告信息。报纸广告文案是直接与广告受众见面的广告作品的最后形式，选择了报纸媒体，实际上就是选择了以文字作为主要的表现形式和传播符号。在广告作品中，通常依据重要程度从版面的左上角到右下角递减的规律，安排文案中各具体构成要素的位置。我们下面就具体分析和介绍报纸广告文案的写作。

① 结构完整清晰，标题要更加突出其冲击力和吸引力。报纸广告一般具有完整的文案格式，即标题、正文、广告语和随文，这种结构模式在很多报纸广告文案中都能得到具体的体现，也就是说，报纸广告文案四个结构成分大都是比较完整的，而不像电视广告文案或者广播广告文案往往以省略标题或者其他部分的形式出现。无疑，现在很多报纸广告文案越来越简短、越来越精致，甚至只有几句话，而正常的或者特别长的报纸广告文案，主要是产品广告和促销广告，就需要考虑文案的结构和逻辑了。广告大师威廉·伯恩巴克曾经为奥尔巴克百货公司写过一个文案，四个结构成分非常完整。

标题：慷慨的旧货换新
副标题：带来你的太太
只要几块钱
……我们将给你换一位新女人
正文：
为什么你硬是欺骗自己，认为你买不起最新的与最好的东西？在奥尔巴克百货公司，你不必为买美丽的东西而付高价。有无数种衣物供你选择——一切全新，一切使你兴奋。
现在就把你的太太带给我们，我们会把她变成可爱的新女人——只花几块钱而已。这将是你有生以来最轻松愉快的付款。
广告语：做千百万生意　赚几分钱利润
随文：奥尔巴克　纽约·纽渥克·洛杉矶

在报纸广告文案写作中，广告标题的写作占据着最重要的地位。大卫·奥格威所作的调查显示，读标题的人平均是读正文的人的5倍。在今天面对信息爆炸、广告信息无处不在的时代，标题的重要性对比以前只会更加强化，因此，在报纸广告文案写作中我们必须强调标题写作的重要性。

② 正文要传达完整诉求，赋予文案故事性，追求文案的易读性。正文承接了标题中有关重要

信息，应该围绕诉求重点向诉求对象传达完整的广告信息。标题的三言两语不能清晰解释广告内容，对标题中所出现的诉求重点的支持和深入解释就要靠正文来完成。广告正文须清晰地表明广告的诉求对象和诉求内容，向受众提供完整而具体的广告信息，大卫·奥格威称之为"不要旁敲侧击——要直截了当"。一般情况下，广告正文的长短与推销力量成一种正比例关系，长文广告总是比短文广告更具推销力量。在广告文案的正文中，出现确切的资料、数据十分必要，也十分有用。如果情况允许的话，出现消费者的现身说法或名人、权威的证言支持，往往会产生良好的效果。在广告正文的写作上必须着眼于两个最基本的方面：一是围绕广告商品的内容、名称、规格、性能、价格、质量、特点、功效和销售地址等进行符合客观事实的构思，加大说服性和情感性；二是掌握和洞悉消费者心理需求，了解市场态势，以重点突出、简明易懂、生动有趣、具有号召力的语言进行传播。

报纸广告的主要传播符号是文字，因此，在利用文字时就要流畅、清晰和明了，特别是通过文字来赋予广告文案故事性的情节和想象，是报纸广告文案写作的一大技巧。例如，乔治·葛里宾为箭牌放缩衬衫写的广告文案《我的朋友乔·霍姆斯，他现在是一匹马了》，就利用想象构思了一个人马对话的童话故事，讲述了乔由于衬衫领子的收缩窒息而死的经历，同时将箭牌衬衫的特点一一在故事中表现出来。

作者：乔治·葛里宾（George Gribbin）
产品：箭牌（Arrow）衬衫
标题：我的朋友乔·霍姆斯，他现在是一匹马了
正文：
乔常常说，他死后愿意变成一匹马。
有一天，乔果然死了。
五月初我看到一匹马，它看起来像乔。
我悄悄地凑上去对他耳语道：
"你是乔吗？"
"是的。"他说，"可是我现在过得很快活！"
"为什么呢？"我问。
"我现在穿着的衣领很舒服，"他说，"这是我有生以来的第一次。我衬衫的领子经常收缩，简直是在谋杀我。事实上，有一件把我窒息死了。这就是我的死因！"
"天哪，乔。"我失声叫道。
"你为什么不把你衬衫的事早点告诉我？我就会告诉你关于箭牌衬衫的事情。它们永远合身且不会收缩，甚至连织得最紧的深灰色棉布做的衬衫也不会收缩。"
"唉！"乔无力地说，"深灰色的棉布是最会收缩的了！"
"也许是。"，我回答说，"但我知道箭牌的'戈登标'衬衫是不会收缩的。我现在正穿着一件，它经过机械防缩处理，收缩率连1%都不到！此外还有箭牌所独有的'迷淘夏'特适领。"
"'戈登标'每件只售2美元！"我们谈话达到了高潮。
"真棒！"乔兴奋地说，"我的老板正需要一件这种牌子的衬衫。让我来告诉他关于'戈登标'的事。也许他会多给我1夸脱燕麦吃。天哪，我是多么爱吃燕麦呀！"
广告语：箭牌——机械防缩处理。
随文：如果没有箭牌的商标
那就不是箭牌的衬衫。
箭牌衬衫
机械防缩——如有收缩不合身者，奉送一件作赔。

这则广告赋予广告很强的故事性，能够一直保持受众的吸引力和阅读兴趣，从而最终达到广告信息传递和说服的目的。

③ 图文配合，合理安排版面，注意用文字营造意境，用文字彰显企业品牌形象和理念。一般来说，报纸中的多数广告，比如商业广告大都是图文并茂的，所以，文案中的文字就要求和画面紧密配合，相互支持。广告文案中的文字要通俗易懂、简单形象，尽量没有理解障碍。而文案中的图片更应该配合文字的内容生动形象地表现有关商品信息。当然不管有没有图片，平面广告的文案并不是只写文案，而是要通过文字来创造出一种有利于传递信息、能够营造一种符合消费者需要和追求的意境和氛围。另外，在报纸广告中，文案是凸现品牌形象和彰显品牌理念的主要工具和符号，这就要求报纸广告文案可以充分体现并符合特定的品牌形象和品牌理念。

下面是东润枫景楼盘系列报纸广告文案。

我不在家，就在咖啡馆；不在咖啡馆，就在去咖啡馆的路上。

在东润枫景的咖啡馆，不一定要喝点什么，重要的是——有喝咖啡的心情。聊天或独处，坐一下午只喝一杯咖啡、看书、写东西，也可以什么都不想、不做，只是喝咖啡。

当然，这里的咖啡馆不是一步一个，然而东润枫景的生活节奏，却有如咖啡般闲谈写意，一种由内心向外的轻松。

广告语：东润枫景，发现居住的真意

这则广告文案竭力渲染和烘托一种"发现居住的真意"的意境和氛围，所用的文字宁静、优美、闲散、优雅，弥漫着小资个性和话语，满足了目标消费者讲究品位与追求享受的生活要求，读来令人怦然心动，如身临其境，美不胜收。

④ 随文表现更具号召力。报纸广告文案的附文是在正文之后向广告受众传达企业名称、地址、联络信息，品牌标记、名称，或者接受服务的附加性文字，也称为尾文或随文。由于广告附文的具体表现内容的客观规定性，有的报纸广告文案人员认为广告附文的写作是程式化的，只要将附文的一些内容像填空一样填进去就是了。而实际上，表现的创意性也是广告附文的重要的追求。如果舍弃了这一追求，岂不是所有的广告附文都是一个面孔？因此，在具体地写作中，要具体地对待附文的表现内容，要根据要传达的附文信息和广告目标受众、媒介特征，对附文进行有效的创意性表现。在一般情况下，报纸广告文案的附文切忌随意被动地列出电话、地址等有关信息，而应该主动强调产品的标识特点，告诉广告受众怎样行动。

⑤ 多用简明易懂的语言。读者的文化水平参差不齐，阅读目的是随意性的。如果广告文案的内容晦涩难懂，人们就会随意翻过，不会花时间来推敲、思考。因此，要想尽可能地吸引人们的目光，语言一定要简明易懂，要使用人们日常生活中的语言，少用那些高深、专业的词语，让读者一看就懂。特别是介绍一些高技术含量的新产品时，一定要注意少用专业名词和术语，因为读者大都不是专业人士，他们对于那些专业术语一无所知。如果使用一些专业术语，就有可能会失去较大多数的读者。只有让自己站在读者的立场上，用通俗易懂的语言来取代生僻的专业术语，才能增进读者对商品的了解。而只有读者了解了广告内容，才有可能采取购买行动。

三、广播广告文案

在电子性媒介家族中，广播属于纯听觉媒体，因而广播广告是仅凭声音来传播信息的。准确把握声音的特性，是广播广告成功的关键。广播广告主要以文案为主，语言文案是其最重要的传播方式。同时，广播广告也综合利用音乐、模拟音响等辅助形式，来强化广播广告对人听觉的刺激，增强文案的表现力。

（一）广播广告的种类

广播广告因其媒体的特殊性，所采用的表现形式也有其特殊性。一般情况下我们将其概括为以下几种类型。

1. 播报式

这是一种直接由播音员或者电波广告演员将广告信息直接播报出来的形式。这在广播电台是一种最常见也是最基本的表现形式。当然，在播报过程中，应该充分发挥语言的感染力和播音员的播音技巧，并以音乐、音响的配合来丰富这种说明式的直白，达到吸引人的目的，例如河姆渡遗址博物馆的广告。

音乐：古朴的哨音

都说江南的鱼米香，宁波的河姆渡，山清水秀，土地肥沃。

七千年前的先民铸造了璀璨的河姆渡文化。在这里，诞生了世界上最早的木质船桨……在这里，河姆渡人戴上了中华民族第一块玉装饰品。跨越了七千年的河姆渡古哨悠悠地向我们吹起。

河姆渡遗址博物馆。

2. 诗歌散文朗诵式

这种类型以充满激情的诗歌和富有诗情画意的散文作为文案的基本形式构成，通过抑扬顿挫的语音节奏和富有感染力的话语来表达创意核心，打动听众。下面是统一企业公司在"父亲节"所做的广播广告的正文。

爸爸的脚步

爸爸的脚步，永不停止
曾经，我们携手走过千万步
逛过庙会，赶过集会
走过沙滩，涉过溪水
爸爸的脚步、陪我走过好长的路……
一面走、一面数
左脚是童话，右脚是盘古
前脚是龟兔，后脚是苏武
爸爸的脚步，是我的故事书
一面走、一面数
左脚一、三、五，右脚二、四、六
前脚是加减，后脚是乘除
爸爸的脚步，是我的算术
爸爸的脚步，是我的前途
为了孩子，为了家
爸爸的脚步，永不停止……
今天，让我们陪爸爸走一段路

赠送《健康养生特辑》。即使不能亲身陪伴，也请打个电话，写封信，表达对爸爸深深的感恩之情。

这则广播广告正文以极其生动细腻的描述，刻画了父亲在孩子心目中的崇高地位，从而激发起人们最淳朴的情感。文案读来恰似一篇散文，描绘真切感人，给读者留下十分鲜明深刻的印象。

3. 情节式

情节式广播广告塑造出一个特定的情境，通过角色的对话和表演以一种故事的方式贯穿整个广告内容，推出商品和服务，使广告更加逼真地被赋予了生活气息，活泼有趣。例如飞利浦音响的广播广告。

（荷兰风格的音乐，压混）

男童："爷爷，你怎么了？"

爷爷："（从沉思中惊醒、感慨地）哦，这是爷爷当年在荷兰留学的时候最喜欢听的曲子。那时候，我用的是荷兰飞利浦音响，它伴随我度过了多少思乡之夜啊！"

女儿："爸爸，您说的荷兰飞利浦音响已经在北京安家落户了，咱们现在听的就是北京飞利浦音响。"

（音乐起，压混）

男：北京飞利浦，唤起您温馨的回忆！

4. 故事叙述式

故事叙述式又称讲故事式，运用精心构思的广播短剧的方式，来传播信息内容，通过播音员娓娓动听的故事叙述，使听众对生动有趣的情节产生好感，接受广告内容，从而成为产品的消费者或潜在消费者。

下面这则"盼盼牌防撬门"的广告，设计了孙悟空和太上老君斗智斗勇的情节，通过孙悟空偷金丹的失败，幽默风趣地展示了此门的坚固。

音乐：空灵、飘渺、清幽的曲子

孙悟空：（恶作剧地）"嘿嘿，太上老君府！待俺老孙再去弄把金丹尝尝。"

太上老君：（低声地）"这猴子又来了，这回可有招儿对付他了。"

孙悟空："哎哟，好结实的门啊！哼，看俺老孙的手段！""我撞！"

音效：撞门声

孙悟空："我撬！"

音效：撬门声

孙悟空："我钻！"

音效：钻门声

孙悟空：（无奈地）"哎哟！这是什么法宝啊？"

太上老君：（得意地）"哼哼，此乃老夫新装的盼盼防撬门是也。这下，再也不怕你这泼猴了！哈哈哈哈！"

音响：笑声，渐渐消失

旁白："盼盼守门，放心安全！"

5. 对话式

对话式广播广告文案是指通过两个或两个以上人物相互交谈的方式，表达创意核心和诉求信息。广告文案要体现特定的情景、特定的人物性格，在对话中营造各种特定的气氛和场景。对话者多采用角色扮演的方式，形成一种象征性的买卖关系、同伴关系、邻里关系、同事关系、亲属关系等各种关系。表现时多采用生活小品形式，也就是日常对话式。当然还有一种表演对话式，采用更为艺术化的形式进行创意和表现，形式比前一种更加生动活泼。下面是沱牌曲酒的一则广播广告文案。

甲：朋友来，喝沱牌

还有多少全拿来……

乙：停——停——
甲：干什么？
乙：别喝多喽！
甲：没事儿！
　　脸儿红了、瓶儿碎了，酒儿把我灌醉了……
乙：看看，还是多了！
甲：你才多了！告诉你，我中奖了！
乙：中奖了？什么奖？
甲：一辆汽车。
乙：一辆汽车？
甲：沱牌特曲开、汽车进家来——我这是乐的！
乙：到底咋回事？
甲：（小声）沱牌特曲正在搞"喝沱牌酒、送吉利车"活动。买一瓶沱牌特曲，就有机会中一辆小汽车。你想不想试试？
乙：真的？
甲：咱哥们儿，我能骗你吗？
乙：（自言自语）朋友来，喝沱牌，还有多少全拿来。
甲：（嘀——嘀——）喂，消息要保密哟！（远去的车声）
乙：（充满遐想）脸儿红了、瓶儿碎了，酒儿把我灌醉了……
（如梦初醒地）我要买沱牌特曲——

这则广告就是典型的日常对话式广告文案，通过一个顾客购买沱牌特曲中大奖的经历，告诉喝酒的朋友购买沱牌曲酒。既能品尝到酒的美味，又可能幸运地获得吉利车，这是多么大的诱惑呀！

6. 广告歌

把广告所要诉求的有关产品或服务的信息用歌唱的方式唱出来，也就是我们通常所说的广告歌，这也是广播广告文案普遍采取的形式，也是广播媒体特有的广告形式，是广播扬长的一个重要手段，应该予以足够的重视。

"兰州啤酒"广告（甘肃人民广播电台）

叫一声哥哥你慢些走，
喝一杯咱的兰州啤酒。
人生路上手挽手，
高高兴兴朝前走。
好啤酒，好啤酒，
兰州啤酒最风流。

7. 曲艺戏曲式

采用相声、评书、快板、戏曲等为人们喜闻乐见的民间艺术，让听众在欣赏的同时，不知不觉地接受了广告所传递的信息。

下面是一则相声式"黑劲风牌"电吹风的广播广告文案。

甲：问您个问题，
乙：你问吧。
甲：你喜欢吹吗？

乙：你才喜欢吹呢！

甲：你算说对了，我的年纪就是吹出来的。

乙：是呀！

甲：我会横着吹，竖着吹，正着吹，反着吹，能把直的吹成弯的，能把美的吹成丑的，能把老头吹成小伙儿，能把老太太吹成大姑娘啊！

乙：嚄，都吹玄了！

甲：我从家乡广东开吹，吹过了大江南北，吹遍了长城内外。我不但在国内吹，我还要吹出亚洲，吹向世界！

乙：你这么吹，人们烦不烦哪？

甲：不但不烦，还特别地喜欢我，尤其是那大姑娘、小媳妇，抓住我就不撒手哇！

乙：还是个大众情人！请问您尊姓大名啊？

甲：我呀，黑劲风牌电吹风。

乙：咳，绝了！

这则广播广告，由于采用双口相声形式，把看来枯燥乏味的信息内容表演得妙趣横生，幽默轻松，使听众打消了收听广告的抵触心理，百听不厌，于欢笑中强化了对广告内容的记忆。

（二）广告文案对广播媒体特性的配合

广播媒体特殊的传播性质和特点要求广播广告文案充分发挥广播文字表达的优势，使广播媒体扬长避短。注意声音是广播广告文案的唯一载体的特征。要做到这一点其实并不容易，文案需要从以下几个方面进行配合。

1. 注意时间控制，保持文案诉求的单一性。

广播属于时间媒介，由于时间不是无限的，广播广告的长度就变得极为有限，需要在一定的时间段中进行表现。一般的广播广告有60秒、30秒、15秒、5秒等规格，按照每分钟180字的正常语速，常见的30秒广播广告最多容纳90个字，15秒广播广告最多容纳45个字，5秒广播广告最多容纳15个字。当然，广播广告不但要考虑设计文案的字数，还要考虑音乐、音响配合所占的时间，那么单位时间内所容纳的字数就相对减少了。在文案完成以后，还要考虑文案在实际表现时所需要的节奏、快慢的掌握，与音乐音响的实际配合来确定文案的长短和字数。也就是说，广播广告文案必须讲究时间观念。

2. 注意语言要亲切感人，节奏明快和谐，多从正面进行诉求。

广播广告用声音来传播信息，类似于人际间的口头传播。这就要求广播广告文案少用书面语言、修饰语言，多用生活中的口语、短句。也不要用高高在上教训人的口气，多用商量的口吻，话要让人听着顺耳、顺心，像朋友聊天谈心一样。总之，语言要想办法贴近公众，亲切感人，这样的广告才能起作用。

广播广告语言是一种有声语言，语言的表现就要讲究节奏明快、音韵和谐，听来感觉轻松愉快，使听众自然地沉浸其中，被它感染，不自觉地接受广告信息。

广播广告信息缺乏视觉形象，稍纵即逝。听众往往处于一种被动的收听状态，所以在广播广告中尽量要使用正面诉求的方式，而慎用逆向思维的反面诉求和负面信息。听众一旦注意力不集中而没能完整地接收广告信息，就极有可能造成对广告诉求信息的误解。

3. 为"听"而创意，为"听"而写作。

广播广告的创作是诉诸人的听觉的创作，因此要做到为"听"而创意，为"听"而写作。广播广告没有办法实现视觉形象，只有通过声音来传递信息，这是广播广告最大的缺点。但是换个角度思考，这恰恰又是广播广告最大的优势，它给了我们最大的想象空间，同时也给了广播广告创作者以最大的自由。

要想实现为"听"而创意，为"听"而写作，就要在广告文案创作时，充分认识广播广告人声语言、音乐、音响的功能互补性，充分利用人声语言、音乐、音响这三要素。在人声语言方面，要围绕诉求信息，使用具体形象、亲切感人、轻松愉快、悦耳动听的语言。要在选词和修辞上下工夫，广告词必须通俗化、口语化。要利用好音乐要素，选用美妙的旋律，与语言节奏和谐一致的音乐，尤其重视广告歌曲的选择。要恰当地使用音响要素，正如美国著名销售专家赫伊拉所说："不要卖牛排，要卖'吱吱'声。"

（三）广播广告文案的写作技巧

1. 综合采用广播广告能够采用的各种表现形式，表现创意核心

前面在谈到广播广告种类的时候，我们列举了广播广告采用的各种各样的表现形式，当然这无法穷尽其丰富的表现手法。广播广告文案的表达方式可谓丰富多彩，灵活多变，形式多样，可以这样说，凡是以有声语言为主体，辅助以音乐、音响，能够通过电波传播的各种声音符号样式，都可以用来传播广告。例如，道白、对话问答、模拟生活场景、故事讲述、广告歌曲、戏曲、快板、评书、朗诵诗、相声、话剧、小品、新闻播报、现场直播、明星证言、谈论、采访，等等。无论采用哪一种具体的写法，我们都需要牢记广播广告文案所传播的主要诉求信息是什么。通过广播广告文案能够采用的各种表现形式，将主要表现内容的创意核心表达传播给广大听众。

2. 主要诉求信息要反复强调，突出品牌形象

由于广播广告声音的易逝性和信息的不易保存性，听众要想记住听到的内容是很困难的，因此在广播广告文案的写作中，对于需要强调的信息和突出的内容，比如品牌的名称或产品的突出特点、独特理念等，就要适当有意识地加以重复。这与报纸杂志等平面广告文案是截然不同的。当然重复应该有度，不能让人感到厌烦，最好在重复中有所变化。例如中意电器的广播广告文案。

中意电器，中意的生活，生活得中意。中意电器祝大家事事中意！让中意电器使您自己中意、妻子中意、孩子中意。因为只有您的中意，才有我中意。

这则广播广告文案虽然不断重复品牌名称"中意"，但是却采用了顶针和回环等修辞手法巧妙地安排，在变化中求重复，在重复中求变化。

3. 三要素最佳组合，综合传播广告信息

广播广告中的三要素人声语音、音乐和音响，并不是简单地叠加，而是高度地融合，它们共同承担创意核心的执行与表现，传播广告信息。总的原则就是是否有利于广告主题信息的传达，也就是说文案写作时注意三要素的整体规划和把握，从全局考虑这三个要素之间的平衡和主次关系，既要充分发挥每一个要素的作用，同时又不破坏整体感觉的完整性，努力寻求三要素的最佳组合方式，综合传播广告信息。

一般而言，在广播广告文案三个基本要素中，人声语言应该居于主导地位，音乐和音响的使用只是辅助手段。切不可本末倒置，片面追求形式，刻意在音响和音乐上纠缠雕琢，而忽视了对广告语言的深入研究设计，这样的后果只能是喧宾夺主，为了广告而广告，根本达不到广告宣传的效果。三者之间的最佳组合应该达到这样的目标效果：衔接自然默契；诉求清晰明确，层次分明，流畅完整；音量适中，大小、音色、速度、情绪一致。一切都是为了传播广告信息，保证广告效果。

4. 建立声音的CI

CI是指企业形象识别系统，一般指视觉形象识别系统。声音形象也是一种CI，这一点往往被人们所忽视。广播广告要立足于以各种形式、各种要素来塑造一个强烈的印象，建立一种声音的CI。我们可以使用两种方式来开发声音的CI，一种是"声音代言人"，一种是一段具有个性的乐曲。

"声音代言人"具体是指寻找一个声音具有特色的、令人难忘的演员，本品牌的每一个广告都用他或她的声音，通过声音音色的识别，达到一个品牌、一个声音的效果。时间久了，这个声音就像形象代言人一样成为品牌的标志。

创作一段具有个性的音乐，赋予某个音乐以特殊的意义，也是树立声音CI的一种常见形式。

5. 可以在广告中加入幽默

在广播广告中，幽默是非常有效的表现手段，我们在创作文案的时候要格外引起重视。"幽默"式广播广告文案能使人发笑，加深记忆。

四、电视广告文案

电视广告和广播广告都属于电子媒介广告，在人声、音乐、音响的运用方面有许多相似之处，只不过电视广告多了一个极其关键的要素——图像，这就使得它在表现方式上不同于广播广告文案。

（一）电视广告的种类

电视广告形态多种多样、琳琅满目、色彩纷呈，为了更好地认识和把握不同形态的电视广告，我们根据广告的内容和表现形式，将电视广告划分为以下几类。

1. 生活片段式

生活片段在电视广告片中会经常出现，广告的切入点不是产品和服务，而是使用它们的人，产品和服务已经成为人们日常生活中不可分割的一部分。这种方式在使用时，关键是要体现真实性的特点，要让消费者觉得这不是为推销商品和服务而故意设计的生活情节。因此，场景的搭配、角色的表演和产品的出现都要恰到好处。张艺谋曾经为"爱立信"手机拍摄过一组生活片段式的电视广告，其中一则广告文案如下。

父子篇

儿子：给您换一个大的，看得清楚，遥控，坐哪里都没问题。妈不在了，一个人吃饭不能随便，给您买了微波炉，又快又方便……您腰不好，有时间就用它按摩，很舒服呢。爸，我走了，有事传呼我。

父：又不能在家吃饭了？

儿子：以后再说吧，哪儿不是吃饭。朋友多，天天都要应酬。爸，我走了。

儿子：我跟他们说了，今天哪里都不去。爸，我们先做饭，吃完饭再陪您下两盘，很久没跟您下棋了。

字幕：沟通就是关怀。电信沟通　心意互通

2. 形象代言人推荐式

形象代言人推荐式就是由某位名人、某个特定的人物、某种特定的形象（人性化的动物、植物等），也可以是某个热心的消费者，甚至是广告主本身，以自己的亲身经验展示、证明或者推销产品、服务的优点，并向观众进行推荐。

3. 产品示范式

电视广告视听兼备，特别适合作视觉上的展示和证明，利用电视逼真的视觉效果全方位地影响消费者的心理，达成促销目的，这也是电视广告中比较常见的一种展示产品的方式，多用来进行产品比较，产品性能介绍和使用方法及新用法示范等。

4. 故事情节式

故事情节式就是对产品和服务进行戏剧化的呈现，要求叙述一个有起因、发生、发展、高潮和结局的情节故事，在刻意营造的气氛中，通过情节的跌宕起伏，使观众被强烈地吸引，进而把他们的注意力巧妙地转移到产品和服务中去。这种方式的运用，要求故事情节与企业、品牌、商品或服务之间有高度的相关性，能够给人以真实可信的感觉，千万不能本末倒置，用故事的生动、情节的离奇掩盖广告的本质。

典型消费者的经历，是最值得挖掘的故事性题材。产品背后不为人知的故事，也是很好的素材。例如，惠普打印机电视广告文案《保姆篇》。

爷爷在照看孩子，婴儿在他怀里熟睡。

屋里静悄悄的，唯一的响声是时钟的滴答声。

爷爷拿起电视遥控器，打开电视。电视音量特别大，正播放"疯狂摔跤比赛"。

婴儿惊醒了，哇哇大哭起来。

爷爷把孩子放进婴儿床，尽力哄他："宝宝，不哭，爸爸妈妈就回来了。"可孩子还是哭闹不止。

爷爷又设法用一个绿色大青蛙哄他。仍然无济于事，孩子还是哭。

爷爷终于想出办法了：他拿出一张全家合影，用电脑和693C型桌面喷墨打印机打出一张婴儿母亲的放大图片。

一切又安静下来了。我们再次见到婴儿熟睡在爷爷的怀里。狗进入房间时在半道停下来，爷爷脸上盖着一张与真人一样大的婴儿母亲图片，爷爷把食指放在婴儿母亲嘴唇前，示意狗别出声。

接着推出字幕及广告语：

惠普图片高质量打印机，能够以假乱真。惠普公司，专家研制，人人可用。

5. 卡通动画式

卡通动画式就是指采用卡通、木偶和电脑动画技术，来诉求广告信息的一种电视广告类型。通常用拟人的方式，使产品、品牌、企业成为会说话的、能够自由呈现表情的生命体，在广告中进行表演。利用卡通动画的方式往往可以表现复杂的广告信息，节省广告成本，并且增强电视广告的趣味性。需要注意的是，卡通动画形象的塑造一定要有亲和力，能够被广告受众接受和喜爱；创意的点子要新颖，情节要精练，这是广告成功与否的关键（见图4-5）。

图4-5　天喔Q猪小香肠电视广告《明星访谈篇》

6.歌曲音乐式

歌曲音乐式电视广告文案是指以歌词或旋律为主体,以歌词或曲调作为镜头组合的线索,表达诉求信息。它有时将诉求信息编写成歌词,也有时在歌曲中穿插旁白,还有时用合唱的方式表演交响乐或流行歌曲。在经过多次重复之后,使受众自然地将音乐标志与产品、服务、品牌联系起来。例如上海力波啤酒音乐式电视广告文案。

上海是我长大成人的所在
带着我所有的情怀
第一次干杯,头一回恋爱
在永远的纯真年代
追过港台同胞,迷上过老外
自己当明星,感觉也不坏
成功的滋味,自己最明白
旧的不去,新的不来
城市的高度,它越变越快
有人出去,有人回来
身边的朋友,越穿越新派
上海让我越看越爱
好日子,好时代
我在上海,力波也在

这首名为《喜欢上海的理由》的经典广告歌,真实记录着无数上海人眷恋的城市生活,成为2001年上海渗透力最强的一支民谣,拨动了无数人的心弦,引起人们的广泛传唱和共鸣。

(二)电视广告文案对电视媒体特性的配合

电视广告文案在创作中必须适应和配合电视媒体的特征,从而形成自己的特点。

1.特殊的形式

电视广告文案是电视广告策划和创意的语言文字说明,在体现广告主题,塑造广告形象,传播广告信息内容方面起着举足轻重的作用,是广告创意文字表达的具体体现,所以,电视广告文案是现代广告文案写作的重要组成部分。

然而,电视广告文案又不像报刊等平面广告文案那样直接与受众见面,因为它不是广告作品的最后表达形式。只不过是为拍摄电视广告的导演进行再创作提供的详细计划、文字说明或蓝图,是电视广告作品形成的基础和前提,因此,对未来广告作品的质量和传播效果具有非常重要的作用。

再者,电视广告文案的非独立性决定了广告内容的非完整性。电视广告的传播性与广播广告文案大致相同,即通过声音传播,以口耳相传的方式进行交流,其文案的各部分之间的区别无法在听的过程中清楚地辨别,往往融为一体,而且电视广告的时间很短。目前,电视广告片的各种常规时段有5秒、10秒、15秒、30秒、60秒等。我们在选择电视广告文案的表现形式时,不仅要依据广告策略、广告信息内容、广告目标受众等情况,而且还要与时段的选择产生对应。如果在这么短的时间里还要严格区分标题、正文、随文、口号,势必将文案分割得支离破碎、杂乱无章。现在的很多电视广告都没有标题,有些正文也很简单,有的干脆将标题、随文都舍弃了(在电视广告文案中,较少出现随文。即使需要出现随文,也往往以字幕的形式出现,而不作过多的解说。）。单纯从文案上看，电视广告文案的表述是不完整的，但是，这也正是电视广告文案不同于其他广告文案的地方。它的主要特点就在于，文案始终服务于看和听。人们在观看电视广告的时候，不可能完全专注于屏幕上的文案，也不会像广播广告的听众那样将注意力集中在听觉上，观众往往是边看边听。所以，电视广告文案的作者一定要注意观众"边看边听"的特点，使文案创作适应电视画面的需要。

2. 特殊的编排

电视广告文案有自己的独特的编排方式，根据不同的广告制作环节，它分别表现为三种类型。

① 文学脚本：只需要把表达类型、人物、情节、情景、独白、旁白、广告语以及音乐、音效、格调的要求写清楚即可。

② 图画故事脚本：可以具体地写明地点、布景、道具等，也可只提出建议。

③ 分镜头脚本：需要写明镜头序号、镜头内容、音效效果等。

3. 特殊的语言

电视广告文案的语言是影视语言，因此具有特殊性。影视语言不仅是电视广告的信息传达手段，也是电视广告形象得以形成、体现的必不可少的先决条件，因而它是电视广告的基础和生命。电视广告的语言也就是影视语言主要由以下三部分要素构成。

一是视觉部分，包括屏幕画面和字幕；

二是听觉部分，包括有声语言、音乐和音响；

三是文法句法——蒙太奇（镜头剪辑技巧）。

（三）电视广告文案的写作技巧

1. 树立创意的核心地位

电视广告文案脚本中的所有视听要素都是为表现广告创意服务的，我们在撰写广告文案脚本的时候必须树立广告创意的核心地位，牢牢把握广告创意的核心和精髓。只有这样才能保证信息传达的正确性和完整性，才符合电视广告文案创作的要求。比如哈药六厂的一则公益广告，广告内容大致是这样的：一位年轻的劳累一天的妈妈晚上睡觉前给她的母亲端过来一盆热水，给她母亲洗脚，母亲心疼地对她说："忙了一天啦，歇一会儿吧。"年轻的妈妈说："不累，烫烫脚对您身体有好处。"而这一切全被这位年轻妈妈的小儿子看到了，受到妈妈的启发后，他也吃力地从走廊里端来一盆热水要给他的妈妈洗脚。在孩子稚嫩的声音"妈妈洗脚"过后，传来了画外音："其实，父母是孩子最好的老师，哈药集团制药六厂。"这则广告没有选用大题材，只是选取了生活中的一个极其平凡的侧面，却鲜明地塑造了一位敬老爱幼的年轻女性和一个活泼可爱、懂事听话的孩子形象。故事平凡但真实感人，虽然没有商品展示，但这则广告从中华民族尊老爱幼的传统出发进行创意，给人留下自然、朴实的记忆，无形中加深了人们对哈药六厂及其产品的好感和认同。

2. 文案和画面声画对位与意义互补

文案和画面声画对位与意义互补的原则要求电视画面内容和文案要在时间上或者在受众的接收上实现同步，体现文案和画面之间的有效互补与意义演绎。所谓的声画对位，突出的是声音元素要体现广告创意的精髓、强调主要信息、补充画面不足、营造情绪气氛、推进情节发展，出现在极为关键的地方、水到渠成的点睛之处，而不是一般意义上的重复画面信息。声画不对位，各讲各的，不仅不能保证广告片的流畅性，而且效果是滑稽荒唐的，所以，电视广告文案撰稿人要注意"为听而写"。

电视广告的声画结合、意义互补就是要求既要发挥每一个要素的表现力，又要使各种要素之间默契配合、有机搭配。画面表现具体、形象的信息，如外形、色彩、包装等，声音介绍产品的抽象性信息，如性能、质量、成分等，音乐则在情绪上感染观众，渲染气氛，引起情感上的共鸣。电视广告词是为"看"而写。它在塑造形象的时候不是单靠语言完成的，而是靠字幕、画面、音乐、音响等一同完成的，因此，应该充分发挥语言的特长，弥补画面的不足，交代画面难以表达、尚未表达或者表达不充分的东西。

作为电视广告脚本的文案，在创作的时候一定要有力配合电视媒体视听综合的优势，使声音和画面两种因素实现对位与意义互补，相互强化，以便获得优异的广告效果。

3. 运用蒙太奇的思维

蒙太奇是影视艺术特有的表现手段，蒙太奇的法语原意为建筑学用语，有构成、装配等含义，后移用到电影艺术，作为电影理论术语，具体指电影镜头的"剪辑与组合"。电视广告艺术来源于影视艺术，从属于影视艺术，因此，蒙太奇思维也广泛应用于当今的电视广告中。例如，麦肯光明公司为中国"平安保险"所创作的电视广告《旅行者篇》，就是以一位平安客户旅游途中的经历按生活逻辑而进行蒙太奇组接的。

这位年轻人肩背登山包出门旅游。在江南的小桥上，一个平安人送给他一壶水，拍拍他的肩膀微笑告别。年轻客户略有些困惑地背上水壶继续行走。走进了新疆的黄色沙漠地带，他感到口渴，大口大口喝水，之后仰望太阳，似乎感念着送水的平安人。这时一位头戴维吾尔帽子的新疆姑娘微笑着递给他一件棉衣，联想到这水壶，这位客户欣然接过棉衣。紧接着年轻的客户走到了大雪纷飞的东北，他穿上了暖和的棉衣，一位戴着厚皮帽的东北平安人又微笑着递给他一把绿色的伞。年轻的客户又信心满怀地出现在上海，一辆轿车意外地斜开过来而他毫不知觉，一个身穿西装的平安人一把拉过他，躲过了一次灾难。年轻的客户感激地握住救命恩人的手，两人微笑作别。年轻人面带笑容地撑开伞，伞后一片雨后蓝天。广告语"用心，让平安无所不在"跃然屏幕。

4. 充分考虑时间的限制

电视广告文案在写作的时候必须时时考虑时间的限制。因为电视广告是以秒为计算单位的，每个画面的叙述都要有时间概念。所以镜头不能太多，必须在有限的时间内，传播出所要传达的内容。

例如，下面是中国人民保险公司上海分公司的电视广告文案脚本。

中国人民保险公司上海分公司广告

镜头1：（特写）两条金鱼在鱼缸里悠闲自在地游来游去。

镜头2：（叠化到中间）一个金鱼缸安稳地放在架子上。

镜头3：（拉至全景）突然，鱼缸从架子上跌落下来，掉在地上摔得粉碎，水、鱼和玻璃碎片四处飞溅。

画外音：哎呀！

镜头4：（特写）一条金鱼在地上来回翻腾，奄奄一息。

镜头5：（全景推至中景）地上的水、金鱼和玻璃碎片逐渐聚拢起来，顺着倒下的轨迹回复到架子原来的位置上，玻璃碎片合拢成鱼缸，两条金鱼又像往常那样在水缸里悠闲自在地游来游去。

画外音：咦？

镜头6：（用特技叠上字幕）"参加保险，化险为夷"。

画外音：噢？

镜头7：（全景用特技叠上字幕）"中国人民保险公司上海分公司"。

这则30秒的电视广告脚本，只有七个镜头，却传达了丰富的信息内容。通过动态变化的视觉画面，以金鱼缸由完好→破碎→复原的过程为象征，及三个感叹词"哎呀！""咦？""噢？"的相互配合，使得叙事波澜起伏，将加入保险的重要意义和作用形象直观地传达出来了。

5. 充分运用感性诉求的方式，以情动人

影视媒介是感性较强的一种媒介，事宜进行情绪的渲染，通过向消费者的情感和情绪诉求，引起消费者的兴趣，刺激购买行为的发生。人是有感情的，在影视广告中采用动之以情的途径，往往会消除受众对广告宣传的对立情绪，在不知不觉中受到暗示而动情，受情绪的影响和支配而采取行动。另外，电视广告画面在传达信息上是有局限性的，不擅长传达那些抽象、理念的信息和需要详尽理解的理性信息，信息接受方面容易使受众产生抗拒心理。另外，由于电视广告画面的具象生动性，不像广播广告那样容易引发受众丰富的联想。这些都决定了电视广告文案的写作应充分运用感性诉求方式，调动受众的参与意识，引导受众产生正面的"连带效应"。为达此目的，脚本必须写得生动、形象，以情感人，以情动人，具有艺术感染力。这是电视广告成功的基础和关键。

6. 要特别重视电视广告解说词的构思和设计

电视广告解说词的构思和设计将决定电视广告的成败。广告解说词的种类包括画外音解说，人物独白、人物之间的对话，歌曲和字幕，等等。每一则电视广告可根据创意和主题的需要，只取其中一两类，不一定包罗万象，贪多求全。为了弥补画面的不足，可以用听觉来补充视觉不易表达的内容，揭示和深化主题，进一步强化品牌或信息内容。

电视广告解说词的写作要求做到以下几点。

（1）处理好人物独白和对话　电视广告中人物独白和对话看似简单，要处理好并不是一件容易的事情，实际上它重要特征是偏重于"说"，要求生活化、朴素、自然、流畅，体现口头语言的特征。

（2）重视旁白或画外音解说　对于旁白或画外音解说，我们要引起足够的重视，可以运用的形式也很多，可以是娓娓道来地叙说，也可以是抒情味较浓重的朗诵形式，还可以是逻辑严密、夹叙夹议的论述。例如IBM的电视广告文案中使用的旁白"IBM客户关系管理解决方案，帮您用更先进的方法，抓住客户真正需要。"用精练的语言解说了IBM用最新的服务方法代替传统服务方法。而梦洁床上用品的旁白"梦洁床上用品，梦洁，爱在家庭"用十分感性的语言突出了梦洁的品牌，将梦洁"爱在家庭"的精神内涵演绎得准确到位。

（3）精心安排字幕的设计　电视广告文案的字幕和画面的其他部分组成一种强烈的视觉形式，这是广告人一直在研究的问题。以字幕形式出现的广告词要体现书面语言和文学语言的特征，并符合电视画面构图的美学原则，具备简洁、均衡、对仗、工整的特征。比如，在一则强生的品牌形象片中，随着画面的流转，人们看到了一个体育健将在妈妈的注视下慢慢成长为体坛巨人的感人经历。同时，一个妈妈的声音温暖地叙述着字幕上缓缓滚出的一行行字：

强生"婴儿"，为妈妈的爱喝彩。只要你正直、善良、脚踏实地、坚持或放弃，妈妈都支持。要做就做得最好。在别人眼里，你是奥运冠军。在我眼里你永远是个孩子。

为爱而生，强生！

（4）重点写好广告口号　优秀的电视广告中的口号，是整个广告文案创意诉求重点的概括、提炼、凝聚和升华。它往往以极其精辟的语言对广告创意进行点睛，体现出广告创意的精髓所在。要求尽量简短，具备容易记忆、流传、口语化及语言对仗、合辙押韵等特点。如爱立信手机的广告语"一切尽在掌握"，让人越品味越觉得精彩。既说明了依靠手机掌握信息的重要性，又传达了新款手机小巧灵便、一掌便可握住的特点。

五、新媒体广告文案

(一)新媒体广告类型及特点

新媒体广告是指建立在数字化技术平台上的,区别于传统媒体的,具有多种传播形式与内容形态的,并且可以不断更新的全新媒体介质的广告。

1. 新媒体广告的类型

关于新媒体广告的分类,一般有以下两种分法。

第一种是根据制作平台可以分为三类。一是网络平台媒体广告,主要包括博客广告、搜索引擎广告、电子邮箱广告、门户网站广告、聊天平台广告、网上即时通讯群组广告、虚拟社区广告和电子报刊广告,等等;二是信息通信媒体广告,主要包括手机短信广告、手机彩信广告、手机游戏广告、手机报纸广告和手机短剧广告,等等;三是移动媒体广告,主要包括数字电视广告、卫星电视广告、移动电视广告、手机电视广告、IPTV(交互网络电视)广告、楼宇视频广告和播客广告,等等。

第二种是根据信息发布的信源可以分为三类。一是有线类,广告信息的提供与终端一般均为有线连接,如有线电视和宽带网络等;二是无线类,广告信息是通过卫星播送到高解像度电视、数码电视等,或者是通过无线电波传送到媒体上的;三是已制作成型的商品类,这种形式与上面两种形式比较而言,即时性就没有那么强,因为广告信息是刻录到光碟上或者灌制到录像带上的。

2. 新媒体广告的特点

新媒体广告的类型多样,网络广告、手机广告、户外媒体广告、移动电视广告、楼宇电视广告等等都属于新媒体广告的范畴。它们看似形式多样,各具特点,但共同基于数字技术基础的实质也让它们具备了一些共同的基本特性:互动化、融合化、个性化。

(1)互动化 新媒体区别于传统媒体的重要特性就体现在新媒体的互动性上,同样,新媒体广告也具备了一定程度的互动性,这对于传统意义上"单向传播"的广告有着颠覆性的意义。在传统媒体中,用户几乎没有自己的选择权,所有的信息内容(包括广告在内)全部是由内容提供商来决定的。在新媒体诞生后,这一局面已经成为了历史。在使用新媒体时,受众可以选择接受或者不接受新媒体广告,甚至可以亲自参与到新媒体的广告中去,与广告主产生互动行为。

(2)融合化 随着科学技术的不断发展,"媒介融合"成了时下十分流行的词汇。不同的媒介之间已不像从前那样各自为政,泾渭分明。在这样的背景下,我们不禁要问,既然媒介形式都已经可以融合,那么广告形式是不是也可以融合呢?答案是肯定的。事实上,在广告学上影响深远的整合营销传播理论(IMC)已经反映了人们对于广告融合化的强烈需求。只是在IMC理论诞生的时候,媒介融合看起来还是天方夜谭,所以,人们当时所能想到的就是把广告投放到不同的媒体,把不同媒体的优势集中起来达到极大化的广告效果。IMC理论实质上就是用人为的力量使得广告具备了融合性。而如今,数字技术的出现使得新媒体这一新型平台本身就已经具有了融合性,那么投放在这一媒体上的广告也就必然具备融合性的特点。新媒体广告不可能还像传统广告那样把文字、声音、图片、影像等分类开来,而是需要多形式的多媒体广告来匹配新媒体这一媒介。

(3)个性化 以报纸、杂志、广播、电视为主的传统媒体还有另一个名字——大众媒体,这说明传统媒体的传播方式是"大众化"的,它所默认的受众也是大众化的统一体,然而新媒体却给用户提供了一个个性化的空间。这里的个性化可以从两个方面来理解:一方面受众有了自己的选择权。如今我们看到了一部分家庭已经用上了数字电视,数字电视与以往的模拟信号电视最大的不同之处就是实现了定制功能,用户已经可以根据自己的喜好来自由地选择所要收看的节目,而这些选择之中甚至也包括了广告,这意味着用户可以选择观看自己喜欢和感兴趣的广告节目。另一方面,许多如博客、播客、威客、楼宇电视等小众化、专业化新媒体的出现,就要求广告主投放广告时应该注意广告的针对性,设计出符合媒介内容的个性化广告信息;同时,以数字电视、手机、互联网等媒介为代表的定制信息的出现,也为广告商提供针对性的个性化广告创造了可能。

(二)新媒体广告文案写作要求

本质上,广告是以商业目的为任务的信息传播,商业信息是结果,传播是过程,而创意方式是从过程达到结果的手段。

传统媒体时代广告是强塞给用户的,基本上用户只能被动地接受,这种状态下用户对广告是非常反感的。但如今到了社交媒体的时代,广告充满了娱乐和趣味性,可以说这是一个最好的广告时代。

基于新媒体广告文案的内容创作,提出以下要求。

1. 紧跟热点,反应迅速,抓住话题与产品之间的关联

紧跟热点已经成为目前各大品牌的营销标配,在做借势营销时要注意两个问题:一是要快,速度是决定性因素,一旦用户关注度没了,再好的文案也是白搭;二是要巧妙,能将热点事件与自己的产品巧妙地结合。

2. 创造热点,建立与受众之间的互动,不断革新广告形式

没有话题的时候,可以制造话题。从本质上看制造话题是优质内容产出的主要方式之一。2015年谷歌的传播动作就很"温情","请给我爸爸放天假"的传播活动成为一个经典案例(见图4-6)。起因是小女孩凯蒂写信给谷歌为爸爸请假。

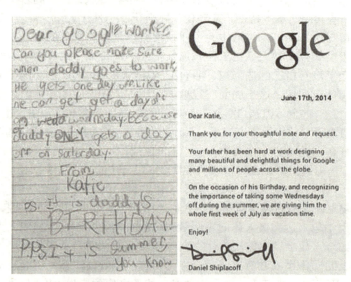

图4-6 "请给爸爸放天假"传播活动

"亲爱的谷歌工人,你可以在我爸爸上班的时候,给他放一天假吗?比如让他在周三休息一天。因为我爸爸每周只能在周六休息一天。

凯蒂

附笔:那天是爸爸的生日。

再附笔：这是夏天（暑假）。"

谷歌公司回信同意了小女孩的请求。

"亲爱的凯蒂，感谢你的来信和你提出的要求。你的父亲在工作上一直很努力，他为谷歌和全世界千千万万人设计出了很多漂亮的、令人欣喜的东西。鉴于他的生日快要到来，以及我们也意识到了在夏天选择周三休息一下的重要性，我们决定让他在7月的第一周休假一个星期。祝好！

丹尼尔·席普蓝克夫。"

这次传播活动在Facebook、Twitter等社交网络上被大量转载，Google搜索到的相关记录超过7500万条。或许大多数人并不认为它是一个广告，但确实产生了广告宣传的效果。

3. 注重标题写作

由于新媒体的传播特性，要求文案有明确有力的标题。广告标题一定要选择能够吸引消费者的带有概括性、观念性、悬念性、诱导性和号召性的语言。

4. 适应新媒体语言的特点

越来越多的人正处在新媒体文化的新时代当中，而人类交流的工具——语言，也随着新媒体的扩展在一个新的时空里延伸。新媒体时代，巨大的信息量要求人际交流迅速快捷，而传统语言的表达已不足以将信息转变成最简洁的形式输入输出。于是，有别于中国传统语言的新媒体语言应运而生，以惊人的速度迅速普及并在社会中传播。新媒体广告文案也需要适应这种语言环境的变化，并应用这些语言，和新媒体广告的受众顺利沟通，只有这样才能使新媒体广告发挥更大的传播效果。淘宝体、咆哮体、凡客体、陈欧体的流行就是一个证明。

> **延伸阅读**
>
> **凡客体的流行**
>
> 凡客体，即凡客诚品（VANCL）广告文案宣传的文体，该广告意在戏谑主流文化，彰显该品牌的个性形象。其另类手法也招致不少网友围观，网络上出现了大批恶搞凡客体的帖子，代言人也被掉包成小沈阳、凤姐、郭德纲、陈冠希等名人。其广告词更是极尽调侃，令人捧腹，被网友恶搞为"凡客体"。
>
> 原版（韩寒版）
> 爱网络，爱自由，
> 爱晚起，爱夜间大排档，爱赛车；
> 也爱59元的帆布鞋，
> 我不是什么旗手，
> 不是谁的代言，我是韩寒，
> 我只代表我自己。
> 我和你一样，我是凡客。
> 黄晓明版
> 爱英语，爱唱歌。
> 爱喝啤酒，也爱15元一件的深V低胸汗衫，
> 更爱
> 能垫5厘米高的汗血宝靴，
> 我不是神马教主，

我把奔驰钥匙掉在地上，
我是黄晓明，
闹太套。
魅族版
做音乐，做数码，
做手机，做移动互联网，
做品牌，要做国产手机的No.1，
我不是什么巨头，
不是谁的山寨，
我是魅族，
我只代表我自己。我与众不同。

（资料来源：根据网络资料整理）

 本章小结

"广告创意是赋予广告生命和灵魂的活动"。所谓广告创意，从动态的角度看，就是广告人员对广告活动进行创造性的思维活动。从静态的角度看，就是为了达到广告目的，对未来广告的主题、内容和表现形式所提出的创造性的"主意"。从20世纪50年代至今，广告创意策略的基本理论和观念不断地发展和演变，其中主要包括USP理论、BI理论和Positioning理论。

广告创意表现主要的诉求方式有感性诉求和理性诉求。

广告作品设计就是创作广告画面来表现广告主题思想、勾画广告意境、展现广告文案的过程，它相对于广告创意与策划而存在，其核心工作就是设计符合主题要求、美意融融的广告作品，为广告宣传准备物质条件。广告作品的设计主要包括：平面广告作品的设计、音频广告作品的设计和视频广告作品的设计。

广告文案是广告作品为传达广告信息而使用的全部语言符号。通常由标题、正文、口号和附文所构成。根据不同媒体可以分为平面广告文案、广播广告文案和电视广告文案。

 本章练习题

1. 选择题

（1）20世纪50年代，主要的广告理论是（　　）。
    A. USP理论　　　　　　　　　　　　B. 企业形象理论
    C. 整合营销传播理论　　　　　　　　D. 市场营销理论

（2）品牌形象理论的提出者是（　　）。
    A. 李奥·贝纳　　　　　　　　　　　B. 比恩巴克
    C. 大卫·奥格威　　　　　　　　　　D. 罗瑟·瑞夫斯

（3）研究表明，在广告文案结构要素中，读（　　）的人平均为读正文的人的5倍。
    A. 标题　　　　　　　　　　　　　　B. 正文
    C. 口号　　　　　　　　　　　　　　D. 附文

（4）下列哪一项不属于感性诉求的创意表现？（ ）
  A. 幽默   B. 夸张
  C. 恐惧   D. 类比

（5）在广告设计中一直流行着3B符合的说法，下列哪一项不属于3B符合的说法？（ ）
  A. 美女形象   B. 成功人士形象
  C. 婴儿形象   D. 动物形象

2. 名词解释

（1）广告创意
（2）感性诉求
（3）广告文案

3. 判断题

（1）USP理论认为，广告必须提出一个明确的销售主张，必须对消费者说明，购买这样的商品，你将得到怎样的特殊利益。（ ）

（2）品牌形象论认为，描绘品牌形象比强调产品的具体功能特征重要得多。（ ）

（3）所有的广告文案都必须包括广告标题、广告正文、广告语、广告附文四个构成要素。（ ）

（4）由于广播广告时间短，诉求信息一定不要反复强调。（ ）

（5）广告表现的过程就是广告作品的设计过程，核心工作就是设计符合主题要求的广告作品，为广告宣传准备物质条件。（ ）

4. 简答题

（1）什么是USP理论？它的内容是什么？
（2）广告作品设计由哪些要素所构成？
（3）广告文案的基本结构是什么？

5. 综合应用题

（1）美国贝尔电话公司的电视广告文案

一天傍晚，一对老夫妇正在用餐，电话铃响，老妇人去另一个房间接电话。
回来后，老先生问："谁的电话？"
老妇人回答："女儿打来的。"
又问："有什么事？"
回答："没有。"
老先生惊奇地问："没事几千里地打来电话？"
老妇呜咽道："她说她爱我们。"
两人顿时相对无言，激动不已。
这时出现旁白："用电话传递你的爱吧！"

问题：结合本案例分析，采用情感诉求的广告片，应当如何做好与受众的"精神沟通"，以真情感人？

（2）请根据下列材料为"狮子山牌涂料漆"拟定3组广告标题（用于报纸广告）

狮子山牌涂料漆的产品特征：①可覆盖细小的裂纹，渗透力强；②能防止水分渗透墙壁损坏水泥；③刷上后如果沾上污迹，可用温和的清洁剂洗去，而且漆膜不会褪色；④有良好的防霉功能；⑤色彩丰富。

参考答案

1. 选择题
（1）A （2）C （3）A （4）D （5）B
2. 判断题
（1）√ （2）√ （3）× （4）× （5）√

第五章

规范广告运作
——广告管理

知识目标

1. 掌握广告法规的具体内容；
2. 了解广告行业自律原则；
3. 了解广告社会监督的不同层次。

能力目标

1. 具备广告自查和审查的能力；
2. 能够识别违法广告；
3. 熟知特殊行业广告审查的机构和流程。

引导案例

"欧典"地板，真的很"德国"？

"欧典总部不存在，存在欺诈消费者行为。"2006年的中央电视台3·15晚会向全国消费者揭开了这个内幕。此消息一传出，各大媒体纷纷追踪报道有关欧典地板被曝欺诈消费者事件，一时好不热闹。

即使没有做过装修的人，相信也听过"欧典"这个品牌。这个号称产自德国（见图5-1）的地板品牌，在中央电视台3·15晚会中轰然倒地。在当时中国地板市场，高档地板的价格可以达到200~300元每平方米，某些顶级产品可以卖到800元每平方米。但是从2004年7月开始，欧典地板突然在全国范围内强力推出每平方米2008元的天价地板。2008元每平

图5-1　欧典地板广告

方米的地板是什么概念？媒体这样形容：在一平方米的地面上，不漏缝地铺上百元现钞的总和。欧典地板专卖店销售人员称，欧典敢于卖出每平方米2008元的价格，除了德国制造、选材苛刻外，最主要的原因就是德国品牌。欧典企业提供的印制精美的宣传册上也写着：欧典创建于德国，在欧洲拥有1个研发中心和5个生产基地，产品行销全球80多个国家。此外，在德国巴伐利亚州罗森海姆市拥有占地超过50万平方米的办公和生产厂区。

而知情人士向"3·15"提供了一个消息：德国欧典总部根本不存在。对此，欧典企业总裁闫培金予以否认，称欧典德国总部坐落在罗森海姆市。为弄清真相，中央电视台驻德国记者专程前往该市进行调查，当地工商管理部门告知，在他们的登记资料中并没有一家叫欧典的企业。中央电视台记者调查发现，欧典宣称的所谓德国总部，其实是当地一家木产品企业汉姆贝格公司，但这家公司声明，与欧典也没有任何产权隶属关系。不仅德国欧典不存在，记者在工商部门查询发现，国内也根本没有一家名叫欧典（中国）的公司注册。"百年欧典"到底是一家怎样的企业呢？实际上，欧典这个商标2000年才正式注册，注册人是1998年成立的北京欧德装饰材料有限责任公司。

随后，北京市多数欧典地板销售点均已关门，2006年4月13日，北京工商行政管理局丰台分局下发行政处罚决定书，认定欧典公司进行夸大企业形象的虚假宣传，违反了《广告法》《反不正当竞争法》的相关规定，责令停止发布违法广告，罚款740万元。

至此，欧典地板的德国血统终于被证明只不过是个国际玩笑，一场精心策划的惊天骗局就此大白天下！之前，"欧典"还是风光无限的"百年品牌"，它"系出名门""行销全球"；它荣膺国家质量免检产品、获得"3·15"质量认证；它在地板行业独领风骚，每平方米数百元的成本，卖出数千元的"天价"。

（资料来源：新浪网财经频道）

与广告的产生相比，广告管理的出现要晚很多。在18世纪末至19世纪初，英国、美国等国家爆发了工业革命，带动了经济的快速发展。繁荣的社会经济与工商业的发展为广告业的出现以及发展创造了条件。然而，由于缺乏相应的管理制度，广告业的发展呈现混乱无序的状态，对西方经济生活的健康发展有着不利的影响。因此，西方政府于20世纪以后着手开始了广告的立法和监督工作，这可谓是近代广告管理的开端。

广告管理是国家管理经济的行为，也是我国工商行政管理的重要组成部分。广告管理使广告活动适应国家宏观经济形势对广告业发展的要求，使广告行业逐渐由无序走向有序，由混乱走向健康。接下来，我们就探讨关于广告管理的三方面内容：广告监督管理、广告行业自律和广告社会监督。

第一节 广告监督管理

广告监督管理简称广告监督，是我国工商行政管理部门和其他相关行政部门依据《中华人民共和国广告法》（以下简称《广告法》）及其他政策、法规，对广告活动的内容及参与者进行监督、检查、控制和协调、指导的过程。对广告活动及广告行业的监督管理是广告市场健康、有序运行的保证。

广告监督管理的目的不仅是为了限制广告活动的不良倾向，规范广告行为，更重要的是指导广告业务健康发展，为社会主义市场经济的繁荣发挥积极的作用。

一、我国广告法律法规的结构

（一）我国广告法制化进程

改革开放之初，我国的广告管理比较分散，广告活动出现了某些混乱现象。1980年，国务院决定由国家工商行政管理局管理全国广告，我国的广告管理由此从过去的分散管理进入到统一管理时期。1981年初，国家工商行政管理局成立广告管理处，1982年改为广告司。广告司负责贯彻全国性的广告管理政策，规定、指导、协调、监督全国的广告管理工作，审批全国性的广告企业，中外合资、中外合作经营广告业务的企业。

1982年2月6日，国务院颁布了《广告管理暂行条例》，这是我国第一部全国性、综合性的广告管理法规，它的颁布标志着我国的广告管理工作进入了一个新的历史时期。随后，国家工商行政管理局依据《广告管理暂行条例》制定了《广告管理暂行条例实施细则》，对《广告管理暂行条例》规定的内容作了详细、具体的规定。此后，国家工商行政管理局又单独或会同有关部门制定了几十个广告管理规章，使广告法规和广告管理体系不断完善。

随着广告业的发展，《广告管理暂行条例》中的某些规定已不能适应社会发展的要求。1987年12月1日，《广告管理条例》正式颁布实施，标志着我国广告管理法规的进一步健全和完善，它以法规的形式把广告宣传和广告经营的行为规范确立下来，为广告事业的健康发展提供保障。

1994年10月27日，第八届全国人民代表大会常务委员会第十次会议通过了《中华人民共和国广告法》，并于1995年2月起施行。《广告法》的实施，标志着我国广告市场在法制化轨道上更近了一步，标志着我国广告管理进入了一个新的阶段。

2015年4月24日，广告法修订草案三审稿在全国人大常委会十四次会议表决通过。新修订的《中华人民共和国广告法》于2015年9月1日起正式施行。这是《广告法》实施20年来首次修订。此次《广告法》修改的幅度非常大，其中包括明确虚假广告的定义和典型形态、新增广告代言人的法律义务和责任、强化对大众传播媒介广告发布行为的监管力度等多个方面。

（二）我国广告法规体系

我国的广告法规体系有一个总的规范性文件——《广告法》，同时还有一系列的相关规范性文件，形成了以《广告法》为核心和主干，以《广告管理条例》为补充、以国家工商行政管理总局单独或会同有关部门制定的行政规章和规定为具体操作依据、以地方行政规定为实际针对性措施的多层次法规体系。另外，其他法律、法规中涉及广告的规定也在规范广告活动方面起着直接或者间接的作用，它们是广告法规体系的外围支持。

1. 调整广告法律关系的基本法——《广告法》

《广告法》调整对象侧重商业、服务性广告，其力度、涵盖面是其他广告法规所不能比拟的。其主要内容包括：

① 总则。共七条，规定了《广告法》的立法宗旨、调整范围、商业广告的概念、广告内容的基本要求、广告活动应遵循的基本原则，以及《广告法》的执法机关等。

② 广告内容准则。共二十一条，规定了广告发布的一般标准，凡是广告中出现禁止内容的均不得发布。同时，还针对特殊的商品如药品、医疗器械、农药、烟草、食品、化妆品的广告内容做了特殊规定。

③ 广告行为规范。共十七条，规定了广告主、广告经营者、广告发布者进行广告活动的行为规范，包括广告主的主体资格，广告经营者、广告发布者资质标准，广告活动中广告主、广告经营者、广告发布者三方面之间的权利义务关系等。还对户外广告的设置规划和管理方法做了明确的规定，并明确提出禁止广告活动中的不正当竞争行为。

④ 广告监督管理。共九条，规定了广告的审查制度、审查范围和审查程序。

⑤ 法律责任。共十九条，规定了广告的各种违法行为及应承担的法律责任，并原则规定了行政复议与行政诉讼的基本程序。广告违法行为的法律责任，主要包括民事责任、行政责任和刑事责任三种责任形式。

⑥ 附则。仅二条，规定《广告法》自2015年9月1日起施行。《广告法》施行前制定的其他有关广告的法律、法规的内容与其不符的，以《广告法》为准。

2. 主要的广告法规——《广告管理条例》

《广告管理条例》在弥补《广告法》的不足方面起着不可取代的重要作用。因为《广告管理条例》未将商业广告和非商业广告明确区分，所以，其中的有关管理措施，对非商业广告也是有效的。

《广告管理条例》共二十二条，主要内容有：确认了广告管理的范围；规定了广告宣传的原则；确定了广告的管理机关和《广告管理条例》的解释机关；规定了广告发布标准和广告活动制度；规定了经营广告业务必须办理审批登记手续；规定了广告违法行为应承担的法律责任以及行政复议和诉讼事项，等等。

3. 一系列行政规章和规范性文件

国务院及其部、委、局在各自权限内享有立法权，尤其是国家工商行政管理总局作为广告管理的最高行政主管机关，单独或会同其他部、委、局制定了大量的有关广告的规定、章程、办法、标准、制度、通知等。其中，行政法规有20多种，行政规章有近百个，如《医疗器械广告管理办法》《药品广告审查办法》《广告语言文字管理暂行规定》《互联网广告管理暂行办法》，等等，它们都是依据《广告法》和《广告管理条例》的原则制定的具体规定，具有很强的针对性和操作性，而且处在不断充实、完善的过程中，在我国广告法规体系中发挥着重大作用。

4. 地方立法机关和行政机关制定的有关广告管理的法规、规章

省、自治区、直辖市的人民代表大会及其常务委员会，县以上地方各级人民代表大会和人民政府，民族自治地区的自治机关，在本级行政区域内，根据《中华人民共和国宪法》和法律规定的权限，可以制定和发布有关法规、规章。如许多地方政府根据《广告法》第41条授予的县级以上地方人民政府在户外广告规划管理上的立法权，在户外广告方面制定了地方性的行政法规。这些地方行政法规在有针对性地解决本地区的实际问题和处理群众反映较强烈的某些倾向性问题方面发挥了重要作用。它们是国家法律、法规和部门规章、规范性文件的重要补充，并为将来完善国家的有关规定提供了有益的实践经验。

5. 其他法律、法规中涉及广告的规定

其他一些法律、法规也从不用角度和侧面涉及广告管理。广告作为一般意义上的经济活动和传播行为，同时也受到《中华人民共和国民法》《中华人民共和国刑法》有关规定和国家某些经济、社会管理法律、法规的约束和规范，如《中国人民共和国反不正当竞争法》《中华人民共和国消费者权益保护法》《中华人民共和国合同法》《中华人民共和国药品管理法》《中华人民共和国烟草专卖法》《城市市容和环境卫生管理条例》等。

不同法律从不用角度对同一类行为做出规定，这种现象被称为法律上的竞合。从法理上讲，在发生法律上竞合时，凡法律明确规定适用某一法的，依规定优先适用；无明确规定的，则选择其中之一适用。由于《广告法》是专门规范广告活动的部门行政法，因此，所有涉及广告管理的，均应首先适用《广告法》，这是广告管理活动中应掌握的一个基本原则。

（三）我国广告行政监管机关及其职能

我国广告行政管理机关有工商行政管理部门、卫生和计划生育委员会、食品药品监督管理局、住房和城乡建设委员会、公安等，各部门分工和职责不同，共同构成了广告行政管理体系。

1. 工商行政管理部门

《广告法》规定"县级以上人民政府工商行政管理部门是广告监督管理机关"。在广告监管活动中，工商行政管理部门充当着主要和领导角色。工商行政管理部门是广告监管的法定部门，其职责是对广告发布、广告经营等各种广告行为实施监管，依法查处违法、虚假广告，追究违法者的责任，保护消费者的合法权益和维护社会主义市场经济秩序。

我国工商行政管理部门的广告管理机关在组织结构上有如下设置：

① 国家工商管理局下设广告司，管理全国的广告行业。
② 各省、自治区、直辖市及计划单列市的工商行政管理局设广告处，管理本辖区的广告业务。
③ 地、市工商行政管理局设广告科，管理本辖区的广告业务。
④ 县、自治县、自治州工商行政管理部门设广告股，管理本辖区的广告业务。

工商行政管理部门在广告监管方面的职责是起草广告法律法规，单独或会同有关部门制定广告管理行政规章，对广告经营资格进行审查和批准，负责广告经营登记，对各项广告活动及广告主体进行监督检查，接受违法广告投诉，查处和复议广告违法案件，协调广告管理工作中的各方关系，指导和规划广告业的发展。

2. 其他行政部门

广告业和其他商业一样，要由工商行政部门来管理；同时，广告业又是一个特殊的行业，广告涉及领域的多样化和专业性使得单纯依靠工商行政部门对广告进行监督管理力量不足，需要其他行政管理部门配合监管。比如，在对药品、医疗广告监管时，就需要卫生部门、食品药品监督管理部门的积极配合；对电视广告进行监管时，就需要国家新闻出版广电总局的大力支持，等等。要想全方位、多层次地做好对广告的监管工作，就需要调动其他相关部门联合行动，提高广告监管的效率。

（四）我国广告法规管理的特点

广告法规管理是国家工商行政管理的重要组成部分，是政府职能部门业务管理内容之一。具有如下四个特点。

1. 目的性

广告法规的目的是为了保护广告市场秩序，促进企业间的公平竞争，维护消费者的正当权益。国家通过立法，对广告行业和广告活动进行管理，这是广告行业适应国家宏观经济形势发展的需要，其目的就在于促进广告业健康、有序的发展，保护合法经营，取缔非法经营，查处违法广告，杜绝虚假广告，保护消费者的合法权益，更有效地发挥广告在社会经济建设中的作用，有限规避和控制广告对社会文化的负面影响。

2. 规范性

广告法规明确规定了广告主、广告经营者、广告发布者的权利、义务和责任。要求人们自觉遵守并依法办事，否则就要承担相应法律责任。这些规定是人们从事广告活动所应遵循的行为准则。

3. 强制性

广告法规的贯彻实施具有严格的强制性，这种强制性来自国家政权。为了维护广告法规的权威性，保证其顺利实施，国家往往采取强制手段，对违反广告法规的人和事进行处罚，表现出强制性的特点。

4. 多层次性

广告监督管理的多层次性是指政府行政立法管理、广告行业自律和广告社会监督的多层次协同管理。由于广告活动的复杂性和广泛性，世界上绝大多数国家往往采用以政府行政立法管理为主，同时以管理广告行业自律与广告社会监督作为其必要的辅助与补充，来加强对广告活动的管理。从世界范围的广告管理实践来看，这种广告管理办法是相当成功的。

> **延伸阅读**
>
> **老字号悬挂领导人照片违法吗？**
>
> 位于王府井的中国老字号企业——中国照相馆橱窗内摆放着国家领导人的照片（如图5-2）。"周总理的照片就是我们拍摄的，我们现在还保存着总理的原始照片。"中国照相馆值班

图5-2 老字号悬挂领导人照片

> 经理说，挂领导人的头像也是代表老字号的历史，凡是摆在店内的照片上的领导人都是来过店里照相的。"这些照片我们悬挂很多年了。"该值班经理称，王府井有很多家老字号企业，都悬挂着领导人的照片或画像，很多游客都要到店内看看，已形成了王府井的一道风景。
>
> 针对京城老字号企业"挂领导人照片不是做广告，是代表一段历史"的说法，北京市工商局有关人士表示，摆放"领导人题词、照片"究竟是一种广告行为，还是只是一种历史介绍，还需要进一步界定。如果只是用作介绍商家的历史，应该还是允许的，但如果拿领导人照片和题词在广告中宣传，是禁止的。
>
> （资料来源：新京报）

二、一般广告活动的法规管理

企业要发布一则广告就必须遵守本地方的所有法律和法规，尽量避免与相关法律有所抵触，否则，广告制作出来很可能得不到相关部门的审批而无法发布。需要注意的一般性问题，比如广告中如有产品来源地请尽量使用本地图片，不能用其他地理标志图片，因为这种使用其他地方标志性地理图片可能误导公众认为本地是真正产品来源地。在一些国家，根据商标法，如果错误使用原产地或来源地标志是可以被起诉的。

（一）禁止性广告准则的内容

① 广告不得使用或变相使用中国人民共和国国旗、国徽、国歌、军旗、军徽和军歌；
② 广告不得使用或变相使用国家机关、国家机关工作人员的名义或者形象；
③ 广告不得使用"国家级""最高级""最佳"等用语；
④ 广告不得损害国家的尊严或者利益，泄露国家秘密；
⑤ 广告不得妨碍社会安定，损害社会公共利益；
⑥ 广告不得危害人身、财产安全，泄露个人隐私；
⑦ 广告不得妨碍社会公共秩序或者违背社会良好风尚；
⑧ 广告不得含有淫秽、色情、赌博、迷信、恐怖、暴力的内容；
⑨ 广告不得含有民族、种族、宗教、性别歧视的内容；
⑩ 广告不得妨碍环境、自然资源或者文化遗产保护；
⑪ 法律、行政法规规定禁止的其他情形。

（二）命令性广告准则的内容

① 广告不得损害未成年人和残疾人的身体健康；
② 广告内容涉及的事项需要取得行政许可的，应当与许可的内容相符合。
广告使用数据、统计资料、调查结果、文摘、引用语等引证内容，应当真实、准确，并表明出处。引证内容有适用范围和有效期限的，应当明确表示。
③ 广告中涉及专利产品或者专利方法的，应当标明专利号和专利种类；
④ 广告不得贬低其他生产经营者的商品或者服务；
⑤ 广告应当具有可识别性，能够使消费者辨明其为广告。

> **延伸阅读**

《广告法》实施首个处罚案例

无规矩不成方圆，在广告行业亦然，如被称为"史上最严"的新《广告法》2015年9月1日起正式施行，大大提高了对违法广告的处罚力度，消费者维权的积极性也被调动起来。前不久，江苏程先生在网站购买了面膜、芦荟片等化妆品和食品，就发现这些产品的广告宣传无一合法。在法院调解下，消费者获得了8万余元的赔偿。

广告太浮夸，消费者索赔

程先生在某知名美妆购物网站上陆续购买了某品牌系列面膜56瓶，某品牌芦荟片125盒，某品牌酵素粉22盒和玛咖精片9盒，一共花了2.7万余元。随后，程先生发现这些产品的宣传用语都存在违法情况。

例如，面膜相关网页上宣称"世界上最好的面膜、全球销量第一、口碑全球第一、客户忠实度全球第一"等；芦荟片称具有"润肠通便、美白养颜、排毒减脂、延缓衰老"等功效；酵素粉号称"纤体、通便、排毒、美肌"；玛咖精片则宣传具有"提升精力、补肾强精、增加精子活力、改善睡眠"等多种功效。

程先生认为，该网站对化妆品和普通食品进行一系列内容虚假、夸大功效的宣传，误导了消费者，其行为构成欺诈，诉至江苏吴中法院，要求网站退还货款2.7万余元，并支付三倍赔偿金8万余元。

法院审理后认为，广告不得含有虚假或者引人误解的内容，不得欺骗、误导消费者。《广告法》第9条列举了11项广告中不得出现的情形，其中明令不得使用"国家级""最高级""最佳"等用语。食品广告的内容应当真实合法、不得含有虚假、夸大的内容，不得涉及疾病预防、治疗功能。

《食品广告发布暂行规定》第十三条也规定，普通食品、新资源食品、特殊营养食品广告不得宣传保健功能，也不得借助宣传某些成分的作用明示或者暗示其保健作用。由此看来，几样涉案产品的广告宣传的确不符合相关法律规定。网站对程先生在其处购买涉案商品的事实无异议，并表示愿意协商处理。经过法院的调解，网站同意支付程先生3倍货款的赔偿金共计8万余元。

新法实施，让广告不再"任性"

该案承办法官表示，违法广告不仅损害消费者合法权益，影响到其他的竞争对手，还可能会影响到发布广告的媒介平台的公信力。目前，违法广告正从传统媒体向互联网媒体转移，有的不法商家利用网络广告监管相对宽松或不易监管的特点，大量发布违法违规的广告甚至虚假广告，欺骗和误导消费者。

针对这些情况，新《广告法》对发布虚假广告的罚款力度提高到20万元以上100万元以下，也增加了吊销执照、证照、信用约束和行业进入方面的新规定，提高了虚假广告的违法成本。法官提醒广告主及发布者，要严格遵守相关法律、法规，实事求是地进行广告宣传，以免引起不必要的争议甚至违法。

（资料来源：易播网）

三、特殊行业的法规管理

大多数国家专门控制或禁止对特殊类型的产品做广告，如医药、香烟、食品、玩具、证明书、信用卡、减肥和卫生保护产品、赌博性游戏等。大部分国家也禁止或限制对一些职业性服务进行促销，如律师、公证员、药剂师、税务顾问、会计和审计员。

（一）对药品、医疗器械广告限制性规定的内容

① 禁止表示功效、安全性的断言或者保证；
② 禁止说明治愈率或者有效率；
③ 禁止与其他药品、医疗器械的功效和安全性或者其他医疗机构比较；
④ 禁止利用广告代言人作推荐、证明；
⑤ 法律、行政法规规定禁止的其他内容。

药品广告的内容不得与国务院药品监督管理部门批准的说明书不一致，并应当显著标明禁忌、不良反应。处方药广告应当显著标明"本广告仅供医学药学专业人士阅读"，非处方药广告应当显著标明"请按药品说明书或者在药师指导下购买和使用"。

推荐给个人自用的医疗器械的广告，应当显著标明"请仔细阅读产品说明书或者在医务人员的指导下购买和使用"。医疗器械产品注册证明文件中有禁忌内容、注意事项的，广告中应当显著标明"禁忌内容或者注意事项详见说明书"。

（二）禁止作广告的药品的种类

麻醉药品、精神药品、医疗用毒性药品、放射性药品等特殊药品，药品类易制毒化学品，以及戒毒治疗的药品、医疗器械和治疗方法，不得作广告。

上述规定以外的处方药，只能在国务院卫生行政部门和国务院药品监督管理部门共同指定的医学、药学专业刊物上作广告。

（三）关于烟草广告禁止性规定的内容

① 禁止在大众传播媒介或者公共场所、公共交通工具、户外发布烟草广告。禁止向未成年人发送任何形式的烟草广告；
② 禁止利用其他商品或者服务的广告、公益广告，宣传烟草制品名称、商标、包装、装潢以及类似内容；
③ 烟草制品生产者或者销售者发布的迁址、更名、招聘等启事中，不得含有烟草制品名称、商标、包装、装潢以及类似内容。

（四）关于酒类广告禁止性规定内容

① 禁止诱导、怂恿饮酒或者宣传无节制饮酒；
② 禁止出现饮酒的动作；
③ 禁止表现驾驶车、船、飞机等活动；
④ 禁止明示或者暗示饮酒有消除紧张和焦虑、增加体力等功效。

> **延伸阅读**
>
> "中国烟草"被认定为违法广告
>
> 从2015年2月12日在京召开的"烟草广告'禁'还是'限'"媒体信息交流会上获悉，北京市工商行政管理局西站分局近日根据群众举报，对北京某商贸有限公司作出处罚决定，认为其未经批准设置烟草广告，属于违法行为，要求其拆除"中国烟草"广告并罚款1万元。这是我国首次有人以"中国烟草"招牌是广告为由提出举报，也是"中国烟草"招牌第一次被认定为广告，更是"中国烟草"招牌第一次被以处罚的名义拆除。
>
> 举报人田桂峰告诉记者，去年，她在北京西站北广场看到，北京普正德商贸有限公司店面门脸上方设置了中国烟草总公司广告，广告内容由"中国烟草"中英文名称和图形标志构成。"在公共场所设置烟草广告的行为，违反了《中华人民共和国广告法》第十八条以及《烟草广告管理暂行办法》第3条的明确规定。"田桂峰说，她因此在2014年8月13日向北京市工商局举报，要求对北京普正德商贸有限公司依法予以查处。
>
> 北京西站是亚洲规模最大的现代化铁路客运站之一，广场人群密集、人流巨大，在此设立广告影响巨大。此外，"中国烟草"图文结合标牌在中国数以百万计，被举报前，一直没有被纳入监管，被公众、烟草业和执法机关默认为合法，更谈不上禁止或限制。专家称："本次法律行动激活了烟草广告概念，发现了一个烟草广告的重要藏身之地。"
>
> （资料来源：消费经济）

第二节　广告行业自律

随着我国经济的发展和科技的进步，我国的广告业也呈现出较好的发展态势。然而，随着各种市场竞争的日益激烈，涉嫌低俗及违法违规广告大量出现，屡禁不止。为了使广告业沿着健康的轨道运行，必须建立有效的广告道德监督体系。广告行业自律是广告业发展到一定阶段的必然产物，它对于提高广告行业自身的服务水平，维持广告活动的秩序，都有着不可替代的作用。世界上广告业比较发达的国家都十分重视广告行业自律对于广告业发展的积极意义，行业自律逐步形成系统和规模，不断得到加强和完善。

世界上最早的国际性广告行业自律规则，是20世纪60年代由国际广告协会发布的《广告自律白皮书》。1990年，中国广告协会制定《广告行业自律规则》，在此基础上还制定试行《广告行业岗位职务规范》，从政治素质、文化素质、业务知识、工作能力方面作出具体规定。

一、广告行业自律的特点

广告行业自律由广告行业自律组织和自律规则组成，又叫广告行业自我管理，它指广告主、广告经营者和广告发布者自发成立的民间性行业组织，通过自行制订一些广告自律章程、公约和会员守则等，对自身从事的广告活动进行自我约束、自我限制、自我协调和自我管理，使之符合国家的法律、法规和职业道德、社会公德的要求，是一种职业道德规范。广告行业自律也有一些非常显著的特点。

1. 自发性

广告行业自律的自发性表现在：广告行业组织不是政府的行政命令和强制行为的结果，而是由广告主、广告经营者和广告发布者自发成立的；广告行业组织用以进行自我管理依据的广告行业自律规则，都是由广告主、广告经营者、广告发布者和广告行业组织共同商议、自行制定并自觉遵守的，体现出广告行业的共同愿望。这是一种完全自愿的行为，并不带有强制性。

2. 灵活性

广告行业自律的灵活性是指广告主、广告经营者、广告发布者和广告行业自律组织在制定广告行业自律章程、公约和会员守则等自律规则时具有较大的灵活性。只要参与制定该自律规则的各方同意，可以随时制定自律规则，而且还可以根据客观情况的变化和现实需要，随时对自律规则进行修改和补充。

3. 道德约束性

道德约束性是就广告行业自律的运作方式而言的。广告行业自律作用的发挥，一方面来自于广告主、广告经营者、广告发布者自身的职业道德、社会公德等内在修养与信念，即他们不仅主动提出了广告行业自律规则，而且还要自觉遵守。另一方面则来自于一些具有职业道德、社会公德等规范作用的广告自律章程、公约、会员守则等对广告主、广告经营者和广告发布者的规范与约束。它主要借助职业道德、社会公德的力量和社会舆论、广告行业同仁舆论的力量来发挥其规范与约束作用。即使广告主、广告经营者和广告发布者有违反广告自律规则的行为，也只在广告行业内部，通过舆论谴责和批评教育等方式，对其行为加以规范与约束。

广告行业自律和政府对广告行业的管理都是对广告业实施调整，二者之间既有密切联系，又有根本的不同。广告管理的依据是广告法规，它主要从外在方面对广告管理者的职责行为进行了规定；广告自律的原则是广告道德，它主要从内在方面划定出广告行业的职业道德规范。它们之间的关系包括以下四点。

首先，行业自律必须在法律、法规允许的范围内进行，违反法律的将要被取消。政府管理是行政执法行为，行业自律不能与政府管理相抵触。

其次，行业自律与政府管理的基本目的是一致的，都是为了广告行业的健康发展，但是层次又有所不同。行业自律的直接作用目的是维护广告行业在社会经济生活中的地位，维护同业者的合法权益。而政府对广告业的管理的直接作用是建立与整个社会经济生活相协调的秩序，它更侧重于广告业对社会秩序所产生的影响。

再次，行业自律的形式和途径是建立自律规则和行业规范，调整的范围只限于自愿加入的行业组织或规约者；而政府的管理是通过立法和执法来实现，调整的范围是社会的全体公民或组织。

最后，行业自律的组织者是民间行业组织，它可以利用行规和舆论来制裁违约者，使违约者失去良好的信誉，但它没有行政和司法权；而国家行政管理则是以强制力为保证，违法者要承担法律责任。

二、中国广告行业的自律管理

随着我国市场经济的建立和不断完善，广告活动日益繁荣。广告行业自律是广告业发展到一定阶段的必然产物，它对于增强广告业的社会责任感，维持广告活动的秩序，促进广告事业的健康发展均起到了重要的作用。

（一）中国广告行业自律组织

对外经济贸易广告协会是我国最早的广告行业组织，成立于1981年8月。它是全国外经贸系统的广告公司和报纸、杂志、出版社的广告部门以及具有对外业务经营的广告公司的联合组织。协会开展的活动有邀请海外广告专家来华讲演，举办专题讨论会和展览会，沟通行业和会员单位的信息动态，组织成员单位参加国际广告业务交流，开展对外交往活动等。《国际广告》是该协会的杂志，在国内广告界颇有影响。该协会现已并入中国广告协会。

中国广告协会成立于1983年12月27日，是目前中国最大的广告行业组织。它接受国家工商行政管理总局的指导，是联系政府广告管理机关与广告主、广告经营者、广告发布者的桥梁和纽带。中国广告协会的主要任务有：

① 宣传、贯彻国家有关广告的方针、政策和法规；
② 维护广告的真实性、科学性，提高广告的思想性、艺术性，推动我国广告事业的发展；
③ 调查、研究国内外广告发展趋势，传播国内外广告界的信息和先进的科学技术，研究制定中国广告业的发展规划，向政府提出建议；
④ 加强广告行业自律，建立良好的经营程序。提倡正当竞争，反对不正当竞争。协助政府进行行业管理，并接受广告投诉，向政府提出处理建议；
⑤ 协调广告经营单位之间、广告客户和广告经营单位之间的关系，促进横向联合和协作；
⑥ 组织经验交流，开展咨询服务，促进广告业改善经营管理，提高广告的经济效益和社会效益；
⑦ 开展广告学术研究，举办优秀作品展览，培训广告专业人员；
⑧ 开展国际交往，加强同国外广告界的联合与合作。代表中国广告界参加国际广告组织及其活动。

中国广告协会现有报纸、广播、电视、广告公司、学术、公交、铁路等7个专业委员会，并在省、自治区、直辖市、地区（市）、县等设立地区性广告协会。《现代广告》杂志是该协会主办的刊物。

中国广告协会于1990年制定了《广告行业自律规则》和《广告行业岗位职务规范》（试行）。全国性的自律准则和行业规范对建立良好的广告经营秩序，提高广告业道德水准和整体服务水平，抵制不正当的竞争十分有利。随着广告业自身的发展和广告法规的健全，广告协会也发挥越来越重要的作用，其制定的规范逐渐得到广告界认同，成为广告公司和广告人的准则。

（二）广告主、广告经营者、广告发布者应遵循基本的道德规范

1. 广告主应当遵循的道德规范

作为广告主应当自觉维护消费者的权益，本着诚实信用的原则，真实科学地介绍自己的产品和服务；自觉遵守国家广告管理法律法规和其他相关规定，与其他广告主进行公平、正当的竞争，不得以不正当的方式和途径干扰、损害他人合法的广告活动。

广告主在发布商业广告时，应当自觉遵守和维护社会公共秩序和社会良好风尚，不应以哗众取宠、故弄玄虚、低级趣味等方式，片面追求广告的感官刺激和轰动效应，对社会造成不良影响；并按照国家有关规定，积极参加各类公益事业，响应政府主管部门的号召，参与公益广告活动，树立良好的企业形象。更重要的是在国家法律法规的范围内，按照市场经济规律，根据服务质量，选择广告经营者的服务，自觉抵制各种损害企业利益的人情、关系广告业务。

广告主实行广告服务招标，应当尊重投标者的劳动成果，自觉履行招标承诺，自觉抵制和纠

正以虚假招标形式引诱投标者投标，以及窃用投标者的广告策划和创意的不公平交易行为。还应当自觉抵制和纠正下列不正当的广告宣传。

① 依据科学上没有定论的结论来否定他人的产品和服务，借以突出自己的产品和服务；

② 片面宣传或夸大同类产品或服务的某种缺陷，以对比、联想等方式影射他人；

③ 在各种声明、启事中涉及他人的商标，擅自使用他人知名商标和服务标志作为陪衬宣传自己的产品和服务，不正当地利用和享用他人的商品声誉和商业信誉；

④ 使用不规范的行业用语或消费者无法熟知的专业术语表示商品的质量、制作成分、性能、用途、产地以及采用的技术和设备等

⑤ 广告主不能使用含糊不明、易使消费者产生歧义的承诺；

⑥ 不能使用不合法、不科学、不公平的评比结果和奖项；

⑦ 不能采用隐去主要事实、断章取义、偷换概念的手法使用有关数据、统计资料、调查结果、文献和引用语，误导消费者，使消费者权益受到伤害。

> **延伸阅读**
>
> ### "看千万富翁征婚广告"感言
>
> 一家省报的周末版上，曾刊登了一则千万富翁的征婚广告，不但占了约千字左右的版面，而且加框套红，颇显一副"大款"的奢华气派。虽文中声称"欲征求温柔、贤惠之淑女为妻"，但以"千万富翁"为王牌，诱惑女性来应征，这种品位，能否赢得真正的爱情真是一个未知数，而报纸，尤其是作为党的喉舌与肩负舆论导向功能的党报，竟然堂而皇之地为拜金主义推波助澜，对弘扬健康的社会风气极为不利。
>
> 格调低下的广告主要表现在这样一些方面，它们或以黄色挑逗镜头，或以奢侈浪费的创意，或以豪华摆阔的风情，或以玩物丧志的格调，或以崇洋媚外的宣导，去迎合部分人的心理，迷惑部分人的心灵，与社会道德伦理发生冲突。广告传播应严格自律，使人们在广告中得到商品和服务信息的同时，也能得到情趣高尚的精神享受，使广告产生经济与社会的双重效应。

2. 广告经营者应当遵循的道德规范

广告经营者在广告创意、设计、制作中，应当依照有关广告管理法律、法规的要求，运用恰当的艺术表现形式表达广告内容，避免怪诞、离奇等不符合社会主义精神文明要求的广告创意；所使用妇女和儿童形象应当正确恰当，有利于树立健康文明的女性形象，有利于维护未成年人的身心健康和培养儿童良好的思想品德；广告经营者应当坚持创新与借鉴相结合，继承中华民族优秀传统文化，汲取其他国家和地区广告创意经验，自觉抵制抄袭他人作品的行为。

广告经营者为同类产品广告主同时或先后提供广告代理服务，应当保守各广告主的商业秘密，不得为自身业务发展的需要泄露广告主的商业秘密。还应当注重广告在社会主义精神文明建设中的作用，坚持商业广告创意设计中的社会主义思想文化导向，积极参与公益广告活动，倡导正确的道德观念和社会风尚；提高经营管理水平和服务质量，依靠不断提高服务质量和商业信誉与广告主建立稳定的业务关系，自觉抵制和纠正下列不正当竞争行为。

① 利用物质引诱或胁迫等不正当的手段获取其他广告经营者的商业秘密；

② 采用给予广告主经办人好处或竞相压价等手段争夺广告主；

③ 采用暗中给予媒介经办人财物等不正当手段争取有利或紧俏的时间或版面。

3.广告发布者应当遵循的道德规范

广告发布者发布商业广告应当考虑民族传统、群众消费习惯以及广告受众的区别等社会因素，合理安排发布时段、版面，依照各类广告的发布标准和社会主义精神文明建设的要求，认真履行广告审查义务；严格遵守国家关于禁止有偿新闻的有关规定，坚持正确的经营观念，杜绝新闻形式的广告；并且严格执行国家有关广告服务价格的管理规定，根据媒介的发行量、收视率等科学依据制订合理的收费方法和收费标准。

广告经营者采用招标等特殊方式确定广告价格的招标方案和办法应当合法、公正，不得利用不正当手段哄抬广告服务价格。广告发布者应当自觉执行国家有关公益广告宣传的相关规定，发挥公益广告宣传社会主义精神文明建设的积极作用，促进社会主义精神文明建设，树立良好的社会道德风尚。在经营活动中应当自觉抵制和纠正下列行为。

① 以不正当理由拒绝广告经营者正常客户代理业务，并强制该广告经营者必须通过与其有特殊利益关系的代理公司进行代理；

② 违背广告主、广告经营者的意愿，搭售时间、版面或附加其他不合理的交易条件；

③ 对不同客户实行不同的收费标准，强制要求客户预付广告费，不按规定的标准返还代理费。

三、国外广告行业的自律管理

（一）广为借鉴的英国广告行业自律体系

英国广告标准局（ASA）从1962年开始成为一个成熟的机构，该机构的首要目标是确保所有在英国播放的非广播广告都合法、得体、诚实和真实。英国广告行业对于广告标准局条例的服从体现出明显的非强制性。ASA由12名成员组成，其中三分之二的成员是完全中立的，其他三分之一来自于广告行业。英国的广告自律体系建立在公开性的基础上，即"它的有效性要为人所知"。这样英国既拥有欧洲最快的广告增长速度，又拥有世界上最为发达和有效的广告自律方案，经常成为世界上许多国家自律体系建设的榜样。其主要特点有：

1.深受广大消费者支持拥护的广告行业自律体制

在实际的广告监管中，法律体系和自律体系相互补充，一起发挥作用。在自律体系中，行业自律是最为重要的。英国的广告行业自律体制健全可执行，从源头上肃清了虚假违法广告，于投诉情况发生之前断绝其可能性，切实保障了消费者的人身、财产安全，因此深受消费者的拥护，保证了广告行业自律体制继续存在发展的社会性。

2.行业自律规则完备，组织成员自律意识浓厚

英国的广告行业自律体系并非朝夕铸就，而是一百多年来广告界和政府管理部门长期沟通协调、冲突和摩擦产生的结果。一方面，行业自律体系不仅可以保护消费者的利益，同时还保护了广告行业自身的利益，防止由于市场混乱，政府制定过于严格、不利于行业发展的法规，这也要求作为行业成员利益代表的行业自律组织同政府进行积极有效的沟通；另一方面，它又要严格要求规约会员的行为，以免发生公众受损情况，这也增加了与政府谈判时的砝码。

（二）权威公正的美国广告行业自律体系

美国现代意义上的广告行业自律管理以1971年美国广告评委会（NARC）为标志，至今已走过了45年的历程。这一机构作为广告行业自律的综合管理机构，下属三个执行机构，分别是全国

广告事务所（NRD）、全国广告评审理事会（NARB）和儿童广告评审单位（CARU）。这些机构制定了一系列完整的且广泛接受的行业自律准则。虽然自律机构的决定不具备法律强制力，但由于它的公正性和权威性，加之受到美国政府和广大公众的支持，绝大多数的决定都能取得迅速有效的执行。美国广告行业自律体系的主要特点有：

1.自律体制与司法体制紧密结合，具有"次级司法权威"色彩

自律体系，顾名思义，是建立在广告主自愿合作的基础上的，没有司法强制力。但如果广告主对于广告自律审查机构的通知决定不做反应，不理不睬，虽不会遭受直接诉讼的后果，但由于自律审查机构可能把案件移交政府而间接遭遇司法诉讼。这样就在相当程度上限制规范了广告主的行为，规整了广告环境，从深层次打造了美国广告行业较为严格的自律氛围。

2.案件审查过程中的严格保密制度与审查结果向社会透明公开的双重性

美国广告行业自律的又一大特点是在审查过程中采取严格保密制度，但最终审查结果向社会公开报告。这样"一合一开"的措施保证了审查流程的专业权威，不受外界干扰的同时接受来自公众的舆论监督，起到了"二次审查"的作用。审查政策规定，任一当事方应当对广告案件审查过程严格保密，保证审查的公正与合作性。涉及公司商业机密的内容，比如营业收入、战略计划等，广告主可以明确提出保密，这样就不会在行业自律审查机构提供给竞争挑战者的文件中将机密泄露。一方面可以获得广告主对于审查的配合，另一方面从内在因素方面提高了广告主的道德自律，同时也是美国文化民主性与人性化的体现。

3.专家小组的智力资源支持

由于涉及错综复杂的经济利益博弈，鉴于案件的复杂性，众多行业自律组织内聘请了一批资深专家顾问，以律师、学者和业内权威人士为代表。他们精通各自行业的特殊知识技能，对复杂广告案件的公正评审发挥了不可磨灭的作用。

（三）结构完善的日本广告行业自律体系

日本全国性的广告行业组织主要有四个：全日本广告联盟、日本广告业协会、日本广告主协会、日本广告主协会。全国性广告行业组织是日本广告会（东京广告会），最有影响力的是全日本广告联盟。其主要特点有：

1.广告行业组织团体多，自律规则条文严整

全日本广告联盟制定的《广告伦理纲领》是广告界制作广告必须遵守的最高准则。其他如日本新闻协会、日本广告主协会、日本民间广告联盟、日本国际广告协会等各类专业自律机构也十分健全，遍及日本广告行业的各个角落和部门，形成一个多层次的完整的行业组织。这些行业广告团体都有着各自的纲领和守则，如《广告伦理纲领》《广播的基准》等行业自律规则都是本行业广告活动应该遵守的。各行业广告团体主要执行行业自律和担负行业管理任务，并为广告行业的发展做出具体规划。其中广告主的自律较之其他国家的更为全面、具体。

2.各行业自律意识浓厚，准则执行力强

日本各行业协会也制定了本行业广告所应当遵守的准则。对广告客户进行管理的是日本广告审查机构，其主要任务是提供咨询和处理、审查有关广告的意见，协调消费者团体与政府主管机关之间的关系，在广告客户、媒体、广告各自律团体间起联系沟通的作用；同时，对广告内容进行审查，如果发现问题，立即与有关广告客户联系，责令整改等。

第三节　广告社会监督

广告社会监督，即广告社会监督管理，又叫消费者监督或舆论监督管理，是消费者和社会舆论对各种违法违纪广告的监督与举报。

在通常情况下，广告管理以政府的行政管理为主，但这并不是说广告行业自律和消费者监督管理是可有可无或根本用不着的。相反，正是由于有了广告行业自律和消费者监督的加入，政府对广告的行政管理才更加有力，广告管理也才更加富有层次。

一、消费者组织的监督

消费者对广告的监督，通常是由代表消费者利益的社会监督组织来实现的。我国的广告社会监督组织，主要是指中国消费者协会和各地设立的消费者协会（也可称消费者委员会或消费者联合会）。此外，1983年8月在北京成立的全国用户委员会，是我国首家全国性的消费者组织。中国消费者协会是经国务院批准，于1984年12月26日在北京成立的。截至1994年，全国县级以上消费者协会已超过2400个，还在街道、乡镇、大中型企业中建立了各种形式的保护消费者的社会监督网络3.3万多个。

这种监督具有广泛性和普遍性。所以，广告社会监督组织在广告社会监督的运行机制中介于新闻传媒、广告管理机关、人民法院与广告受众之间，处于第二层次。对商品或服务进行社会监督，对消费者的合法权益进行保护，这是由消费者协会的性质所决定的两大任务。

与此相应，广告社会监督组织也有两大任务：一是对商品或服务广告进行社会监督，二是保护广告受众接受真实广告信息的权利。为了完成这两大任务，一方面，广告社会监督组织要积极宣传，动员一切可以动员的力量，包括来自个人，或来自企业、事业单位、社会团体及其他组织的力量，对广告进行全方位的监督；另一方面，广告受众对违法的广告进行举报与投诉后，广告社会监督组织有责任与义务向大众传播媒介通报这些情况，并让新闻媒介对其进行曝光，对情节严重并造成了重大伤害的违法广告还应向广告管理机关和人民法院提起诉讼。因此，在广告社会监督的运行机制中，广告社会监督组织上接新闻传媒、广告管理机关、人民法院，下连广告受众，起着重要的中枢保障作用，并共同构成一个有机的整体。

二、新闻舆论的监督

随着社会的飞速发展和法制的不断完善，舆论监督工作的重要性日益凸显。做好舆论监督工作，是社会发展的要求，人民群众的愿望，党和政府改进工作的手段，也是新闻工作的重要职责。如何强化新闻媒介对广告的监督，努力营造真实合法、公平竞争、有序发展的广告市场秩序，是目前广告监管工作中的重要任务。

广告社会监督组织"官意民办"的特点，决定了其无法独立完成监督商业广告和保护受众知情权这两大任务。通常情况下，它不得不借助于新闻传媒进行监督。因此，新闻传媒便构成了广告社会监督运行机制的第三层次。在该层次，对广告受众投诉与举报的虚假、违法广告，最常见的做法是通过一定的社会监督组织，向新闻传媒进行发布，然后再由新闻传媒对其进行曝光，借助社会舆论的力量防止虚假、违法广告的出现和出现后的进一步蔓延。所以，新闻传媒对虚假、违法广告的曝光在广告社会监督中起着至关重要的作用，可以这样说，广告社会监督的任务完成与否，在很大程度上取决于新闻传媒对虚假、违法广告的这种舆论监督作用是否发挥出来了。

> **延伸阅读**
>
> ### 中央电视台的3·15晚会
>
> 3·15晚会是由中央电视台联合国家政府部门为维护消费者权益，在每年3月15日晚共同主办并现场直播的一台大型公益晚会。3·15晚会作为中央电视台的品牌节目，自1991年起，每年3月15日晚通过中央电视台向全国直播。它唤醒了消费者的权益意识，成为规范市场秩序、传播国家法规政策的强大平台。专题调查、权威发布等都成为广大观众最期待的节目亮点。3·15晚会已成为一个符号，成为亿万消费者信赖的舆论阵地，成为国家有关部委规范市场秩序的重要力量，3·15也从一个简单的数字变成了维护消费者权益的代名词。
>
> （资料来源：央视网）

三、消费者的监督

每一个社会成员都是消费者，广告是消费者的购物指南。依据《广告法》《消费者权益保护法》等国家法律、法规，消费者有权利和义务对广告宣传及广告行为实行监督。消费者是对广告真实性直接和最有权威的评判者，实施广告全社会、全方位监管，消费者是极为重要的一个环节。

> **延伸阅读**
>
> ### "优步"打虚假广告金华开出超万元罚单
>
> 记者从金华市市场监管局获悉，"人民优步"约车平台因涉嫌虚假广告宣传，浙江省金华市开出一张超万元罚单。
>
> "滴滴""人民优步""易到"等网络约车平台先后进入金华，其呼车方便、费用低廉的打车方式深受部分年轻人群青睐。与此同时，部分网络约车平台肆意虚假夸大宣传的行为，也引发许多消费者集中投诉。
>
> 近段时间，各网络约车平台大打价格战，推出不少优惠打车活动。"冰爽夏日，0元打车！优步金华每天享受2次7元立减！赶紧叫上小伙伴，每天清凉0元起专车接驾！"这是不久前"人民优步"推出的活动，许多"优步"用户的手机上都收到过这样的短信。
>
> 消费者小新（化名）看到这条短信后（如图5-3），打开"优步"软件叫了一辆车，呼叫到浙G×××××的私家车。该驾驶员在车上对小新说："第一单是免费的，乘车人非常合算。""我收到这条优步短信，才呼叫优步。" 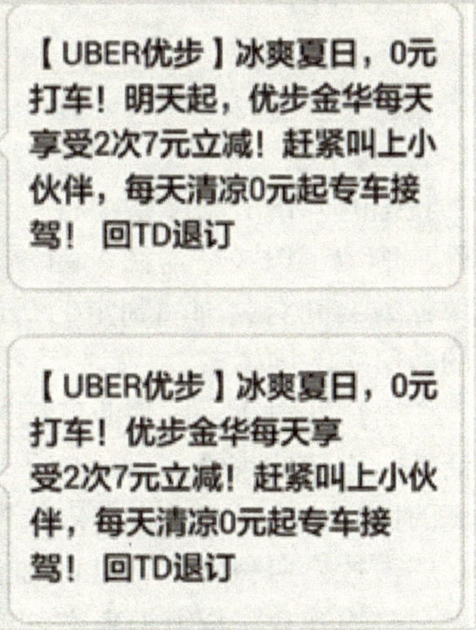
>
> 【UBER优步】冰爽夏日，0元打车！明天起，优步金华每天享受2次7元立减！赶紧叫上小伙伴，每天清凉0元起专车接驾！回TD退订
>
> 【UBER优步】冰爽夏日，0元打车！优步金华每天享受2次7元立减！赶紧叫上小伙伴，每天清凉0元起专车接驾！回TD退订
>
> 图5-3 优步虚假广告

小新回他话说。

小新从市区金华商城茂华街附近乘车到双龙南街某处，共计3.64公里，按照正常收费是10.06元。可是，在结算费用时，小新看到手机页面提示费用要提高到2.6倍，要收取26.16元。按"人民优步"推出的每天享受2次7元立减乘车优惠来算，减免了7元后将被系统扣去19.16元。

"优步打出来的广告不是说0元打车吗，就算超过了起步价，为什么又要提高到2.6倍？4公里不到竟然要26.16元？"。于是，小新向金华市市场监管局提起投诉。

接报后，金华市市场监管局稽查支队集中力量查处"人民优步"约车平台虚假宣传案。执法人员查办后发现，除了消费者反映的问题外，"人民优步"平台还存在其他涉嫌虚假宣传的行为。此前，"人民优步"约车平台运营商上海雾博信息技术有限公司通过微信公众号、短信等方式发布过"只要在周一坐一次优步，即享接下来3天打优步：全！部！免！费！""坐一天送一天，只要本周三坐优步，立享周四免费乘车"等虚假或误导消费者的广告。

"这家优步运营商通过微信公众号发布广告的广告费用为5000元，发布短信广告6532条，短信广告发布费用为653.2元，两项合计广告费用为5653.2元。"执法人员说，其宣传的内容与事实不符，违反了《中华人民共和国广告法》相关规定，是虚假宣传的行为。

此外，执法人员说，消费者所投诉的问题也反映出"人民优步"在向用户推送优惠短信时存在虚假宣传的行为，明明可能只是起步3公里内可以做到减免7元，却宣称"0元打车"。

金华市市场监管局根据《中华人民共和国广告法》第五十五条规定，对"人民优步"约车平台虚假广告宣传的违法行为作出罚款16959.6元人民币的决定。

（资料来源：新华网）

每一位能够接触到广告的社会成员，只要其生理和心理没有缺陷，都有权对广告进行监督。广告中的任何虚假成分都逃不过了广告受众"雪亮"的眼睛。广告受众这种对广告的全方位监督，构成了广告社会监督的第一个层次，它是广告社会监督的基础。在社会监督的程序上，消费者一旦发现广告内容不符合《广告法》或与商品或服务的实际情况不符，即可及时反馈给广告主、广告经营者和广告发布者，也可向广告监督管理机关反映和投诉，以便对广告的内容和形式进行规范和调整，使之符合法律的有关规定和社会公德的要求。

本章小结

我国的广告法规体系中有一个总的规范性文件——《广告法》，同时还有一系列的相关规范性文件，形成了以《广告法》为核心和主干，以《广告管理条例》为补充、以国家工商行政管理总局单独或会同有关部门制定的行政规章和规定为具体操作依据、以地方行政规定为实际针对性措施的多层次法规体系。

广告行业自律是广告业发展到一定阶段的必然产物。广告行业自律有三个主要特点：自发性、灵活性、道德约束性。中国广告协会是目前中国最大的广告行业组织。它接受国家工商行政管理总局的指导，是联系政府广告管理机关与广告主、广告经营者、广告发布者的桥梁和纽带。

广告社会监督即广告社会监督管理，包括三个方面：一是消费者组织监督，通常是由代表消费者利益的社会监督组织来实现的；二是新闻舆论监督，主要表现为新闻媒介对广告活动的监督；三是消费者监督。消费者是广告活动最直接和最有权威的评判者，消费者监督是实施广告全社会、全方位监管的重要环节。

本章练习题

1. 选择题（单选题）

（1）下列语句中符合广告准则的是（　　）。
　　A."本农药绝对安全，无毒无害。"
　　B."本食品对糖尿病患者有显著功效。"
　　C."本药品经临床验证，治愈率达95%。"
　　D."吸烟有害健康。"

（2）《广告法》未明令禁止，可以发布烟草广告的场所是（　　）。
　　A.体育比赛场馆
　　B.候车室
　　C.商场
　　D.影剧院

（3）广告违法行为的主体不包括（　　）。
　　A.广告主
　　B.广告发布者
　　C.广告受众
　　D.广告经营者

（4）应在医生指导下使用的非处方药广告，必须注明（　　）。
　　A.孕妇和婴儿慎用
　　B.精神病患者慎用
　　C.请按药品说明书或在药师指导下购买
　　D.有过敏史者忌用

（5）关于广告发布内容的标准，以下说法错误的是（　　）。
　　A.广告不得使用或变相使用中华人民共和国国旗、国徽、国歌
　　B.广告不得使用最高级、最佳等用语，但依法取得的除外
　　C.广告不得使用企业领导和企业工作人员的名义
　　D.广告不得含有淫秽、迷信、恐怖、暴力、丑恶的内容

2. 填空题

（1）广告行业自律的显著特点包括＿＿＿＿、＿＿＿＿和＿＿＿＿。

（2）广告社会监督包括＿＿＿＿、＿＿＿＿和＿＿＿＿。

（3）我国《广告法》明确规定："发布＿＿＿＿、＿＿＿＿和＿＿＿＿消费者，使购买商品或者接受服务的消费者的合法权益受到损害的，由广告主依法承担刑事责任。"

（4）广告行业自律应遵循＿＿＿＿、＿＿＿＿、＿＿＿＿和＿＿＿＿四个原则。

（5）中国最大的广告行业组织是＿＿＿＿。

3. 名词解释

（1）广告监督管理
（2）广告行业自律
（3）广告社会监督

4. 简答题

（1）禁止性广告准则的内容有哪些？
（2）欧洲广告行业自律体制的特点是什么？
（3）禁止做广告的药品种类有哪些？

5. 案例分析题

案例一：因夸大宣传英伟达在美国赔GTX970用户30美元

英伟达因GeForce GTX 970显卡宣称的相应规格与实际不符在加州地方法院被提起集体诉讼，指控英伟达涉嫌虚假广告以及商业欺诈行为。

GeForce GTX 970是英伟达公司所推出的高性价比显卡。发布之初，NV所谓同样基于GM2014核心的GTX 980和GTX 970仅是频率、CUDA核心规模不同，但后来不少用户发现，自己的970仅能用到3.5GB，怀疑公司造假。此外，公司宣称该显卡有64个ROP单元，但实际上被简配为56个。

自2015年1月，就有用户提出这一争议，随后一个月内，消费者共有相关的15起诉讼提起，指控英伟达通过虚假信息误导消费者做出决策。诉讼称消费者信任了英伟达发出的错误信息，从而扰乱了购买决策。到了2月，美国某律所（Bursor&Fisher）就开始准备集体诉讼了，他们即本案的诉讼方。

目前，英伟达方面已经给出了自己的妥协方案，英伟达提出向每一位购买GeForce GTX 970显卡的消费者支付30美元，此外承担约130万美元的律师费用。但公司否认有故意不当行为。

对于30美元这个数字，则是NV经过合理计算，认为这部分"不当"的硬件损失价值如此，不过具体的赔付措施还没有消息，海外用户是否赔偿也不清楚。另外，根据JPR的统计，NV至少一共卖出了100万张GTX970。

协议律师在文件中指出，"该和解协议公平合理，符合法律规定。这是熟悉法律的本案律师与法律事实兼顾的产物，也符合各方根本利益。"

案例二：欧舒丹、倩碧产品等多品牌因虚假宣传被罚

日前，法国欧舒丹因有两款产品的广告宣传有纤体功效，被美国联邦贸易委员会（FTC）处以45万美元的惩罚，同时禁止该品牌未来再做虚假减肥广告。

记者联系欧舒丹在中国的代理公司，该公司称，未收到有关部门和消费者对涉事产品的投诉。此前，雅诗兰黛、欧莱雅等也有部分化妆品涉嫌虚假宣传而被处以重罚。

据悉，美国联邦贸易委员会日前发现，欧舒丹品牌号称具有瘦身功效这一说法并不属实。经临床验证，欧舒丹的两款产品都没有达到广告中宣传的纤体功效，而且产品成分也无法验证具有纤体功效。

记者在欧舒丹中国官方网上商城看到，涉事的其中一款产品欧舒丹杏仁紧致身体润肤乳在中国市场有售，售价为520元。记者从该官网的产品说明中看到，该产品并没有直接宣称有"纤体"功效，但其说明中提到"可令肌肤回复紧致平滑"，并称"要达到最佳效果，可在需要收紧及结实的部位作重点按摩，例如大腿、臀部、腹部及胸部，可帮助肌肤有效收紧饱满。"有消费者认为，这些话语其实也暗示该产品有纤体效果。

不过，欧舒丹中国方工作人员在接受记者咨询时称，该公司未在其他渠道做过广告宣传，均

是熟悉该公司产品的消费者在使用。同时，其在官网上的产品说明也从未收到过有关部门和消费者的投诉。欧舒丹另一款涉及的产品杏仁纤体美肌啫喱，则未在国内上市。

近年来，多个国际知名化妆品品牌产品因涉嫌虚假宣传受到重罚。雅诗兰黛旗下倩碧的Repairwear Laser焕妍活力系列产品，因广告宣传语误导消费者，被意大利监管部门处罚40万欧元。意大利监管部门认为，把倩碧涉事产品的除皱效果和激光除皱治疗、整容、整形手术做对比，以其成本价格比激光治疗的成本价格低、没有像激光治疗那样存在较多禁忌这两个卖点来诱导消费者购买。随后，倩碧方面将相关产品的中文宣传进行修改。

此外，欧莱雅产品Revitalift LaserX3也有相似宣传，意大利监管部门对欧莱雅方面也作出了警告，要求其删除带有误导性的宣传，尤其是把护肤品的效果与药物、整容手术的效果做对比的宣传。

据业内人士介绍，国内化妆品行业对产品进行虚假宣传、夸大宣传的现象较普遍，国家食药监局和各地工商部门均会不定期公布部分虚假宣传的化妆品黑名单。不过由于处罚力度不大，震慑力不够。

"'本产品不含任何化学添加成分''100%纯天然''疗程短、疗效好'等语句和说明，在化妆品广告宣传和说明书中比较常见，但这些均是违规用语。"据广州合邦律师事务所肖律师称，国内"虚假宣传"处罚力度不大，违法成本低，所以企业对于产品的虚假宣传、夸大宣传往往趋之若鹜。

据肖律师介绍，我国对化妆品"虚假宣传"的处罚，主要依据《化妆品卫生监督条例》，"对于有虚假宣传情形的，可以处以警告，责令限期改进；情节严重的，对生产企业，可以责令该企业停产或者吊销《化妆品生产企业卫生许可证》，对经营单位，可以责令其停止经营，没收违法所得，并且可以处违法所得2～3倍的罚款。"他认为，国内对化妆品虚假宣传处罚力度往往雷声大雨点小。

不过，我国对化妆品方面的监管力度在加大。2014年4月1日起正式实施的《有机产品认证管理办法》中，化妆品就被踢出有机产品认证目标。根据该管理办法，被纳入有机认证共有127种产品，其中并没有化妆品，这也意味着化妆品不能再标称"有机"。这对于目前众多以宣称"有机护肤"而卖高价的虚假宣传产品，将是一沉重打击。

"对于化妆品来说，要保证原料种植土壤不使用化肥，保证整个生产过程不用农药或者添加剂，在国内市场几乎很难实现。"业内人士指出，"目前国内不少'有机化妆品'都是假借有机之名误导消费。"

结合这两个案例，思考以下几个问题：
（1）这些广告违反了《中华人民共和国广告法》中的哪些有关规定？
（2）结合案例，谈谈虚假广告对消费者的影响。
（3）结合案例，谈谈应如何加强对广告的社会监督？

1.选择题

（1）D （2）C （3）C （4）C （5）C

2. 填空题

（1）自发性、灵活性、道德约束性
（2）消费者组织的监督、新闻舆论的监督、消费者的监督
（3）虚假广告、欺骗、误导
（4）守法原则、公平竞争原则、诚实信用原则、精神文明原则
（5）中国广告协会

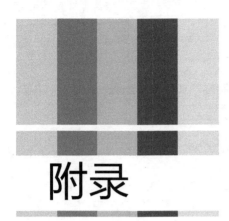

附录

《中华人民共和国广告法》

2015年4月24日,《中华人民共和国广告法》已由中华人民共和国第十二届全国人民代表大会常务委员会第十四次会议修订通过,现将修订后的《中华人民共和国广告法》公布,自2015年9月1日起施行。

第一章 总则

第一条 为了规范广告活动,保护消费者的合法权益,促进广告业的健康发展,维护社会经济秩序,制定本法。

第二条 在中华人民共和国境内,商品经营者或者服务提供者通过一定媒介和形式直接或者间接地介绍自己所推销的商品或者服务的商业广告活动,适用本法。

本法所称广告主,是指为推销商品或者服务,自行或者委托他人设计、制作、发布广告的自然人、法人或者其他组织。

本法所称广告经营者,是指接受委托提供广告设计、制作、代理服务的自然人、法人或者其他组织。

本法所称广告发布者,是指为广告主或者广告主委托的广告经营者发布广告的自然人、法人或者其他组织。

本法所称广告代言人,是指广告主以外的,在广告中以自己的名义或者形象对商品、服务作推荐、证明的自然人、法人或者其他组织。

第三条 广告应当真实、合法,以健康的表现形式表达广告内容,符合社会主义精神文明建设和弘扬中华民族优秀传统文化的要求。

第四条 广告不得含有虚假或者引人误解的内容,不得欺骗、误导消费者。

广告主应当对广告内容的真实性负责。

第五条 广告主、广告经营者、广告发布者从事广告活动,应当遵守法律、法规,诚实信用,公平竞争。

第六条 国务院工商行政管理部门主管全国的广告监督管理工作,国务院有关部门在各自的职责范围内负责广告管理相关工作。

县级以上地方工商行政管理部门主管本行政区域的广告监督管理工作,县级以上地方人民政府有关部门在各自的职责范围内负责广告管理相关工作。

第七条 广告行业组织依照法律、法规和章程的规定,制定行业规范,加强行业自律,促进行业发展,引导会员依法从事广告活动,推动广告行业诚信建设。

第二章 广告内容准则

第八条 广告中对商品的性能、功能、产地、用途、质量、成分、价格、生产者、有效期限、允诺等或者对服务的内容、提供者、形式、质量、价格、允诺等有表示的,应当准确、清楚、明白。

广告中表明推销的商品或者服务附带赠送的,应当明示所附带赠送商品或者服务的品种、规格、数量、期限和方式。

法律、行政法规规定广告中应当明示的内容,应当显著、清晰表示。

第九条 广告不得有下列情形:

(一)使用或者变相使用中华人民共和国的国旗、国歌、国徽,军旗、军歌、军徽;

(二)使用或者变相使用国家机关、国家机关工作人员的名义或者形象;

(三)使用"国家级""最高级""最佳"等用语;

(四)损害国家的尊严或者利益,泄露国家秘密;

(五)妨碍社会安定,损害社会公共利益;

(六)危害人身、财产安全,泄露个人隐私;

(七)妨碍社会公共秩序或者违背社会良好风尚;

(八)含有淫秽、色情、赌博、迷信、恐怖、暴力的内容;

(九)含有民族、种族、宗教、性别歧视的内容;

(十)妨碍环境、自然资源或者文化遗产保护;

(十一)法律、行政法规规定禁止的其他情形。

第十条 广告不得损害未成年人和残疾人的身心健康。

第十一条 广告内容涉及的事项需要取得行政许可的,应当与许可的内容相符合。

广告使用数据、统计资料、调查结果、文摘、引用语等引证内容的,应当真实、准确,并表明出处。引证内容有适用范围和有效期限的,应当明确表示。

第十二条 广告中涉及专利产品或者专利方法的,应当标明专利号和专利种类。

未取得专利权的,不得在广告中谎称取得专利权。

禁止使用未授予专利权的专利申请和已经终止、撤销、无效的专利作广告。

第十三条 广告不得贬低其他生产经营者的商品或者服务。

第十四条 广告应当具有可识别性,能够使消费者辨明其为广告。

大众传播媒介不得以新闻报道形式变相发布广告。通过大众传播媒介发布的广告应当显著标明"广告",与其他非广告信息相区别,不得使消费者产生误解。

广播电台、电视台发布广告,应当遵守国务院有关部门关于时长、方式的规定,并应当对广告时长作出明显提示。

第十五条 麻醉药品、精神药品、医疗用毒性药品、放射性药品等特殊药品,药品类易制毒化学品,以及戒毒治疗的药品、医疗器械和治疗方法,不得作广告。

前款规定以外的处方药,只能在国务院卫生行政部门和国务院药品监督管理部门共同指定的医学、药学专业刊物上作广告。

第十六条 医疗、药品、医疗器械广告不得含有下列内容:

（一）表示功效、安全性的断言或者保证；
（二）说明治愈率或者有效率；
（三）与其他药品、医疗器械的功效和安全性或者其他医疗机构比较；
（四）利用广告代言人作推荐、证明；
（五）法律、行政法规规定禁止的其他内容。

药品广告的内容不得与国务院药品监督管理部门批准的说明书不一致，并应当显著标明禁忌、不良反应。处方药广告应当显著标明"本广告仅供医学药学专业人士阅读"，非处方药广告应当显著标明"请按药品说明书或者在药师指导下购买和使用"。

推荐给个人自用的医疗器械的广告，应当显著标明"请仔细阅读产品说明书或者在医务人员的指导下购买和使用"。医疗器械产品注册证明文件中有禁忌内容、注意事项的，广告中应当显著标明"禁忌内容或者注意事项详见说明书"。

第十七条 除医疗、药品、医疗器械广告外，禁止其他任何广告涉及疾病治疗功能，并不得使用医疗用语或者易使推销的商品与药品、医疗器械相混淆的用语。

第十八条 保健食品广告不得含有下列内容：
（一）表示功效、安全性的断言或者保证；
（二）涉及疾病预防、治疗功能；
（三）声称或者暗示广告商品为保障健康所必需；
（四）与药品、其他保健食品进行比较；
（五）利用广告代言人作推荐、证明；
（六）法律、行政法规规定禁止的其他内容。

保健食品广告应当显著标明"本品不能代替药物"。

第十九条 广播电台、电视台、报刊音像出版单位、互联网信息服务提供者不得以介绍健康、养生知识等形式变相发布医疗、药品、医疗器械、保健食品广告。

第二十条 禁止在大众传播媒介或者公共场所发布声称全部或者部分替代母乳的婴儿乳制品、饮料和其他食品广告。

第二十一条 农药、兽药、饲料和饲料添加剂广告不得含有下列内容：
（一）表示功效、安全性的断言或者保证；
（二）利用科研单位、学术机构、技术推广机构、行业协会或者专业人士、用户的名义或者形象作推荐、证明；
（三）说明有效率；
（四）违反安全使用规程的文字、语言或者画面；
（五）法律、行政法规规定禁止的其他内容。

第二十二条 禁止在大众传播媒介或者公共场所、公共交通工具、户外发布烟草广告。禁止向未成年人发送任何形式的烟草广告。

禁止利用其他商品或者服务的广告、公益广告，宣传烟草制品名称、商标、包装、装潢以及类似内容。

烟草制品生产者或者销售者发布的迁址、更名、招聘等启事中，不得含有烟草制品名称、商标、包装、装潢以及类似内容。

第二十三条 酒类广告不得含有下列内容：
（一）诱导、怂恿饮酒或者宣传无节制饮酒；
（二）出现饮酒的动作；
（三）表现驾驶车、船、飞机等活动；

（四）明示或者暗示饮酒有消除紧张和焦虑、增加体力等功效。

第二十四条 教育、培训广告不得含有下列内容：

（一）对升学、通过考试、获得学位学历或者合格证书，或者对教育、培训的效果作出明示或者暗示的保证性承诺；

（二）明示或者暗示有相关考试机构或者其工作人员、考试命题人员参与教育、培训；

（三）利用科研单位、学术机构、教育机构、行业协会、专业人士、受益者的名义或者形象作推荐、证明。

第二十五条 招商等有投资回报预期的商品或者服务广告，应当对可能存在的风险以及风险责任承担有合理提示或者警示，并不得含有下列内容：

（一）对未来效果、收益或者与其相关的情况作出保证性承诺，明示或者暗示保本、无风险或者保收益等，国家另有规定的除外；

（二）利用学术机构、行业协会、专业人士、受益者的名义或者形象作推荐、证明。

第二十六条 房地产广告，房源信息应当真实，面积应当表明为建筑面积或者套内建筑面积，并不得含有下列内容：

（一）升值或者投资回报的承诺；

（二）以项目到达某一具体参照物的所需时间表示项目位置；

（三）违反国家有关价格管理的规定；

（四）对规划或者建设中的交通、商业、文化教育设施以及其他市政条件作误导宣传。

第二十七条 农作物种子、林木种子、草种子、种畜禽、水产苗种和种养殖广告关于品种名称、生产性能、生长量或者产量、品质、抗性、特殊使用价值、经济价值、适宜种植或者养殖的范围和条件等方面的表述应当真实、清楚、明白，并不得含有下列内容：

（一）作科学上无法验证的断言；

（二）表示功效的断言或者保证；

（三）对经济效益进行分析、预测或者作保证性承诺；

（四）利用科研单位、学术机构、技术推广机构、行业协会或者专业人士、用户的名义或者形象作推荐、证明。

第二十八条 广告以虚假或者引人误解的内容欺骗、误导消费者的，构成虚假广告。

广告有下列情形之一的，为虚假广告：

（一）商品或者服务不存在的；

（二）商品的性能、功能、产地、用途、质量、规格、成分、价格、生产者、有效期限、销售状况、曾获荣誉等信息，或者服务的内容、提供者、形式、质量、价格、销售状况、曾获荣誉等信息，以及与商品或者服务有关的允诺等信息与实际情况不符，对购买行为有实质性影响的；

（三）使用虚构、伪造或者无法验证的科研成果、统计资料、调查结果、文摘、引用语等信息作证明材料的；

（四）虚构使用商品或者接受服务的效果的；

（五）以虚假或者引人误解的内容欺骗、误导消费者的其他情形。

第三章 广告行为规范

第二十九条 广播电台、电视台、报刊出版单位从事广告发布业务的，应当设有专门从事广告业务的机构，配备必要的人员，具有与发布广告相适应的场所、设备，并向县级以上地方工商行政管理部门办理广告发布登记。

第三十条　广告主、广告经营者、广告发布者之间在广告活动中应当依法订立书面合同。

第三十一条　广告主、广告经营者、广告发布者不得在广告活动中进行任何形式的不正当竞争。

第三十二条　广告主委托设计、制作、发布广告，应当委托具有合法经营资格的广告经营者、广告发布者。

第三十三条　广告主或者广告经营者在广告中使用他人名义或者形象的，应当事先取得其书面同意；使用无民事行为能力人、限制民事行为能力人的名义或者形象的，应当事先取得其监护人的书面同意。

第三十四条　广告经营者、广告发布者应当按照国家有关规定，建立、健全广告业务的承接登记、审核、档案管理制度。

广告经营者、广告发布者依据法律、行政法规查验有关证明文件，核对广告内容。对内容不符或者证明文件不全的广告，广告经营者不得提供设计、制作、代理服务，广告发布者不得发布。

第三十五条　广告经营者、广告发布者应当公布其收费标准和收费办法。

第三十六条　广告发布者向广告主、广告经营者提供的覆盖率、收视率、点击率、发行量等资料应当真实。

第三十七条　法律、行政法规规定禁止生产、销售的产品或者提供的服务，以及禁止发布广告的商品或者服务，任何单位或者个人不得设计、制作、代理、发布广告。

第三十八条　广告代言人在广告中对商品、服务作推荐、证明，应当依据事实，符合本法和有关法律、行政法规规定，并不得为其未使用过的商品或者未接受过的服务作推荐、证明。

不得利用不满十周岁的未成年人作为广告代言人。

对在虚假广告中作推荐、证明受到行政处罚未满三年的自然人、法人或者其他组织，不得利用其作为广告代言人。

第三十九条　不得在中小学校、幼儿园内开展广告活动，不得利用中小学生和幼儿的教材、教辅材料、练习册、文具、教具、校服、校车等发布或者变相发布广告，但公益广告除外。

第四十条　在针对未成年人的大众传播媒介上不得发布医疗、药品、保健食品、医疗器械、化妆品、酒类、美容广告，以及不利于未成年人身心健康的网络游戏广告。

针对不满十四周岁的未成年人的商品或者服务的广告不得含有下列内容：

（一）劝诱其要求家长购买广告商品或者服务；

（二）可能引发其模仿不安全行为。

第四十一条　县级以上地方人民政府应当组织有关部门加强对利用户外场所、空间、设施等发布户外广告的监督管理，制定户外广告设置规划和安全要求。

户外广告的管理办法，由地方性法规、地方政府规章规定。

第四十二条　有下列情形之一的，不得设置户外广告：

（一）利用交通安全设施、交通标志的；

（二）影响市政公共设施、交通安全设施、交通标志、消防设施、消防安全标志使用的；

（三）妨碍生产或者人民生活，损害市容市貌的；

（四）在国家机关、文物保护单位、风景名胜区等的建筑控制地带，或者县级以上地方人民政府禁止设置户外广告的区域设置的。

第四十三条　任何单位或者个人未经当事人同意或者请求，不得向其住宅、交通工具等发送广告，也不得以电子信息方式向其发送广告。

以电子信息方式发送广告的，应当明示发送者的真实身份和联系方式，并向接收者提供拒绝继续接收的方式。

第四十四条 利用互联网从事广告活动，适用本法的各项规定。

利用互联网发布、发送广告，不得影响用户正常使用网络。在互联网页面以弹出等形式发布的广告，应当显著标明关闭标志，确保一键关闭。

第四十五条 公共场所的管理者或者电信业务经营者、互联网信息服务提供者对其明知或者应知的利用其场所或者信息传输、发布平台发送、发布违法广告的，应当予以制止。

第四章 监督管理

第四十六条 发布医疗、药品、医疗器械、农药、兽药和保健食品广告，以及法律、行政法规规定应当进行审查的其他广告，应当在发布前由有关部门（以下称广告审查机关）对广告内容进行审查；未经审查，不得发布。

第四十七条 广告主申请广告审查，应当依照法律、行政法规向广告审查机关提交有关证明文件。

广告审查机关应当依照法律、行政法规规定作出审查决定，并应当将审查批准文件抄送同级工商行政管理部门。广告审查机关应当及时向社会公布批准的广告。

第四十八条 任何单位或者个人不得伪造、变造或者转让广告审查批准文件。

第四十九条 工商行政管理部门履行广告监督管理职责，可以行使下列职权：

（一）对涉嫌从事违法广告活动的场所实施现场检查；

（二）询问涉嫌违法当事人或者其法定代表人、主要负责人和其他有关人员，对有关单位或者个人进行调查；

（三）要求涉嫌违法当事人限期提供有关证明文件；

（四）查阅、复制与涉嫌违法广告有关的合同、票据、账簿、广告作品和其他有关资料；

（五）查封、扣押与涉嫌违法广告直接相关的广告物品、经营工具、设备等财物；

（六）责令暂停发布可能造成严重后果的涉嫌违法广告；

（七）法律、行政法规规定的其他职权。

工商行政管理部门应当建立健全广告监测制度，完善监测措施，及时发现和依法查处违法广告行为。

第五十条 国务院工商行政管理部门会同国务院有关部门，制定大众传播媒介广告发布行为规范。

第五十一条 工商行政管理部门依照本法规定行使职权，当事人应当协助、配合，不得拒绝、阻挠。

第五十二条 工商行政管理部门和有关部门及其工作人员对其在广告监督管理活动中知悉的商业秘密负有保密义务。

第五十三条 任何单位或者个人有权向工商行政管理部门和有关部门投诉、举报违反本法的行为。工商行政管理部门和有关部门应当向社会公开受理投诉、举报的电话、信箱或者电子邮件地址，接到投诉、举报的部门应当自收到投诉之日起七个工作日内，予以处理并告知投诉、举报人。

工商行政管理部门和有关部门不依法履行职责的，任何单位或者个人有权向其上级机关或者监察机关举报。接到举报的机关应当依法作出处理，并将处理结果及时告知举报人。

有关部门应当为投诉、举报人保密。

第五十四条 消费者协会和其他消费者组织对违反本法规定，发布虚假广告侵害消费者合法权益，以及其他损害社会公共利益的行为，依法进行社会监督。

第五章　法律责任

第五十五条　违反本法规定，发布虚假广告的，由工商行政管理部门责令停止发布广告，责令广告主在相应范围内消除影响，处广告费用三倍以上五倍以下的罚款，广告费用无法计算或者明显偏低的，处二十万元以上一百万元以下的罚款；两年内有三次以上违法行为或者有其他严重情节的，处广告费用五倍以上十倍以下的罚款，广告费用无法计算或者明显偏低的，处一百万元以上二百万元以下的罚款，可以吊销营业执照，并由广告审查机关撤销广告审查批准文件、一年内不受理其广告审查申请。

医疗机构有前款规定违法行为，情节严重的，除由工商行政管理部门依照本法处罚外，卫生行政部门可以吊销诊疗科目或者吊销医疗机构执业许可证。

广告经营者、广告发布者明知或者应知广告虚假仍设计、制作、代理、发布的，由工商行政管理部门没收广告费用，并处广告费用三倍以上五倍以下的罚款，广告费用无法计算或者明显偏低的，处二十万元以上一百万元以下的罚款；两年内有三次以上违法行为或者有其他严重情节的，处广告费用五倍以上十倍以下的罚款，广告费用无法计算或者明显偏低的，处一百万元以上二百万元以下的罚款，并可以由有关部门暂停广告发布业务、吊销营业执照、吊销广告发布登记证件。

广告主、广告经营者、广告发布者有本条第一款、第三款规定行为，构成犯罪的，依法追究刑事责任。

第五十六条　违反本法规定，发布虚假广告，欺骗、误导消费者，使购买商品或者接受服务的消费者的合法权益受到损害的，由广告主依法承担民事责任。广告经营者、广告发布者不能提供广告主的真实名称、地址和有效联系方式的，消费者可以要求广告经营者、广告发布者先行赔偿。

关系消费者生命健康的商品或者服务的虚假广告，造成消费者损害的，其广告经营者、广告发布者、广告代言人应当与广告主承担连带责任。

前款规定以外的商品或者服务的虚假广告，造成消费者损害的，其广告经营者、广告发布者、广告代言人，明知或者应知广告虚假仍设计、制作、代理、发布或者作推荐、证明的，应当与广告主承担连带责任。

第五十七条　有下列行为之一的，由工商行政管理部门责令停止发布广告，对广告主处二十万元以上一百万元以下的罚款，情节严重的，并可以吊销营业执照，由广告审查机关撤销广告审查批准文件、一年内不受理其广告审查申请；对广告经营者、广告发布者，由工商行政管理部门没收广告费用，处二十万元以上一百万元以下的罚款，情节严重的，并可以吊销营业执照、吊销广告发布登记证件：

（一）发布有本法第九条、第十条规定的禁止情形的广告的；

（二）违反本法第十五条规定发布处方药广告、药品类易制毒化学品广告、戒毒治疗的医疗器械和治疗方法广告的；

（三）违反本法第二十条规定，发布声称全部或者部分替代母乳的婴儿乳制品、饮料和其他食品广告的；

（四）违反本法第二十二条规定发布烟草广告的；

（五）违反本法第三十七条规定，利用广告推销禁止生产、销售的产品或者提供的服务，或者禁止发布广告的商品或者服务的；

（六）违反本法第四十条第一款规定，在针对未成年人的大众传播媒介上发布医疗、药品、保健食品、医疗器械、化妆品、酒类、美容广告,以及不利于未成年人身心健康的网络游戏广告的。

第五十八条 有下列行为之一的,由工商行政管理部门责令停止发布广告,责令广告主在相应范围内消除影响,处广告费用一倍以上三倍以下的罚款,广告费用无法计算或者明显偏低的,处十万元以上二十万元以下的罚款;情节严重的,处广告费用三倍以上五倍以下的罚款,广告费用无法计算或者明显偏低的,处二十万元以上一百万元以下的罚款,可以吊销营业执照,并由广告审查机关撤销广告审查批准文件、一年内不受理其广告审查申请:

(一)违反本法第十六条规定发布医疗、药品、医疗器械广告的;

(二)违反本法第十七条规定,在广告中涉及疾病治疗功能,以及使用医疗用语或者易使推销的商品与药品、医疗器械相混淆的用语的;

(三)违反本法第十八条规定发布保健食品广告的;

(四)违反本法第二十一条规定发布农药、兽药、饲料和饲料添加剂广告的;

(五)违反本法第二十三条规定发布酒类广告的;

(六)违反本法第二十四条规定发布教育、培训广告的;

(七)违反本法第二十五条规定发布招商等有投资回报预期的商品或者服务广告的;

(八)违反本法第二十六条规定发布房地产广告的;

(九)违反本法第二十七条规定发布农作物种子、林木种子、草种子、种畜禽、水产苗种和种养殖广告的;

(十)违反本法第三十八条第二款规定,利用不满十周岁的未成年人作为广告代言人的;

(十一)违反本法第三十八条第三款规定,利用自然人、法人或者其他组织作为广告代言人的;

(十二)违反本法第三十九条规定,在中小学校、幼儿园内或者利用与中小学生、幼儿有关的物品发布广告的;

(十三)违反本法第四十条第二款规定,发布针对不满十四周岁的未成年人的商品或者服务的广告的;

(十四)违反本法第四十六条规定,未经审查发布广告的。

医疗机构有前款规定违法行为,情节严重的,除由工商行政管理部门依照本法处罚外,卫生行政部门可以吊销诊疗科目或者吊销医疗机构执业许可证。

广告经营者、广告发布者明知或者应知有本条第一款规定违法行为仍设计、制作、代理、发布的,由工商行政管理部门没收广告费用,并处广告费用一倍以上三倍以下的罚款,广告费用无法计算或者明显偏低的,处十万元以上二十万元以下的罚款;情节严重的,处广告费用三倍以上五倍以下的罚款,广告费用无法计算或者明显偏低的,处二十万元以上一百万元以下的罚款,并可以由有关部门暂停广告发布业务、吊销营业执照、吊销广告发布登记证件。

第五十九条 有下列行为之一的,由工商行政管理部门责令停止发布广告,对广告主处十万元以下的罚款:

(一)广告内容违反本法第八条规定的;

(二)广告引证内容违反本法第十一条规定的;

(三)涉及专利的广告违反本法第十二条规定的;

(四)违反本法第十三条规定,广告贬低其他生产经营者的商品或者服务的。

广告经营者、广告发布者明知或者应知有前款规定违法行为仍设计、制作、代理、发布的,由工商行政管理部门处十万元以下的罚款。

广告违反本法第十四条规定,不具有可识别性的,或者违反本法第十九条规定,变相发布医疗、药品、医疗器械、保健食品广告的,由工商行政管理部门责令改正,对广告发布者处十万元以下的罚款。

第六十条　违反本法第二十九条规定，广播电台、电视台、报刊出版单位未办理广告发布登记，擅自从事广告发布业务的，由工商行政管理部门责令改正，没收违法所得，违法所得一万元以上的，并处违法所得一倍以上三倍以下的罚款；违法所得不足一万元的，并处五千元以上三万元以下的罚款。

第六十一条　违反本法第三十四条规定，广告经营者、广告发布者未按照国家有关规定建立、健全广告业务管理制度的，或者未对广告内容进行核对的，由工商行政管理部门责令改正，可以处五万元以下的罚款。

违反本法第三十五条规定，广告经营者、广告发布者未公布其收费标准和收费办法的，由价格主管部门责令改正，可以处五万元以下的罚款。

第六十二条　广告代言人有下列情形之一的，由工商行政管理部门没收违法所得，并处违法所得一倍以上二倍以下的罚款：

（一）违反本法第十六条第一款第四项规定，在医疗、药品、医疗器械广告中作推荐、证明的；

（二）违反本法第十八条第一款第五项规定，在保健食品广告中作推荐、证明的；

（三）违反本法第三十八条第一款规定，为其未使用过的商品或者未接受过的服务作推荐、证明的；

（四）明知或者应知广告虚假仍在广告中对商品、服务作推荐、证明的。

第六十三条　违反本法第四十三条规定发送广告的，由有关部门责令停止违法行为，对广告主处五千元以上三万元以下的罚款。

违反本法第四十四条第二款规定，利用互联网发布广告，未显著标明关闭标志，确保一键关闭的，由工商行政管理部门责令改正，对广告主处五千元以上三万元以下的罚款。

第六十四条　违反本法第四十五条规定，公共场所的管理者和电信业务经营者、互联网信息服务提供者，明知或者应知广告活动违法不予制止的，由工商行政管理部门没收违法所得，违法所得五万元以上的，并处违法所得一倍以上三倍以下的罚款，违法所得不足五万元的，并处一万元以上五万元以下的罚款；情节严重的，由有关部门依法停止相关业务。

第六十五条　违反本法规定，隐瞒真实情况或者提供虚假材料申请广告审查的，广告审查机关不予受理或者不予批准，予以警告，一年内不受理该申请人的广告审查申请；以欺骗、贿赂等不正当手段取得广告审查批准的，广告审查机关予以撤销，处十万元以上二十万元以下的罚款，三年内不受理该申请人的广告审查申请。

第六十六条　违反本法规定，伪造、变造或者转让广告审查批准文件的，由工商行政管理部门没收违法所得，并处一万元以上十万元以下的罚款。

第六十七条　有本法规定的违法行为的，由工商行政管理部门记入信用档案，并依照有关法律、行政法规规定予以公示。

第六十八条　广播电台、电视台、报刊音像出版单位发布违法广告，或者以新闻报道形式变相发布广告，或者以介绍健康、养生知识等形式变相发布医疗、药品、医疗器械、保健食品广告，工商行政管理部门依照本法给予处罚的，应当通报新闻出版广电部门以及其他有关部门。新闻出版广电部门以及其他有关部门应当依法对负有责任的主管人员和直接责任人员给予处分；情节严重的，并可以暂停媒体的广告发布业务。

新闻出版广电部门以及其他有关部门未依照前款规定对广播电台、电视台、报刊音像出版单位进行处理的，对负有责任的主管人员和直接责任人员，依法给予处分。

第六十九条　广告主、广告经营者、广告发布者违反本法规定，有下列侵权行为之一的，依法承担民事责任：

（一）在广告中损害未成年人或者残疾人的身心健康的；

（二）假冒他人专利的；

（三）贬低其他生产经营者的商品、服务的；

（四）在广告中未经同意使用他人名义或者形象的；

（五）其他侵犯他人合法民事权益的。

第七十条 因发布虚假广告，或者有其他本法规定的违法行为，被吊销营业执照的公司、企业的法定代表人，对违法行为负有个人责任的，自该公司、企业被吊销营业执照之日起三年内不得担任公司、企业的董事、监事、高级管理人员。

第七十一条 违反本法规定，拒绝、阻挠工商行政管理部门监督检查，或者有其他构成违反治安管理行为的，依法给予治安管理处罚；构成犯罪的，依法追究刑事责任。

第七十二条 广告审查机关对违法的广告内容作出审查批准决定的，对负有责任的主管人员和直接责任人员，由任免机关或者监察机关依法给予处分；构成犯罪的，依法追究刑事责任。

第七十三条 工商行政管理部门对在履行广告监测职责中发现的违法广告行为或者对经投诉、举报的违法广告行为，不依法予以查处的，对负有责任的主管人员和直接责任人员，依法给予处分。

工商行政管理部门和负责广告管理相关工作的有关部门的工作人员玩忽职守、滥用职权、徇私舞弊的，依法给予处分。

有前两款行为，构成犯罪的，依法追究刑事责任。

第六章　附则

第七十四条 国家鼓励、支持开展公益广告宣传活动，传播社会主义核心价值观，倡导文明风尚。

大众传播媒介有义务发布公益广告。广播电台、电视台、报刊出版单位应当按照规定的版面、时段、时长发布公益广告。公益广告的管理办法，由国务院工商行政管理部门会同有关部门制定。

第七十五条 本法自2015年9月1日起施行。

参考文献

[1] 陈先锋.广告原理与实务.郑州：河南科技出版社，2012.
[2] 陈培爱.广告学概论.北京：高等教育出版社，2014.
[3] 周艳芳.广告概论.北京：清华大学出版社，2011.
[4] 何双男.广告学原理与实务.长沙：湖南师范大学出版社，2012.
[5] 段广建.广告理论与实务.北京：电子工业出版社，2010.
[6] 杨海军.中外广告史.武汉：武汉大学出版社，2006.
[7] 何修猛.现代广告学.上海：复旦大学出版社，2008.
[8] [美]威廉·阿伦斯.当代广告学.北京：人民邮电出版社，2013.
[9] 陈培爱.广告原理与方法.厦门：厦门大学出版社，2007.
[10] 丁俊杰.现代广告通论.北京：中国传媒大学出版社，2013.
[11] 张金海，余晓莉.现代广告学教程.北京：高等教育出版社，2010.
[12] 张金海，姚曦.广告学教程.上海：上海人民出版社，2003.
[13] 丁俊杰，康瑾.现代广告通论.北京：中国传媒大学出版社，2013.
[14] 余明阳，陈先红.广告策划创意学.上海：复旦大学出版社，2007.
[15] 纪华强.广告媒体策划.上海：复旦大学出版社，2003.
[16] 崔文丹.广告学.北京：机械工业出版社，2013.
[17] 杨明刚.现代广告学.上海：华东理工大学出版社，2009.
[18] 吴柏林.广告策划与策略.广州：广东经济出版社，2006.
[19] 吕尚彬.广告文案教程.北京：北京大学出版社，2007.
[20] 胡晓芸.广告文案写作.北京：高等教育出版社，2003.
[21] 柴鹏举.广告文案写作.北京：化学工业出版社，2010.
[22] 吕蓉.广告法规管理.上海：复旦大学出版社，2005.
[23] 王军.广告管理与法规.北京：中国广播电视出版社，2000.
[24] 阮卫.美国广告法规对我国《广告法》修订的启示.新闻界，2008（12）.
[25] 朱建军.论虚假广告的法律规制.理论与现代化，2012（12）.